中国智慧城市建设研究

STUDY ON THE DEVELOPMENT OF SMART CITIES IN CHINA

刘治彦 丛晓男 丁维龙 等 著

摘 要

我国已有60%以上的人口居住在城镇，城镇化进入中后期以提高质量为主的新阶段。新型城镇化就是“以人为核心”的城镇化，主要任务是推进绿色、智慧和人文城市建设重点是推进智慧城市建设。智慧城市建设将实现经济社会精准发展，引领人类步入智慧文明的新时代。智慧城市就是在新一代信息技术支撑下，实现城市产业发展、民生改善与社会治理智慧化，是未来城市形态，也是各国竞相发展的领域。其发展需要经历数字化、网络化、智能化和智慧化四个阶段。

我国智慧城市建设起步早、见效快，在网络信息技术领域形成了系列成果，在智慧购物、智慧物流、智慧金融等领域已走在世界前沿。在智慧农业、智慧制造等领域发展较快，与发达国家的差距逐步缩小。但其他领域目前尚处于起步阶段。从区域进展来看，东部地区智慧城市建设整体发展较好，中西部地区的一些城市也体现出后发优势，实现了弯道超车。我国基本完成智慧城市建设的前两个发展阶段，随着5G时代的到来，开始向高级阶段发展。目前，我国智慧城市建设尚存在认知不清、各自为政、盲目建设、缺乏科学指导、投融资不畅等问题，本书针对存在的问题提出了相应对策建议。

目　录

第一章　新型城镇化背景下的我国智慧城市建设

一　引言

21 世纪以来，世界进入了互联网时代。随着新一代信息技术的发展，特别是物联网技术趋于成熟，以及一系列战略性新兴产业崛起，人类社会开始迈向以网络为支撑、以人类智慧驱动发展的智慧社会新时代。这个时代不同于以往的农业文明和工业文明。从支撑各种社会形态发展的能源、材料、生物医学与信息媒介来看，农业社会主要是薪材、青铜、传统医学和农业、文字与纸张；工业社会主要是化石能源、金属与非金属材料、现代医学与生物技术、计算机与孤岛信息；智慧社会主要是新能源、新材料、基因生物医学和现代农业、万物互联的新一代信息技术和太空海洋开发技术，驱动经济社会发展的主力是人类的思想与情感。可见，人类社会在继农业文明时代、工业文明时代之后，又迎来一个崭新的文明时代，可称之为智慧文明时代。农业社会主要生产的是农副产品，以解决生存需求问题；工业社会主要生产的是工业产品，以解决发展问题；智慧社会主要生产的是智慧产品，以解决自由问题。智慧文明时代，人类的体力与脑力将得到极大解放，创新思维与情感成为体现人类价值的主要方面，人类正在由“必然王国”的困境迈向“自由王国”的新境界。城市是现代人类社会的主要家园，智慧城市是智慧社会和智慧文明的主要载体，因此，对智慧城市的研究具有深远的战略意义。在人类步入智慧文明的新时代，智慧城市建设迎来了崭新的发展机遇，也面临着诸多挑战。

二 新型城镇化与智慧城市建设

改革开放以来，我国基本沿着传统工业化和城镇化道路快速发展，这种传统的外延型发展模式带来了更为严峻的资源环境问题。今天，我们必须重新反思这种发展模式，探索新型的可持续发展道路。

中央提出了“创新、绿色、协调、开放、共享”的五大发展理念以及“新型工业化、新型城镇化、农业现代化与信息化”的“新四化”，为我国今后发展指明了方向。大力推进以城市为核心的绿色、智慧、人文发展，建设新型城市，是贯彻新发展理念和走新型发展道路的根本策略。

从经济发展阶段看，我国制定了“两个一百年”目标，第一个百年目标是到建党一百周年时，全面建成小康社会，城镇化率达到60%；到2035年基本实现现代化，城镇化率达到70%；到新中国成立一百周年时，实现第二个百年目标，全面实现现代化，城镇化率达到80%左右。

实际上，作为发展中大国，各地发展差距较大。我国的一线城市、二线城市已基本接近中等发达国家发展水平。在一、二线城市带动下，其他城市乃至全国经济逐步迈向高级发展阶段。这就要求我国的经济发展应该向着“好”的“高质量”物质需求方向和有利于身心健康、丰富精神文化生活方向发展，以及向着创造优美环境等“美”的需求方向发展。所以，从需求阶段来看，我们应该大力推进城市产业转型升级，并引导城市发展实现绿色、智慧、人文转型，满足人们“美好生活需求”。

绿色发展、智慧发展与人文发展是相互关联和相互促进的。绿色发展内涵较广，关键在于建立合理的城市区域产业结构。一个地区、一个城市在选择主导产业时，不仅要考虑市场需求条件，还要考虑与区域资源环境条件相匹配。同时，要多用“人”少用“物”，多用“智力”、少用“体力”。所有这些，均需要技术创新和智慧发展来支撑。

2000年前后，斯蒂格利茨说过，影响21世纪的两大事件，一个是美国的高科技，一个是中国的城镇化。但是他没有谈到，这两者结合所形成的新型城镇化和新技术产业化才是21世纪人类最为伟大的变革力量。21世纪以来，新能源、新材料、生物医学技术、文化创意产业以及现代服务业等，在新一代信息技术的支撑下取得快速发展，为实现绿色、智慧、人文发展提供了可能。

我国城镇化现已进入快速发展阶段中的减速阶段，也是进入内涵式发展和提升质量的新阶段。

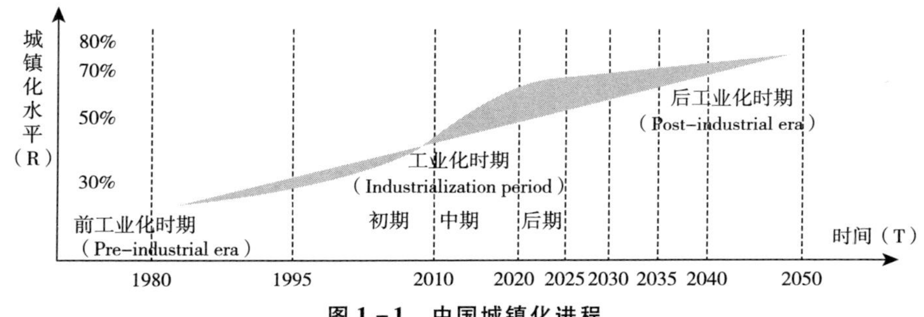

图 1－1　中国城镇化进程

幸运的是，在这个阶段我们遇上了以新一代信息技术为引领的战略性新兴产业崛起，使得我们能够实行以人为核心的新型城镇化。

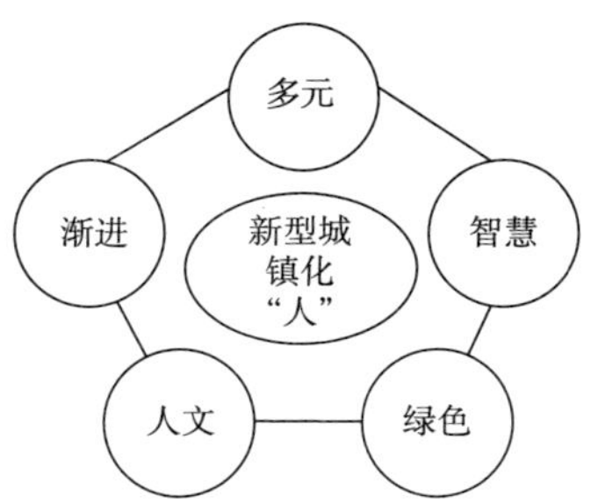

图 1－2　新型城镇化的内涵

以人为核心包含两个方面的内涵：一是发展为了人，要推进进城务工人员市民化；二是发展依靠人，不是依靠人的体力，而是依靠人的创造力、智慧。从时空来讲，新型城镇化是渐进、多元的城镇化，核心是以人为本的人文城镇化，最集中代表的是人的智慧，有了智慧一定会是绿色的城镇化，所以未来发展最主要的特征是智慧发展，未来是一个智慧时代。

支撑智慧社会发展的产业主要是以战略性新兴产业、文化创意产业和现代都市产业为主的人力资本开发产业，统称为智慧产业。为此，国家提出了战略性新兴产业发展规划。智慧时代当然也是一个生态文明时代，更准确地说是智慧时代的生态文明新时代。因为在工业化以前，原始社会、农业社会也同样存在“天人合一”的原始生态文明，所以从逻辑上来讲，生态文明新时代是一个智慧的、理性的时代。这个新时代以先进制造业、战略性新兴产业和现代服务业为支撑，城市发展进入智慧化的新阶段。

表 1－1 智慧产业主要类型

战略性新兴产业	信息产业	移动互联网、物联网、大数据、云存储、云计算、人工智能
	新能源与环保产业	新能源技术研发、新能源装备制造与服务、智能电网、环境保护和资源循环利用、高效节能
	新能源汽车产业	电池、电机、电控等关键部件的研发、制造、服务
	新材料产业	纳米材料、化工新材料、金属磁性材料、非晶材料、高温超导材料、石墨烯
	生物工程及医药产业	基因医疗工程、生物医药、生物农业
	航空航天产业	发动机、控制系统、大型飞机、通用航空飞行器、卫星通信、导航、遥感
文化创意产业	文化传媒产业	数字出版、网络出版、手机出版、移动多媒体、数字电视、网络电视、手机电影
	创意设计产业	工业、建筑、室内、广告、规划、电脑动画、集成电路、工艺美术、服装服饰等方面的设计
	动漫游戏产业	网络游戏、手机游戏、动漫、三维立体显示、虚拟现实、实时渲染、交互动画
现代都市产业	休闲产业、旅游产业、专业教育培训产业、健康管理产业、房地产业	

毕达哥拉斯学派认为万物皆为数，现实世界可以通过数字化、网络化、智能化和智慧化进行调控和发展，现实世界与虚拟世界的相互反馈促使现实世界资源配置优化。因此，智慧城市也是由这四个发展阶段逐步演进而来的。在新一代信息技术成熟之前，没有技术支撑我们这样一种理想，非常幸运的是中国在短短二十多年发展中，跟新一代信息技术发展成熟相同步，2020 年以后进入第五代通信技术时代，也就是万物互联的物联网时代，进入

真正的智慧时代。

智慧时代的产业以互联网为基础，如德国的工业 4.0。从城市建设来讲，与工业 4.0 相匹配的是建筑 4.0。具体来说，未来的建筑具有绿色、智慧和人文的特征。把今天的钢筋水泥城市变成绿色森林城市，同时通过智慧来调控我们的家居、建筑、城市。在万物互联的智慧时代，传统产业实现无人化生产成为可能，城市基础设施和公共服务也将实现绿色智能化，人类的主要职责是创造生活和享受生活。

简而言之，工业 4.0 = 互联网 + 工业 + 智慧，城市 4.0 = 互联网 + 城市 + 智慧，工业 4.0 与城市 4.0 是绿色智慧人文发展的两大支柱，共同构建智慧城市。在新一代信息技术支撑下，智慧城市在善治、惠民和兴业上体现了其优越价值。

《国家新型城镇化规划（2014—2020 年）》，界定了新型城镇化就是绿色、智慧、人文型城镇化，绿色、智慧、人文型城镇就是新型城镇。其中，新型城镇最核心的是智慧城市。目前，新型城镇化和绿色智慧城市建设，与 19 个新区建设、50 个产城融合示范区建设、1000 个特色小镇建设和美丽乡村建设，一起构成我国新型城镇建设体系，最终形成以超大城市为引领、大中小城市与小城镇以及农村协调发展的城市区域群落体系。

三　智慧城市的内涵与构架

（一）智慧城市内涵

早在世纪之交的 1998 年，美国副总统戈尔就提出“数字地球”的概念，其后各界关于“数字城市”问题开展了一些研究。十年后，在 2008 年全球金融危机背景下，IBM 提出“智慧地球”概念。全世界半数以上的人口居住在城市，人类已经进入城市社会，人们随即将目光聚焦到“智慧城市”上来。一个以城市为中心，人类居住体系与自然环境交融的智慧城市环境系统成为人们关注的焦点。智慧时代的城市与环境研究，应充分利用大数据与统计数据，着力于城市环境系统的物质、能量循环与信息增殖过程模拟和规律探索，并应用这些规律，设计、建设与运营城市及保护环境，从而实现城市高效发展、生态环境得到保护和资源永续利用的目标。

作为数字城市的升级版，智慧城市就是在互联网、物联网、3S（RS遥感、GPS卫星定位、GIS地理信息系统）、大数据、云存储、云计算等新一代信息技术支撑下，实现城市产业发展、民生改善与城市治理的智慧化，是未来城市形态，是各国竞相发展的领域。

（二）智慧城市构架

智慧城市构架以网络信息技术为支撑，开发和运用智慧城市各类应用软件，包括智慧产业、智慧民生和智慧治理三大应用领域。

1. 网络信息基础设施

网络信息技术是智慧城市的支撑基础。网络信息技术作为先导发展领域，其成熟配套程度直接影响到智慧城市建设进程。可喜的是，21世纪以来，在庞大的市场需求拉动下，网络信息技术迅猛发展，从数据采集、传输、处理、存储、共享到网络信息安全，已经形成整体推进态势，为智慧城市建立健全“神经网络体系”提供了可能。北斗卫星、华为通信、天河高性能计算机、浪潮云存储、科大量子通信等一大批中国自主研发的网络信息技术走向了世界前沿。

2. 智慧民生

智慧城市中与百姓生活消费领域相关的智慧基础设施与公共服务统称为智慧民生。由于智慧民生领域直接贴近大众消费市场，所以智慧购物、智慧交通等发展迅猛。而智慧环保、智慧基础设施等领域，由于具有公共物品属性，需要政府财政介入，发展较为缓慢。智慧家居、智慧健康、智慧教育关系到每个居民，未来市场潜力巨大。

3. 智慧产业

智慧城市中与生产领域相关的统称为智慧产业，包括农业、制造、建筑、商务、物流、旅游、传媒、电网、金融等。智慧农业，是指在农业生产过程中，充分考虑到农业发展条件与农副产品市场需求，实现精准发展；智慧制造，如德国工业4.0或中国制造2025等；智慧建筑，主要是生态智能的第四代建筑。智慧物流、智慧商务、智慧旅游与智慧传媒等均与人流物流信息流有关，通过新一代信息技术可以提高流动效率，实现资源优化配置。智慧电网为解决风光发电等不稳定能源并网问题以及多种能源和多个地区能源联合使用提供了可能。智慧金融作为未来金融新形态，将对传统金融业务产生革命性影响。随着区块链技术的成熟、新信用体系建立与投资银行业技术变革，金融将永久回归服务实体经济发展的本位，其传统职能将发生革命性变革，将不再是垄断与高额利润的行业，在人工智能技术支撑下，所需要的人员也将大幅度减少。

4. 智慧治理

智慧城市中与城市治理有关的统称为智慧治理，是智慧城市的“中枢神经系统”，体现了智慧城市发展程度。包括城市规划、政务、监测、决策、社区等方面。城市智慧治理就是要实现城市资源的优化配置。200多年来，经济学围绕着资源优化配置这一主题形成了各种理论学派，然而由于供需双方信息不对称，资源错配的“顽疾”始终无法克服。政府与市场调控机制建立，企图解决这个问题，但实践证明两者皆存在致命缺陷，一个是“一管就死”，一个是“一放就乱”。两种机制结合，理论上似乎可以形成优势互补，但现实中成功的案例并不多见。全球经济危机周期性出现，产能过剩与供给不足并存，财富分配差距日趋扩大，社会矛盾日益凸显，经济发展导致的生态环境破坏与战略资源枯竭威胁着可持续发展。究其缘由，就在于信息不对称，而这一问题在智慧社会有可能得到妥善解决。智慧规划是落实科学规划的主要路径，主要根据城市发展规律，结合大数据与小数据，建立城市发展模拟模型，通过多个情景分析，选取最佳城市发展战略及空间布局设计，实现城市发展的“多规合一”和科学健康发展。

智慧政务是电子政务的升级版，包括远程会议系统、政务“一条龙”服务系统等，极大提高了政府的办事效率，政府公务员数量也将大幅减少。智慧监测和智慧决策是指充分利用AI（人工智能）技术，实现对城市运行的全过程把握和优化调控。智慧社区作为智慧城市缩影，是城市智慧治理的集中展示区，智慧社区建设是智慧城市建设的基础。

根据智慧城市的构架，对智慧城市各组成构件进行评估，可以掌握智慧城市建设进展程度，及时发现存在的问题，从而有的放矢地加以改善，提高智慧城市建设的效率。

四　智慧城市建设现状与趋势

（一）智慧城市建设现状

1. 智慧城市建设主要进展

21 世纪以来，新一代信息技术不断发展，为智慧城市建设奠定了硬件基础。特别是近十年来，世界各国高度重视网络信息技术发展与智慧城市建设。美国、欧盟、日本、韩国、新加坡等相继制订了智慧城市建设目标与计划，加大网络信息技术研发和智慧城市示范建设。美国硅谷出现了一大批网络信息技术领军企业，如微软、苹果、谷歌、脸书等。美国的迪比克、日本的柏叶新城、智慧新加坡等成为智慧城市典范。

我国高度重视网络信息技术与智慧城市建设，成立了国家网络信息工作最高领导机构及办事机构。自 2012 年以来，国家发改委、住建部、科技部、工信部等陆续出台相关文件指导网络信息技术发展与智慧城市建设，先后确立了数百个智慧城市建设示范项目。同时，国家颁布了《国家新型城镇化规划（2014—2020 年）》，提出了建设绿色、智慧、人文型的新型城镇。在 2015 年底中央经济工作会议期间召开了中央城市工作会议，进一步明确了建设新型城市。绿色城市可以通过智慧城市路径来实现，人文城市是人类智慧的结晶，也要通过智慧城市建设来展现，因此新型城镇建设主要是智慧城市建设。

习近平总书记 2016 年 4 月在网信工作座谈会上指出，“要以信息化推进国家治理体系和治理能力现代化，统筹发展电子政务，构建一体化在线服务平台，分级分类推进新型智慧城市建设”。在时隔不足半年的 10 月 9 日中共中央政治局集体学习时，习近平总书记就实施网络强国战略进行了具体部署，提出了加快网络信息技术创新和加快网络信息技术在数字经济、社会精准治理领域应用的新任务。这标志着我国网络信息技术发展与智慧城市建设已经成为国家战略，必须深入研究，明确思路，加大投入，加快推进。

在具体实践方面，我国智慧城市建设起步早、见效快，在信息采集、网络传输、信息处理、信息开发应用、网络信息安全等网络信息技术领域形成了系列成果，涌现了一批竞争力较强的领军企业，极大缩小了与世界先进水平的差距，其中一些技术处于国际领先水平。北（京）杭（州）深（圳）等地涌现出了一大批网络信息技术公司，如BAT（百度、阿里巴巴、腾讯）、华为、中兴、浪潮等。在我们历时两年调研的30多个省会及以上城市中，经过几年来的智慧城市建设实践，大多已经完成了智慧城市建设第一、第二阶段的任务，即数字化、网络化任务，部分城市已向智能化、智慧化阶段迈进。我国一些地区智慧城市建设取得了较大进展，一些试点城市如南京、杭州、银川、贵阳等地已经走在前列。但整体来看，我国智慧城市建设尚处于初级阶段，而且进度参差不齐。

2. 智慧城市建设存在的问题

智慧城市建设也存在以下问题：一是重视概念炒作、轻视理念更新，将智慧城市建设与城市信息化相等同。尽管智慧城市概念已为社会各界所热议，各地政府报告中几乎都能见到建设智慧城市的提法，但其中关于智慧城市建设的理念陈旧、内涵模糊。不仅百姓对智慧城市认识比较模糊，而且政府、企业与研究机构中的专业人士也将智慧城市建设等同于城市信息化，这对智慧城市进行顶层设计十分不利。二是重视硬件投入、轻视应用开发，将硬件建设与应用软件开发相割裂。各地通常将智慧城市建设等同于建网络、装探头，或者热衷于建云存储和云计算中心。对硬件支撑下的智慧产业、智慧民生和智慧治理等应用领域软件开发力度不够，导致大量硬件建设资金不能发挥应有效益，直接威胁智慧城市建设的可持续性。三是重视数据采集、轻视平台建设，将数据采集与共享平台搭建相分离。各个部门往往各自为政，数据共享平台建设举步维艰。在政府各部门积淀的大量统计数据与近年来形成的大数据，可以支撑智慧城市数据平台建设，但由于部门利益掣肘，各部门都不愿意将各自数据共享出来，导致城市统一数据平台难以搭建，直接制约着智慧城市建设。四是重视技术研发、轻视人文内涵，将技术研发与人文内涵建设相对立。智慧城市离不开新一代网络信息技术支撑。在智慧城市建设初级阶段，网络基础设施建设先行，进而导致大多数地方与部门认为智慧城市建设是技术领域的事，忽视了人文社会科学的作用。实际上，智慧城市的本质是人的智慧驱动城市发展，城市的主体是人，智慧城市建设离开了艺术和人文社会科学的内涵，单纯走技术至上的路线，势必弃本逐末。五是重视政府主导、轻视市场力量，将政府调控与市场调节相背离。智慧城市建设是庞大的复杂工程，具有提供公共物品和提供私人物品的双重属性。智慧城市建设初期政府政策引导和顶层设计、规则制定与非市场领域的项目建设十分必要，但政府不宜始终大包大揽，后期一些盈利项目可由企业参与建设，采取社会投资等模式，确保智慧城市建设的可持续性。要根据建设项目属性实行多元化融资、多元化主体参与。六是重视项目建设、轻视顶层设计，将顶层设计与项目建设相脱离。智慧城市建设是一项系统工程，应首先做好顶层设计，然后再分项施工运行。智慧城市建设的顶层设计方法、智慧城市项目整合的体制机制尚未取得实质性进展，使得现有智慧城市建设往往是先实施单项建设，如智慧交通、智慧购物等，但这样做缺少各部门之间的协调整合，导致项目之间缺乏有机联系，出现碎片化倾向，违背了智慧城市的有机性规律，降低了智慧城市建设的效率和效益。

（二）智慧城市发展趋势

1. 我国智慧城市建设面临的机遇与挑战

展望我国智慧城市建设，机遇与挑战并存，可谓机遇难得、挑战空前。从机遇方面来看，首先是高科技兴起、文化复兴与城镇化结合为智慧城市建设迎来了历史性机遇。我国目前仍处于城镇化快速推进阶段，新一代网络信息技术的崛起，战略性新兴产业发展，使我们有可能走新型城镇化道路，建设绿色智慧城市，推动绿色智慧建筑和基础设施建设，发展智慧公共服务和智慧产业，实现绿色智慧发展。其次是智慧驱动发展与转型升级同步的机遇。现阶段我国正处于全面建成小康社会和迈向现代化的转型时期，人们的需求正在由衣食住行的物质硬消费为主转向“学文娱游康”的精神软消费为主，由注重商品的数量消费为主转向注重商品的质量消费为主，而智慧城市的建设恰好满足了这种转型升级的需要。从挑战方面来看，一是技术层面上，在建立城市感知体系、建设数据共享平台、构建应用体系和保障信息安全等方面，均面临一定挑战。二是社会层面上，在智慧城市便捷性与公民信息私密性、人工智能技术应用与社会伦理道德、网络硬件设施与智慧城市人文内涵的有机结合等方面，均存在一系列挑战。如果我们能够抓住机遇、有效应对各种挑战，必将为人类社会发展迎来前所未有的新时代，从而步入永续发展的新阶段。

2. 智慧城市建设的四个阶段

智慧城市发展需要经历数字化、网络化、智能化、智慧化四个阶段。第一，智慧城市建设要推进数字化，“万物皆为数”，我们生活的世界可以通过数字表述出来，将城市部件数字化，从而形成虚拟的数字城市，这是智慧城市的开端。第二，把数字化城市部件通过互联网连为一体，进入网络化阶段。如电子商务、电子政务就属于网络化阶段。第三，在网络传输的基础上实现局部智能反应与调控，即智能化阶段，如智能收费、智能交通、智能工厂等。第四，智慧化阶段。城市各项功能在人类智慧驱使下优化运行，实现城市发展智慧化，形成真正意义上的智慧城市。智慧城市具有智慧感知、反应、调控能力，能够实现城市的可持续发展。在现有网络信息技术条件下，智慧城市只能处于数字化、网络化的初级阶段。根据技术发展趋势，2020 年前后第五代移动通信技术（5G）的应用将趋于成熟。随着第五代移动通信技术（5G）的应用普及，大容量、低时延的网络传输将变为现实。人类将进入万物互联的物联网时代，也将迈向人工智能（AI）时代，无人驾驶、无人车间、自助超市、自助银行都将步入日常生活，智慧城市建设也将步入智能化、智慧化的中高级阶段。这四个阶段不是截然分开的，后一个阶段以前一个阶段为基础。

五　智慧城市建设思路与策略

（一）智慧城市建设思路

针对智慧城市建设现状与发展趋势，今后智慧城市建设的基本思路为：首先，应坚持政府调控与市场调节并举。政府主要负责公共物品性质的基础设施建设，而将智慧城市建设的其余部分交由企业完成。其次，应坚持自然科学技术与人文社会科学并举。智慧驱动城市发展是智慧城市的本质特征，作为解决问题的人类智慧当然涵盖所有知识领域，既包括自然科学、工程技术，也包括人文社会科学和艺术。再次，应坚持标准化硬件建设与特色化应用软件开发并举。硬件建设具有普适性的标准，包括遥感、射频、宽带、存储、处理设备等，并且宜于一次到位，配套建设，但应用软件开发使用可结合各地发展水平和地方特色逐步推进。最后，应坚持公共信息共享与个人隐私信息保护并举。信息安全与保密是智慧城市建设的一个主要制约因素，一些公共部门以信息安全与保密为由垄断封锁公共信息公开使用，导致智慧城市规划、建设和管理无法推进。当然，个人隐私信息应依法保护，不可使居民隐私权受到侵害。

（二）智慧城市建设策略

基于上述建设思路，今后我国智慧城市建设策略是：

1. 从战略视角认定智慧城市本质内涵和建设标准

智慧城市作为智慧时代的城市形态，具有丰富的内涵，决不能将智慧城市简单理解为城市信息化。要牢固树立智慧城市是智慧驱动城市发展的新理念，将智慧城市建设纳入城市长期发展过程中，不要有短期之内就会建造出智慧城市的急躁思想，就如实现共产主义理想那样，要久久为功，脚踏实地，稳扎稳打，日积月累。现有的各类智慧城市建设进展评价体系中，由于对智慧城市简单理解，设定的大部分指标仅限于城市信息化，因此这种评价体系易于误导智慧城市建设，必须要加以纠正。

2. 以应用为导向逐步推进标准化智慧城市信息基础设施建设

智慧城市信息基础设施是智慧城市的神经系统，新一代信息技术成熟，为智慧城市提供了信息采集、信息传输、信息存储整理、信息提取分析、决策反馈、优化控制的能力，使城市变得敏捷聪明起来。可见，系统性、标准化的信息基础设施是智慧城市建设的前提。但由于应用开发不配套，也出现了信息基础设施利用率低、大量资金沉淀的问题。因此，以应用开发为导向，适度超前、逐步推进是智慧城市信息基础设施建设应遵循的法则。同时，提高信息基础设施共享水平也是十分必要的。

3. 按照城市系统架构采集数据信息，搭建统一信息共享平台

智慧城市运行需要全方位的城市动态信息，碎片化的信息无法满足对城市运行进行动态监测的要求。但大量无关信息采集又会提高信息采集和处理成本，因此有必要在信息采集前选取城市特征变量，对特征变量进行动态信息采集。同时，由于城市系统性，各类信息共享和有机整合是全方位了解城市动态的关键。不过，信息共享可能涉及到信息提供者利益受损，表现为个人隐私保护问题，公共部门利益博弈问题。如何消除个人隐私泄密和保护信息提供者利益，这既要从技术层面抓紧研发，更应在法律层面予以界定。

4. 充分发挥人文社会科学作用，确保智慧城市健康发展

根据智慧城市定义，智慧城市不仅需要新一代信息技术支撑，更主要的是智慧驱动城市发展，包括网络信息技术的创新发展，也包括应用领域的智慧产业、智慧民生、智慧治理的完善，这些都离不开对人的需求和行为分析，而对人的需求和行为分析离不开人文社会科学。但在智慧城市建设初期，主要任务是信息基础设施建设，因而易于陷入注重技术、轻视人文社会科学内容的误区，从而忽略了智慧城市建设的初衷和目标。随着智慧城市信息基础设施建设完善，智慧城市建设更需引入艺术与人文社会科学。一方面通过经济学、社会学分析为智慧治理提供理论支撑；另一方面通过艺术与文化创意产业发展为智慧城市提供内容物，形成不竭的精神产品。同时，智慧

城市健康发展离不开法治环境，需要法学、政治学和社会学研究的支撑。

5. **充分发挥市场的力量，推动智慧城市健康持续运行**

智慧城市是最大的人工智能体，不仅有公共物品也有私人物品。智慧产业大多由企业来完成，主要需要市场调节。智慧民生领域既有公共物品领域也有私人物品领域，既需要政府调节也需要市场调节。智慧治理大多属于公共物品领域，主要需要政府调节。信息基础设施建设同时具有公共物品与私人物品属性，因此可以采取公私合营的 PPP 模式。此外，智慧城市顶层设计、规则制定、监管，以及先导领域也需要政府来主导。目前，我国各地城市政府在智慧城市建设过程中，大包大揽的方式是难以持续的，必须加以纠正。

6. **做好智慧城市建设的顶层设计，整合现有各类单项智慧城市项目建设**

智慧城市建设具有系统性、有机性的特征，但目前各智慧城市建设项目之间缺乏有机联系，降低了智慧城市建设效果，使得智慧城市建设呈现碎片化现象。从全国数百个智慧城市建设试点来看，绝大部分缺乏整体规划和顶层设计，各城市基本处于单个项目建设状态。如智慧信息基础设施、智慧终端、智慧购物、智慧交通等进展较快，而智慧医疗、智慧养老、智慧教育等智慧民生领域亟待加强。同时，要充分发挥市场机制作用，进一步落实国家制定的各项战略性新兴产业规划，加快发展智慧产业，引领产业转型升级。在新一代信息技术支撑下，促进新能源、新材料、生物医学等技术取得突破性进展，从而引领高端制造业发展。要根据各地城市发展基础，有选择地发展智慧产业，地域产业实现合理分工，并形成错位发展、互补发展、协同发展和一体化发展的新格局。比较而言，智慧治理进展较为缓慢。智慧规划、智慧监测、智慧管理、智慧决策都处于起步阶段，影响智慧城市建设水平和运行效率。其原因一是对智慧城市认识不到位，二是受到研发水平制约，三是共享信息平台没有建立起来。然而，只有提高智慧治理水平，才能统领各项智慧城市建设项目，因此应将其列为智慧城市建设的先导任务，加快推进。

（本章作者：刘治彦）

第二章　支撑技术

一　数据采集技术

（一）进展

1. 城市大数据

（1）数据汇聚

以移动互联网、物联网、云计算为代表的新一代信息技术已逐渐使知识社会环境下的城市创新开放生态成为现实，这三者的结合推动智慧城市逐步形成。智慧城市运用信息技术和通信技术手段监测、分析、整合城市运行中的各项关键信息，对城市生活的各项活动中产生的需求做出智能响应。智慧城市通过物联网基础设施、云计算基础设施、地理信息基础设施等新一代信息技术方法和应用，实现对城市全面透彻的感知、宽带泛在的互联、智能融合的应用以及可持续创新。

智慧城市的数据来源和类型极其多样化，包括许多智慧城市应用领域的大数据资源，例如智慧电网、智慧工业、智慧农业和智慧医疗等。数据采集是指从被测设备的数字或模拟单元中收集电信号或非电信号，并将其发送到计算机进行分析和处理。

物联网技术在智慧城市中起关键作用，各类物联网传感器把人类与各种形态的物体联系起来。物联网是通过各类信息传感设备将任何物体联网，以约定的协议交换信息和进行通信，以此实现智能识别、定位、监视、跟踪、和管理的一种网络。收集大量数据后，将数据传输到云计算平台，在云计算平台进行数据汇聚，通过大数据技术进行存储、分析、计算和处理海量数据。按照处理后的结果对城市进行实时自动化的控制，最终实现智慧城市的服务。

（2）数据融合

物联网技术主要有感知层、网络层和应用层。感知层是物联网实现全面感知的核心能力部分，需要通过它实现设备的低功耗、小型化和低成本；网络层主要是将广泛覆盖的移动通信网络作为基础设施，目前是物联网中标准化程度最高，产业化能力最强、最成熟的部分，使网络能实现系统感知；应用层提供了各种应用程序，将物联网与行业信息化的需求结合起来，以提供各种智能应用程序解决方案。通过各层的相互配合，以确保物联网正常运行。

RFID 和 M2M 是物联网两大支撑技术：RFID（Radio Frequency Identification 射频识别）技术在物联网中主要起“使能”作用，用于智能卡的识别等，借助于各种传感器探测和集成包括温度、湿度、压力、速度等在内的物质现象；M2M（Machine－to－Machine/Man），是一种以机器终端之间的智能交互为核心的网络应用服务，它定义了人与机器之间进行交互所必须遵循的通信协议。工业信息化是物联网快速发展的动力。

2. 传感器以及物联网技术

物联网是智慧城市的基石，而物联网的实现要靠物联网技术和物联网通信协议。

（1）物联网技术

传感器技术是物联网技术的关键，可以根据用户的参与度分为三类：第一类是传感器网络技术，用于实现专业传感器之间的互联互通，完成数据的快速收集。在这一类中，数据是自动采集的，用户不参与采集过程。比如，利用温度传感器、热敏感测器来判断是否有物体经过，进而使光敏感测器相应地产生或者取消光亮。第二类是主动参与式感知技术，其中用户主动共享获取的数据，执行复杂的任务。在这一类中用户主动参与数据采集过程并提交数据。比如，用户通过手机上的传感器检测并共享周围的温度和湿度，从而创建详细全面的天气信息。第三类是被动群体感知技术。城市的信息基础设施可作为感知平台，服务于日常生活，而并不是专门为城市计算而配置的。用户使用这些基础设施时会生成大量数据，能很好反映城市运行的节奏。在这一类中，用户也参与了数据采集过程，但是数据不是用户主动提交的。比如，通过分析公交刷卡数据，可以掌握城市交通的人口流动情况；通过高速公路收费数据，可以掌握高速公路车流量信息和 ETC 用户流量。与主动参与感知不同，用户在被动感知下并不知道自己产生了数据，当然就不可能知道自己的数据将会被如何使用。

（2）物联网通信协议

物联网通信协议主要分为 5 种。

ZigBee（紫蜂）通信，ZigBee 作为 IEEE802.15.4 标准下的局域网协议，是一种短距离、低功耗的无线通信技术。它具有距离近、复杂度低、自组织、能耗低、数据速率慢的特点，适用于自动和远程控制，并且可以嵌入各种设备中。ZigBee 网络中的设备主要有协调器、汇聚节点和传感器节点，可应用在家庭监控、工业监控、传感器网络和安全系统等领域。例如，家中安装的智能门窗，可通过红外传感器和人体检测传感器等来防盗，出门后若家里有人翻窗进入可以从移动设备上接收到信号提醒。

RFID（射频识别）技术，射频识别是一种无线通信技术，识别系统通过无线射频方式在不与目标建立机械或者光学接触的前提下进行数据的双向通信，并对记录媒体（电子标签或射频卡）进行读写，从而识别特定目标并读写数据。射频一般是微波，适用于短距离识别通信。RFID 读写器有移动式和固定式，比如图书馆的 RFID 标签、门禁系统、公交刷卡器等。

蓝牙（Bluetooth）通信，一种短距离无线技术标准，具有开放的技术规范，可以实现固定设备、移动设备和楼宇个人域网之间的短距离的无线语音和数据通信。蓝牙最初由爱立信创制，可连接多个设备，克服数据同步的难题。应用较广泛，可在手机与耳机之间，计算机与鼠标、键盘间建立无线连接，甚至可以与计算机网络连接，实现智能化。现在智能手机上的蓝牙传输功能就是运用了这项技术。

WIFI（Wireless - Fidelity）通信，WIFI 是无线局域网 WLAN 工业组织

WiFi 联盟的商标。广义的 WLAN 是指通过无线通信技术将计算机设备互连起来，构成通信网络；狭义的 WLAN 是指采用 IEEE802.11 无线技术使计算机设备进行互连的通信网络。WIFI 技术使用 2.4GHz 附近的频段，其特征为速度快、可靠性高，在开放区域通信距离可达 305m，在封闭区域通信距离为 76m 至 122m，方便与现有的有线以太网络整合，组网成本更低。现在 WIFI 已经是无处不在，手机与电脑之间现在也可以通过连接同一个 WIFI 来进行远程的连接，解除了数据线的限制。

IPv6（Internet Protocol Version 6）通信，IPv6 协议是对 IPv4 协议的升级，由 128 位二进制数表示，旨在为联网设备提供大量可用地址，足以使世界上的每部手机和移动电子设备拥有自己的唯一地址。全球互联网采用 TCP/IP 协议组，IP 是 TCP/IP 协议组中网络层的协议，并且是协议组的核心协议。2008 年我国奥运会官网就是依靠 IPv6 技术设计建立的。

目前智慧城市中物联网的应用已经很广泛，比如电网的数据采集、公交刷卡数据采集、高速公路收费数据采集、城市道路过车监控数据采集等。

（二）成效

数据采集技术目前已经在各个行业有了很广泛的运用，以下就一些行业中数据采集技术的应用情况举一些例子。

1. 基于 RFID 技术的高校图书馆管理系统

RFID 高校图书馆管理系统可以让图书馆的服务变得更为智能化、人性化，同时也减少了人力成本的投入和记录数据出错的可能性。目前它是时代发展的趋势，虽然有些功能尚不完善，但主要功能如自动借阅或归还图书、查找所需图书等都能实现。如今，国内许多高校都已经在试运行这种图书管理系统。

根据之前的介绍我们知道 RFID 技术是一种非接触式的自动识别技术，可以通过射频信号自动识别用户的信息。高校图书馆管理系统应用了 RFID 标签，在每本书上都贴上 RFID 标签，并让每一个用户都持有一张 RFID 读者卡。读者每次借阅或归还图书时只需要在 RFID 自动读写机上刷 RFID 标签，就能自动完成相对应的借阅或归还书籍等操作。

相比之前的条形码+磁条图书管理系统，RFID 高校图书馆管理系统存在诸多优势，以下就业务与技术两个方面的优势进行阐述。

业务方面主要有三项优势。首先，图书借还、盘点等处理速度大幅度提升。在条形码系统下，进行上述操作时每次只能扫描一本书的条形码对一本书的信息进行修改。与此相比，RFID 技术支持批处理，RFID 读写器可以同时读取多个 RFID 标签。基于 RFID 技术的自助借还系统可以同时进行多本书的自助借还，弥补了条形码和磁条技术的不足，大幅提高了图书馆工作人员的工作效率和服务水平，并减少了读者的等待时间。因此 RFID 系统在图书的自助借还、图书的快速盘点、查找、乱架图书的整理等方面有着独特的优势。其次，RFID 标签抗磨损能力强。传统条形码的载体是纸张，多次使用后易产生磨损和污染，造成识别困难。RFID 射频标签芯片经过严格的封装，可采用不干胶粘贴或者芯片内置方式把电子标签放置在书籍当中，故对水、油和化学药品等物质具有防御能力，且不易磨损。最后，RFID 标签的可重复利用性好。纸质印刷的条形码信息无法更改，而 RFID 射频标签芯片存储的数据可以多次执行删除和更新等操作。

技术方面的优势体现在两个方面。一方面，可以通过诸如书页之类的障碍物读取 RFID 标签信息。与 RFID 系统通信的高频或超高频电磁波在各种障碍物的阻挡下，可以穿透非金属或不透明的材料，例如纸张、木材和塑料等，以保持通信信号的通畅；而在读取条形码时，激光或红外线识别设备必须在很近的距离直接对准条形码，并且只有在没有物体阻挡的情况下才能读取。另一方面，RFID 系统具有大数据存储容量和高安全性。一维条形码仅能存储 50 字节数据，二维条形码的存储容量范围也仅为 2 个到 3000 个位元组，但射频标签的容量最大可以达到数兆字节，能够储存大量图书信息，同时 RFID 承载的是电子信息，其数据内容可以用密码保护，以防止内容被伪造和篡改。

2. 基于 RFID 技术的城市公共交通车辆调度管理系统

城市公共交通车辆调度管理系统的重要之处在于它可以实时监控乘坐公

交的乘客流量和各个公交车辆的位置信息，这有利于充分利用现有的交通资源并提高车辆使用效率。同时，它可以了解车辆的运行状态并加强管理。RFID 技术是交通调度系统采集信息的一种有效手段，在这个系统中发挥了重要的作用，该系统主要分为两个部分。

第一部分用于采集车辆的位置数据以及其空闲状态。当公共汽车进入停车场时，远程读写器会读取位于车辆中的 RFID 标签，并自动将读取的号码或相关的车辆信息发送给后端系统进行处理并记录。后端系统记录车辆的进入时间和车辆的有关信息，判断指定入场车辆的停车位，并将此信息发送到 LED 显示屏，驾驶员通过 LED 显示屏知晓自己的停车位以及一些其他信息，例如下一次出发的时间（该时间是自动计算的）等。当公共汽车离开停车场时，远程读写器读取车辆信息，同时后端系统将车辆出场时间和其他信息记录并保存在后端数据库中。车辆管理的整个过程脱离了人为干预，最大限度地降低了系统的运营成本，减少了手动操作导致的不可避免的损失。

第二部分主要采集目前各个区域的乘车人群数量数据。在大中城市的公交系统中，IC 卡支付是一种普遍的支付方式，持卡人约占乘客总数的 90%。在此基础上建立的基于 RFID 技术的公交车站客流量采集模型，可实现对公交车站候车乘客的估算。电子站牌的 RFID 采集器不仅可以与公交车内的标签进行通信，在站内没有车辆时还可以探测站点区域内的标签数量，再根据历史统计数据修正并估算站点候车乘客的数量。得出的候车乘客数量会定时通过电子站牌的 GPRS 发送到后台运输调度终端，调度员可以及时获得整条线路上每个车站的候车乘客人数，并以此准确实施调度计划。

以上两部分结合应用，可高效实现公交车辆的调度和管理。而这种系统相比于其他公交系统主要有三项优势。首先是其实现成本低。相较于 GPS 技术需要昂贵的车载设备进行数据采集，基于 RFID 的系统可以在固定的地面数据采集点通过设备采集数据。由于公交车的数量远大于数据采集点的数量，如果实现相同的功能，只需要在每辆公交车辆上安装 RFID 电子标识卡，成本将大大低于 GPS 车载设备。当系统建设完成时，由于许多穿过同一站点的线路可以重复使用一个月台设备，因此实施 RFID 系统（车载标签站点的信号接收器）的总成本也将低于 GPS 系统（车载设备基站）。其次，它具有良好的可扩展性，横向看基于 RFID 的智能交通系统可以与其他 ITS（Intelligent Transport System，智能交通系统）系统集成在一起，将采集到的有价值信息提供给其他系统，以实现行驶中收费、违规拍照和车速监控等功能。纵向看作为基于 RFID 技术的标准 ITS，它可以为其他基于 RFID 技术的软件提供完整的接口，通过更深入的信息挖掘为 ITS 整体提供更多信息服务，进一步完善拓展 ITS 功能。最后，基于 RFID 技术的系统在技术层面上也有优势，RFID 技术的信号比其他技术的信号更稳定，这使得系统可以连续稳定地采集数据。

3. 基于传感网络技术的智能家居

传感网络技术的应用十分广泛，包括军事方面、智能家居、辅助农业生产、生态监测、灾害预警等，可以说我们的生活处处离不开传感网络。下面就以传感网络技术在智能家居方面的应用作具体说明。

传感器技术是在智能家居系统中广泛应用的一项技术，例如：磁传感器可以检测门窗是否关好；烟雾传感器可以对室内气体进行检测，判断有无有害气体或是否发生火灾；温度传感器可以对室内温度进行监测；光线传感器可以对室内的亮度进行监测，如图 2－1 所示。

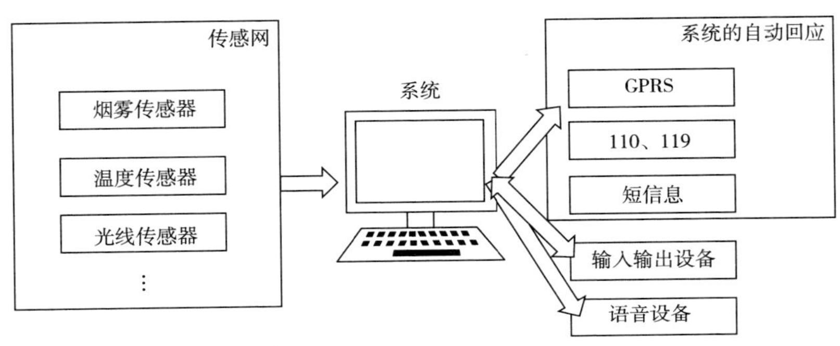

图 2－1　传感器技术示意

系统必须设置相关内容以支持其实施自动响应规则，当接收到触发信号时，系统将根据数据库中事先设定的信息和相关理论进行分析，将信号具体化为实际问题并转发问题到引擎进行验证。

基于物联网技术的智能家居系统的工作流程和实现方式，是物联网系统的网络层、感知层、应用层分层次实验研究并整合的成果。使用 Atmega128L 构建一个单片机基础测试平台，以实现感知层功能；把无线传感器节点连接成一个无线自组网络，在协调器中收集监视数据并使用串行端口与计算机进行通信，用户在终端对各个设备进行智能控制以实现网络层功能；在无线自组网络上分布不同的传感器和控制单元，实时监视各种物理信息，并使用无线自组网络和控制端进行通信以实现应用层功能。

这一项技术可以极大便利人们的生活，同时也可以提升住房安全，减少火灾、煤气泄漏等灾害的发生，通过及时的报警响应降低了灾害造成的影响。

（三）问题

虽然数据采集技术日渐成熟，但我们也能从中发现如下三个问题。首先是采集数据的速率问题。以城市公交而言，短时间内刷卡上车的数据量庞大，当这些数据大量涌入时就要求数据采集的速度足够快，否则数据分析可能出现延迟，导致很多实时的调配就不能完成，从而对乘客出行造成不便。再如，在一个森林温度的检测系统中，森林各个区域内传回的温度数据也是十分庞大的，如果森林的某个区域中午温度过高可能有引发森林大火的危险，可是由于数据采集的时间延迟在午后才发现问题，将造成不可估量的损失。其次是安全问题。数据安全问题是指数据采集过后在传输过程中被他人盗取利用的问题，而个人信息一旦泄露，生活中就会出现很多麻烦，对社会造成极大危害。例如网上银行系统，如果用户在网上交易后黑客能在数据传递过程中截流获取到用户的银行卡账号密码，那么银行和用户的损失将不可估量，也会造成极大的社会恐慌。最后是数据质量问题，主要存在于两个方面。其一在于数据的丢失，是指数据采集过后没有成功传输到后端，而是在中途丢失了。一般是数据采集服务器出现异常，而导致一部分的数据无法成功接收。这会导致可用数据变少、质量下降，影响数据分析的效果并对后续决策造成错误影响。其二是采集的数据可能存在无用甚至是错误的数据。比如，在公交调度管理系统中，某个公交站电子站牌的 RFID 采集器故障导致采集范围变小，如果不能根据历史统计数据对数据进行修正，就会上传错误的候车乘客人数，导致系统做出不合理的调度。

（四）对策

以下提出四种对策。第一种主要是针对数据采集的速率问题，并且在加快数据采集效率的同时优化了数据采集功能。第二种是针对数据安全问题所采取的对策，对数据传输的各个环节层层加密，可起到很好的效果。第三、第四种对策则是提出了提升数据质量的方案，以防止使用错误数据或丢失有效数据。

1. 基于 CIM/E 文件的数据采集运行维护

使用 CIM/E 文件作为数据采集运行维护的基础。由于数据采集的单位是物理链路，将链路拆分成多条链路，并将原始数据库中的表根据链路数量拆分成独立文件对应于每条链路，这样在运行维护时只会影响某个文件对应的链路。在离线状态下的文件维护阶段维护和校验参数，文件版本的安全、准确由内容验证标签和验证投运标签等机制在校验维护中保证。在通过各项验证机制后上线时，数据以只读在线文件版本发布，并与正在运行的数据采集程序同步。图 2－2 所示的就是上述的具体实现方式。

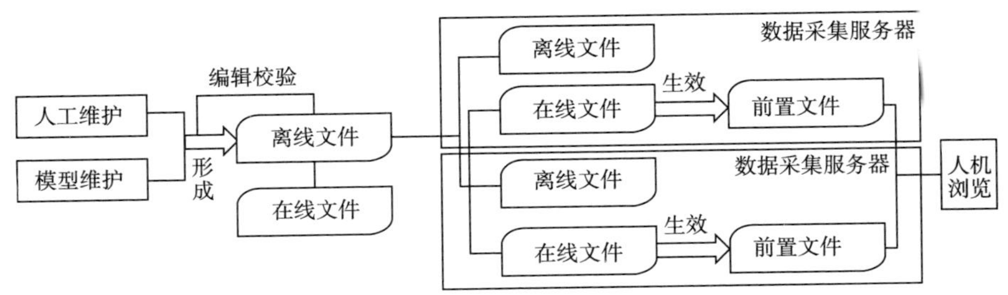

图 2－2　基于 CIM/E 文件的数据采集运行维护示意

使用 CIM/E 文件进行数据采集可以更加简洁高效地进行运行维护，并且更容易实现功能部署和交换共享等方面功能。基于 CIM/E 文件的数据采集运行维护有如下三项优势。首先，该技术提高了运行效率。由于避免了频繁的数据库读写操作，程序运行处理的效率得到了显著的提高。实验表明可以为 CPU 减负 40%，并且当数据量大时效果更为显著。其次，该技术使系统整体的维护工作更加简便。系统执行模型维护时 CIM/E 数据点索引文件的建立可以与模型文件和图像文件的构建同时进行，并且可以直接使用 CIM/E 数据点索引文件与外部系统进行通信，这使得系统与外部的交互更加简便。最后，该技术提高了数据索引交换配置的同步性能。数据采集是一个多方参与的过程，各方用于采集数据转发的索引表相同，再加上以物理链路为数据采集单元的 CIM/E 数据点索引文件与平台消息/邮件等其他机制可同时使用，使源端维护到对端同步更加迅速。

2. 基于软硬件加密的安全控制流程

物联网技术交互以数据采集服务为核心，由于它负责系统对外的数据交换，所以它需要很高的安全性，其中的控制命令尤为重要。把安全认证机制添加到处理传输的每个环节以加强系统控制命令流程的安全性。数据采集通过应用程序将控制命令发送给安全消息总线，之后首先执行安全认证，然后将内容转换为协议报文，信息将通过安全的加密隧道发送给用户以确保准确无误。与此相同，用户对加密隧道接收的信息回复的控制命令原路返回，在数据采集处理之后通过安全消息总线反馈到相关的应用程序。上述具体流程如图2－3 所示。

3. 多机负载均衡及多源数据处理

多机负载均衡意味着每个正常运行的采集服务器在采集任务分配过后的负载大致相同，具体的分配服从不同的负载均衡原则。若某一台服务器发生故障无法正常采集数据，其他数据采集服务器会如图 2－4 所示来分担这一故障服务器的任务，保证数据的正常采集。每台采集服务器设置多条数据采集通道，具体的设置由预设的配置参数决定，之后把运行状态通过消息总线发布出去。同理，当某一台收集服务器发生故障时，故障服务器上的部分或全部任务会自动分配给其他收集服务器。

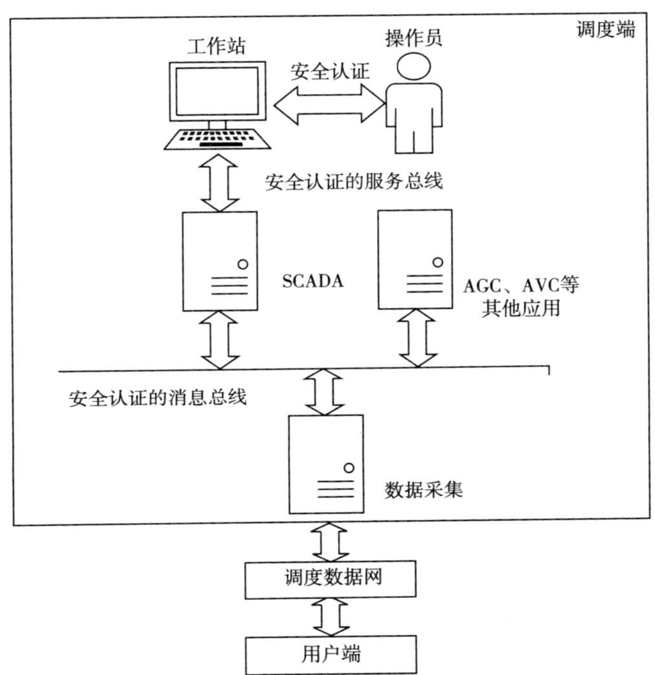

图 2－3　基于软硬件加密的安全控制流程示意

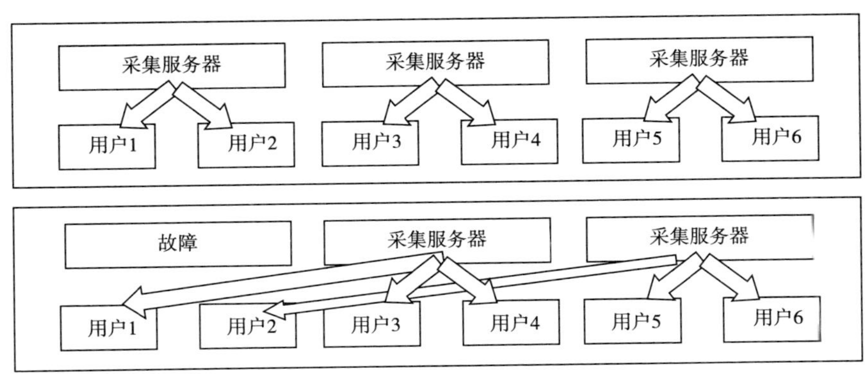

图 2－4　多机负载均衡工作示意

通常，多源指的是一组数据同时通过不同的数据采集通道被采集。如果多个用户形成了多源关系，则触发采集管理模块中的源优先级判断功能，源优先级判断根据多源优先设置和通道状态，以用户为单位对多个数据源进行判断，最后把具有数据发送权的通道中的数据发送给 SCADA 等其他应用，上述的具体流程如图 2－5 所示。

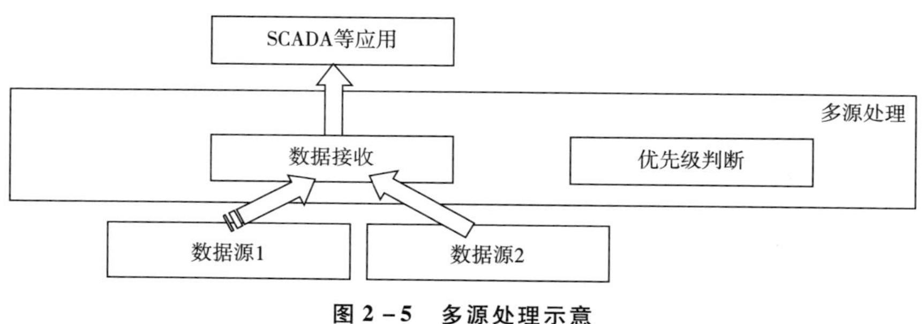

图 2－5　多源处理示意

4. RFID 数据清洗方法

RFID 数据清洗方法主要适用于由 RFID 技术采集的数据，清洗错误的数据。

当前主要研究的 RFID 数据清洗技术分为单读写器的数据清洗和多读写器的数据清洗。单读写器数据清洗技术采用了滑动窗口数据模型及其改进模型和卡尔曼滤波器模型两种典型算法；多读写器数据清洗技术采用了多读写器下数据冗余的高效 RFID 数据清洗策略和多固定读写器下基于路径约束的 RFID 数据清洗算法。

单读写器数据清洗技术：滑动窗口模型和可变滑动窗口模型的数据清洗方法都是通过调整窗口大小来填补数据，区别在于滑动窗口模型中的窗口大小是提前设置的，在整个过程中是静态的，而可变滑动窗口模型的窗口大小在整个过程中是动态变化的。卡尔曼滤波器模型由两部分组成，分别是时间更新和测量更新，前者可以估算当前的状态，后者通过测得的观测值来校正估计值，以创建自回归过程并使得出的数据近似实际值。

多读写器数据清洗技术：用于清洗来自多读写器的数据算法模型并不多，路径约束法是目前比较常用的一种方法，路径约束法通过定义路基约束防止多 RFID 读写器上传数据乱序的问题。目前还有人研究出了一种基于多读写器下数据冗余的高效 RFID 数据清洗策略，这种策略是利用 RFID 采集数据的特性、读写器和其配置环境中已验证过的知识及具体应用环境中的约束条件来实现的。

（本节作者：王瀚翔　王雪菲　丁维龙）

二　数据传输技术

（一）进展

数据传输从传输媒介上来看可以分为有线传输和无线传输，而每一种传输又可以分为电信号传输和光信号传输。

1. 有线通信的进展

有线电信号，通常采用双绞线或者同轴电缆的方式进行传输。其中，同轴电缆的电信号损失更小，信号串扰也更低，可以提供更高的传输带宽。有线电信号的传输原理为：在数据发送端，将计算机的二进制码转换成脉冲电信号，电信号通过电缆进行传输。另一端接收电信号，并进行解码，还原成计算机可用的二进制数据（宋广怡，2015）。由于其前期投入成本较大，后期维护及其他成本较低，有线电信号的传输已经被广泛地应用于家庭宽带。目前主要的研究在于如何能解决码间干扰等问题。宋广怡等人提出的超宽带高速数据传输技术，可以解决超宽带高速数据传输中的硬件处理速度瓶颈、码间干扰和多径影响等问题，通过采用多个伪码并行调制传输的方法，能够有效地提高有线宽带的传输效率。

除了有线电传输方式以外，还有一种有线传输的方式是有线光信号传输。有线光信号传输介质为光纤，其传输原理与有线电信号传输方式类似，通过将二进制码转换成光信号，在传输介质中进行传输。由于光在光纤中的损耗比电在电缆中少很多，所以这种传输方式能以更高的速度进行传输。除此以外，相较于电信号，光信号的信号串扰也更低，并发量也更大（丁树义，2011）。

2. 无线电通信的进展

对于无线电信号传输而言，尽管种类较多，但是其原理类似于有线电信号的传输。在发送端将数据进行编码，然后将电信号以广播的形式发送到空气中，只有匹配认证的设备才能接收到这些无线电信号。根据不同传输的频率、编码和解码方式以及传输距离，将其分为多种类型的协议。这些协议在物联网、智能家居等不同的场景中得到了广泛的应用。比如以 GSM①、WCDMA②、TD－LTE③ 为代表的移动通信技术；以 WLAN④、蓝牙为代表的中距离无线通信技术；以 ZigBee⑤ 和 NFC⑥ 为代表的近距离无线通信技术。由于无线电信号在空气中传播时存在能量损耗，因而在相同的发送功率下较长距离的传输方式通常不能拥有更高的带宽。反之，在较高的带宽下不能拥有更远的传输距离。

以 GSM、WCDMA、TD－LTE 为代表的移动通信技术，为了实现远距离的传输，移动运营商需要在传输路线上建立若干个基站以实现无线信号的中继，来满足一个区域内大量用户的数据传输需求。随着技术的发展，出现了以时分双工和频分双工为代表的第四代移动通信技术。通过使用多天线输入输出技术（MIMO），不仅解决了传输带宽的问题，同时也较好地解决了在同样的发射功率的情况下，无线信号在空气中的信号衰减问题。

蓝牙技术是一种无线数据与语音通信的开放性全球规范。通过遵守其制定的规范，蓝牙技术可以提供低功耗、短距离的无线通信接口，广泛地应用于固定设备与移动设备之间进行数据的收集、传输、无线遥控、探测（杨卫、张文栋，2013）。随着智能手机的流行，蓝牙作为一种低功耗、高带宽的传输方案，被广泛地应用于智能手机与音频设备的连接。Apt－X 是一种蓝牙协议，这个协议是基于子带 ADPCM 技术的数字音频压缩算法。得益于

① Global System for Mobile Communications，第二代移动通信技术。

② Wideband CDM，第三代移动通信技术。

③ Time Division Long Term Evolution，第四代移动通信技术。

④ Wireless Local Area Networks，无线局域网协议。

⑤ 紫蜂协议：一种低功耗局域网协议。

⑥ Near Field Communication，近距离无线通信技术。

其低延时、高容错性以及能使音频以更高频率的码流进行传输，现在被广泛应用在高清蓝牙音频传输设备中。另外，为了解决蓝牙功耗过高的问题，苹果公司于2013年9月推出了低功耗蓝牙标准IBeacon。由于不需要像传统的蓝牙标准一样持续扫描多个频段，IBeacon标准的设备功耗相比蓝牙设备最多能降低99%。这项功能目前已经广泛应用在苹果自身的设备上，实现了在一定范围内，多个设备通过IBeacon进行互联，从而实现了设备间的无缝连接并兼顾低功耗。

WLAN协议通过建立连接时的四次握手，相比蓝牙拥有更高的安全性。WLAN的传输频率可以达到2.4GHz，甚至能达到5GHz的传输频率，在5GHz的传输频率下，最高的可达到1Gbps以上的速度。这个速度远远超过蓝牙，甚至超过目前已经商用的第四代移动通信技术。较高传输速度的代价是更高的功耗。在智能家居的环境中，由于很多设备都是接入交流电，通过设置一个WLAN网关，来对多种类型智能设备进行远程控制。此时WLAN的高速率可以支持更多的设备同时接入网关，从而实现更好的控制。

相较于WLAN的高速高功耗，ZigBee则在低功耗物联设备中得到了广泛的应用。ZigBee和WLAN都是属于无线局域网协议（柴淑娟、赵建平，2010；吕宏、黄钉劲，2012）。相较于WLAN，ZigBee牺牲了传输速度以及传输距离，换来了更低的功耗。由于Zigbee工作在免费频段，且为开源协议，所以基于Zigbee标准的设备生产成本较低，便于大规模推广。同时ZigBee设备在未激活状态下只需要几分钟就可以进入睡眠状态，此时功耗极低，大大延长了电池使用寿命。ZigBee目前在工业界以及智能家居中使用场景比较多。

NFC作为一种近距离的无线传输协议也早已得到了普及。NFC由无线射频识别技术（RFID）结合传统的近距离通信技术发展而来，用于两个设备在极近的距离通过触碰的方式进行相互通信，相较于远距离无线通信，NFC天生具备更高的安全性。NFC分为主动式和被动式，在主动方式下，数据传输距离为20cm；在被动方式下，数据传输距离为10cm。同时，NFC拥有卡模拟模式、读写器模式和点对点通信模式。作为标签时，NFC可以模拟多种类型的IC卡。作为读卡器时，可以读取智能芯片内的信息。同时两台支持NFC的设备通过相互触碰可以进行点对点的数据传输。这种极近距离的通信目前广泛应用于公交刷卡、银行刷卡、门禁设施等（杨玉良，2010）。

3. 无线光通信的进展

近些年，随着发光二极管技术的普及，无线光通信也获得了长足的发展。无线光通信的数据传输原理为：在数据发送端将二进制码转换成脉冲信号，然后将信号调制到发光二极管光源上，光源通过快速的开关产生高频闪烁的可见光信号，从而进行数据传输。可见光的通信可以较大程度上提高无线数据传输的效率、带宽以及安全性。虽然它是一个新兴的传输方式，但是也获得了越来越多的普及（王伟、陈超中，2015）。

相较于电信号的传输，光信号有许多优势。(1) 频谱资源十分丰富，不会出现电信号那样的信号串扰；(2) 相较于电信号传输，光天线尺寸结构非常小巧；(3) 安全性更高，不会像电信号那样进行穿墙辐射，所以保证了一个房间内信号的安全性（杨玉良，2011）。随着 LED 发光二极管技术的成熟，无线光通信渐渐由可见光通信（Li－Fi）替代。由于 Li－Fi 的安装不影响 LED 照明，可以很方便地在现有设备中进行加装，成本比较低。可见光通信是通过 LED 灯泡快速的频闪来实现信号传输，频谱更宽、传输效率更高、安全性也更强。在飞机、手术室等禁止使用电磁信号传输的场合发挥着很大作用。

（二）成效

智慧城市是近些年才开始提出的概念，但其基本理念却已经得到了广泛应用，其中最经典的一种就是智能家居。

智能家居是由互联网、物联网、云计算等多项技术共同组合而成。通过物联网技术将家里的各种设备（如视频设备、音频设备、照明系统、窗帘控制、厨卫家电、空调系统、网络设备等）连接到一起，通过本地化定制或者大数据分析进行控制。相比于传统模式的家居，智能家居不仅具备家电信息化、设备自动化、管理智能化，更重要的意义是家里的各项设备之间不再是独立的个体。通过设备之间多维度的交互，家里的设备实现了更加人性化。下面，本文通过一个具体的使用场景来分析在智能家居中各项数据传输技术所起的作用。

对于智能家居而言，第一步要做到的就是互联互通，相互关联。家里的设备种类众多，有的是长期占据一个插座的固定家电，比如空调、冰箱、电视、洗衣机等；有的是使用时才接入的移动设备，比如一些小家电、手机等设备。设备的多样性注定不能使用单一的接入模式，而是需要使用多种类型的传输协议来进行数据传输。不论数据是由什么设备产生的，也不论设备由哪种协议传输，最终都需要一个统一的网关来对数据进行分析和汇总，并对相应的设备发送命令。

在智能家居中，普及程度最高的莫过于照明系统。不同的电灯可以通过 Wi－Fi 信号同网关进行连接，用户只需要连接网关就可以对其进行统一的控制。结合传感器、定时器，可以让电灯实现“人来灯亮，人走灯灭”。由于照明系统长期接电，并且数量比较多，所以一般通过 WLAN 进行数据传输。

除了照明系统，目前也有很多人在家里布置多种类型的传感器，实现家电的智能控制。比如安装亮度传感器，对室内的光线进行识别。在光线较暗的时候开启照明设备，光线较亮的时候关闭照明设备；通过安装湿度传感器、空气质量传感器等，定时开启加湿器、空气净化器实现了屋内空气的自动控制。这些传感器数据一部分是通过 Wi－Fi 进行数据传输，也有一部分是通过有线网络实现传输。主流传感器由于不能长时间接电，而且传输数据量最小，所以更多是通过 ZigBee 协议进行数据传输，这样可以有效地提高设备的续航能力。

对于智能家居而言，最重要的不是单独的智能设备，而是有统一的标准将家中的设备进行整合。一个完整的智能家居中包含数量众多的传感器和智能设备，并且这些设备之间的传输方式不尽相同。如何对这些设备进行统一的监控是当前智能家居面临的问题。在此种情况下，异构大数据计算框架的一体化监控服务（胡雅鹏等，2018），可以对不同类型的传感器进行统一的监控，为搭建智能家居的网关服务提供了理论基础。

（三）问题

虽然目前存在着多种类型的数据传输方式，但是这些传输方式仍然有其各自的问题。

1. 有线电、光通信以及无线光通信的问题

不论是有线电信号还是有线光信号，面临的最大问题是扩展性较差。一条线路一经搭设完毕，再进行扩展升级的成本较高。另外面临的一个问题是，对于入网设备的接入灵活性支持较差，并且有线电信号传输，随着线缆长度增加，电阻变大，电信号衰减比较严重。长途传递信号需要增加中继器，提高了网络搭建和维护成本。使用电信号传输数据，数据的并发量较差。当采用信道复用技术提升并发量的时候，不同的信号之间比较容易形成串扰。除此以外，电信号的传输保密性较差。通过在线缆中间进行截断窃听即可获取内部传输数据。

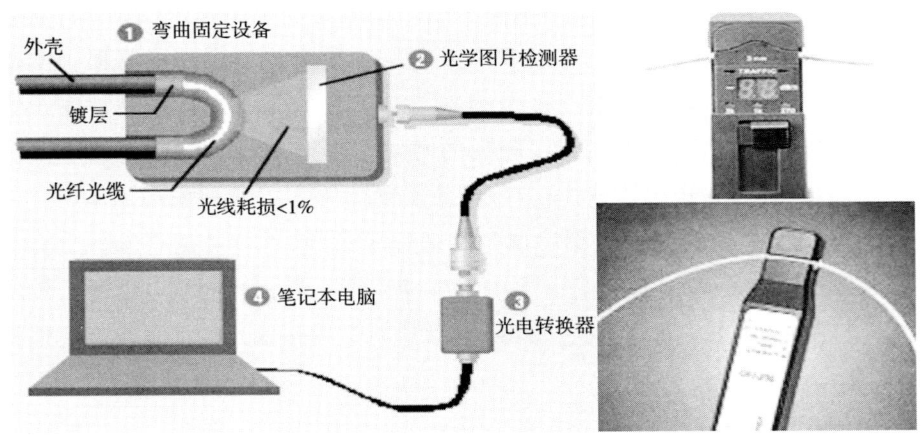

图 2－6　有线光通信的数据窃取

资料来源：https：//doi. org/10. 17107/KH. 2016. 13. 564 － 575。

有线光信号传输比电信号传输效率更高，信道复用时不同波之间串扰也很低，大大提高了传输效率。但是有线光信号除了扩展性较差的问题以外，也面临网络搭建成本较高以及安全性问题。如图 2－6 所示，有线光通信可以将光纤弯曲，使得部分光信号泄露并被相应的感测器感应到。此时光信号损失率很低，并不会被接收端察觉。

Li－Fi 虽然其改装成本较低、频谱较宽以及数据传输较快，但是也面临

诸多问题。第一个问题是反向通信。信号从 LED 端发送到终端只完成了数据的下载，但是这个过程是不可逆的。第二个问题是环境干扰问题。Li - Fi 在环境比较暗的时候能进行比较好的数据传输。当环境光复杂、明亮的时候，会较大程度地干扰 Li - Fi 的通信。另外在可见光通信上，需要制定统一的标准。不同的灯泡色温频谱会有差别，将很难保证数据传输的准确可靠。第三个问题是标准化问题。对于设备如何接入网络传输等目前还没有制定统一的标准，需要制定工业界认可的方案。

2. 无线电通信的问题

无线电信号传输虽然协议五花八门，功能丰富，但是也有相应的短板。GSM、WCDMA、TD - LTE 等协议，是目前主流的移动运营商采用的无线通信协议。这些无线通信协议对于用户的随时接入与随时撤出的支持非常好。只要用户开机接入网络，基站则立刻为其分配服务；当用户离开网络，基站则立刻注销服务。这相比有线网络通信是非常方便的，更适合作为智慧城市的传输工具。这些协议前期投入较多，需要建立大量的基站进行信号覆盖。单个基站支持的设备数量也有限，当有大量的用户接入同一基站并发送大量数据的时候，会造成数据拥塞。这样的特性比使用传统的无线通信协议进行智慧城市的搭建，可能需要投入更多的成本。

蓝牙传输方式工作频率在 2.4GHz，在这个频率内运行着大量其他无线通信协议。蓝牙的有效传输范围大约在 10m 半径内，这会对间距较远的设备造成传输障碍。同时，蓝牙协议栈需要占用系统资源，也会在一定程度上增加系统成本和集成复杂性。虽然蓝牙设备的硬件成本不昂贵，但是其传输过程中的系统开销较大，需要进行额外的资源配置。另外，蓝牙是星型拓扑结构，这十分依赖于中心节点的性能。当中心节点的负载较高时，其他设备之间的传输时延会大大增长。此外一个拓扑内的节点数量有限，无法承载数量过多的传感器（周怡颋等，2005）。

Wi - Fi 传输目前已经广泛应用于以智能家居为代表的物联网中。很多厂商已经开始着手搭建以 Wi - Fi 为基本传输方式的智能互联，但是 Wi - Fi 仍然面临着一些问题。首先是传输距离的限制。对于普通家用路由器而言，无线信号的覆盖范围是半径 100m。如果想要达到更大的覆盖范围，需要使用无线中继。这无疑会加大网络搭建成本。同时，单个 Wi - Fi 设备接入的设备数量也是有限定的。接入过多的设备会导致网络拥塞，设备之间的通信会变得异常缓慢。无线中继虽然可以有效地扩大接入设备的范围，但是仍然没有改变星型拓扑的状态，所以中心节点依然有很大的网络传输压力。但是限制 Wi - Fi 使用范围的最大问题是 Wi - Fi 的高功耗。对于很多移动设备来说，其内置的电池很难长时间地支持 Wi - Fi 传输。

对于 ZigBee 而言，网络内的每个节点都可以进行接力数据传输，这使得整个网络不再是星型拓扑结构，而是网状结构。通过设置这样的拓扑结构，可以使得用户连接更多的设备。但缺点是增加了安装复杂度，同时对于一些不支持 ZigBee 的设备，需要增加转接设备。并且对于 ZigBee 类型的物联网，需要设置一个集中节点来管理整个网络。所以对这个集中节点性能的要求较高。虽然 ZigBee 的功耗较低，但是其传输速率也较慢，信号稳定性也不如 Wi - Fi。另外是基于 ZigBee 相关技术的开发难度较大，这无疑会增加应用成本。

对于 NFC 而言，其优势在于传输的距离较近，具备天然的安全优势。但是其缺点也很明显。首先是传输距离过近。实验表明，当 NFC 的有效距离大于 10cm 的时候，其数据传输的失败率大大增加。其次，NFC 带宽较低，其理论传输速度只有几百 Kbps，无法应对数据量较大的传输。最后，其点对点的传输方式无法组成网络，只能实现单一的数据交换。

（四）对策

智慧城市是以智能设备为最小单位，支持多种类型的智能网络进行相互通信编织而成的集数据生产、共享、计算于一体的一个综合智能体。多样的传输方式是智慧城市的重要一环。对于构建智慧城市，需要设计者针对不同传输类型的特点，将其使用在合适的地方。这样才能最大化地利用当前已有资源，进行整合，打造一个智慧城市。下面针对不同传输方式的问题以及特点，提出相应的对策。

1. 有线传输的发展方向

为了充分利用已有资源，需要利用有线传输方式的信号稳定、后期维护成本较低的优点，将其作为智慧城市的“数据血管”。通过有线信号，可以将不同智能网之间的信号进行汇总传输。这样能最大化地利用已搭建的线路，节约成本；对于有线光信号的传输方式，由于其搭建成本较高，可为之后的量子通信进行基础设施建设的铺垫，逐步替代有线电信号。

2. 无线传输的发展方向

由于移动通信协议覆盖范围很广，传输速度比较稳定可靠，并且用户使用成本较低，因此其可以作为户外传感器的通信传输方式。比如智能手机之间的通信，户外工地设备之间的通信等。根据数据发送频率，动态分配频段。这样可以最大化地利用已有频段资源，节约用户的开发使用成本，最大限度地进行数据通信；得益于较高的传输速率，WLAN 可以作为一个智慧家庭内的“数据总线”。不同设备的数据通过 WLAN 共享到整个智慧城市中。由于一定范围内的设备数量有限，Wi－Fi 设备限制的缺陷就会避免；对于便携智能设备，蓝牙将会是其最好的数据共享方式。蓝牙在休眠期间功耗很低，可以在很大程度上延长设备的使用时间。蓝牙的传输带宽也足够一般音频、视频设备使用，并且蓝牙的普及程度也比较高。通过蓝牙来共享便携智能设备的数据，是一个很好的选择。ZigBee 拥有极低的待机功耗和接力传输的特性，这使其可以应用在数量众多的微型传感器上，比如工厂内传感器之间的通信。由于这些设备间数据传输量很小，可以有效地避开 ZigBee 传输速率较低的缺点。另外其接力传输的方式可以减少控制模块，只需要一个网关就能对所有的设备进行控制。NFC 分为主动式和被动式两种。其中被动式的 NFC 更像是一个 IC 芯片，可以应用在智能物流港等场景。在这些地方进行货物的分拣，以前是扫二维码，但是扫二维码需要图像识别相关技术以及设备，这导致成本较高。通过被动式 NFC 智能芯片，芯片里存储着相关货物信息，物流机器人只需要轻触芯片就知道货物的信息以及需要配送的位置，此时近场通信起了重要作用。主动式 NFC 传输方式，可以大量应用在刷卡等金融领域。NFC 的数据传输模式具有得天独厚的传输方式、加密方式，使其比远距离传输更加稳定可靠。当用户通过 NFC 完成刷卡，其近距离的通信可以保证信息不被窃取。最后是可见光通信。这种传输方式可以广泛应用在对电磁信号敏感的地方。比如医院、高辐射等地方。可以针对此类场景对 Li－Fi 进行专门的优化，使这些特殊的场合也能接入智慧城市的平台中，共享其中的数据，降低整体成本。

对于整个城市而言，家庭是其组成的基本单位；对于家庭而言，人是最基本的活动单位。建设智慧城市的第一步是打造智慧家庭，多个智慧家庭相互连接形成智慧城市。建立智慧城市是为了提高人类生活整体的效率，其前景十分美好。要实现这一步，稳定可靠的数据传输是必需的。只有合理地运用现有的传输手段、基础设施，才能以更低的成本以及更可行的方式来建立智慧城市。将不同类型的传输手段进行有机的结合，才能建立更加合理的传输方式，为建设智慧城市打下坚实的根基。

（本节作者：胡雅鹏　丁维龙）

三　数据处理技术

（一）进展

1. 数据形态

在互联网、物联网、云计算的带动下，各行各业的信息化迅速发展，经过不断地积累形成了海量数据。海量数据的产生促进了大数据产业的发展。大数据具有以下 5V 特征：（1）Volume，数据体量大，对数据的采集、存储、分析和管理都是大体量数据。（2）Variety，数据种类多，数据种类繁多且具有广泛的数据源，数据由结构化、半结构化和非结构化数据组成。（3）Velocity，数据速度快，数据的产生速度快、时效性强，且多以数据流形式产生。（4）Value，数据价值密度低，海量数据中隐藏着很大的价值，通过对数据的挖掘与分析，可以从中找到有价值的数据。（5）Veracity，数据质量差，数据的来源众多，其真实性、可靠性和准确性在采集过程中得不到验证，数据的可信度不高。

大数据并不单指数据量的大小，其不仅仅是一个概念，更是一整套技术。大数据包括数据集合本身、对数据的处理技术、将分析结果应用在各个领域。三者有机统一为大数据（杨正洪，2016）。这些数据集合可以分为两种数据形态，即海量历史数据和连续实时数据。

（1）海量历史数据

海量历史数据是在一定时间范围内产生和到达的，它是在空间维度上的有界数据集合，且这类数据的生存周期较长。海量历史数据存在于城市的各种行业之中，例如高速公路联网数据，其数据具有以下特征：数据是海量的，一天的数据量可以达到100多万条，其中ETC过车数据可达40余万条，一年的数据可达到6亿条；数据是多样的，数据包括收费数据、流量数据、道路养护数据、气象数据、高速养护事件数据等多样的数据；数据产生是快速的，对数据的采集是实时统计的，可达到秒级和分钟级。

（2）连续实时数据

连续实时数据又称为流式数据，是连续自动产生并高速到达；是在空间维度上无限的数据集合；生存周期较短，数据价值随时间而骤减。以某市网格交通路网为例，连续实时的流式数据具有以下特征：数据是高并发的，城市道路有5000个摄像头采样点，高峰时段每小时汇集数据可达到2000万条；数据是实时的，每个点采样频率为1条/秒；数据是无边界的，采集的数据是持续不断的，累积数据的规模随时间推移而增大；数据是瞬时性的，采集数据是单遍扫描，处理后丢弃并不保存；数据具有价值时间偏倚性，较近时间采集的数据价值比时间间隔较远的数据更有价值。

2. 计算范式

在大数据技术中，对采集后的数据进行管理有一个重要框架——Lambda架构。Lambda是由Nathan Marz在*BigData*一书中提出的大数据处理框架。该架构是为了实现能满足大数据计算的关键特性的架构而提出的，整合了离线批量计算和实时流式计算，融合了多种架构原则，并继承了各类大数据功能组件。一般数据系统是由数据和查询操作组成的，对数据的操作有读取已存在的数据和添加新的数据（Marz、Warren，2015）。

Lambda 框架下，Marz 给查询下了一个定义：Query = Function（All Data），查询是应用于数据集上的函数，该函数可以涉及数据库和数据系统的所有领域，如 OLAP（Online Analytical Processing，联机分析处理）、OLTP（Online Transaction Processing，联机事务处理）、MapReduce、NoSQL 等都可以用该式表示。该架构通过三层架构来解决对大数据的计算问题，分别为如图 2－7 所示的 Batch Layer、Serving Layer 和 Speed Layer。

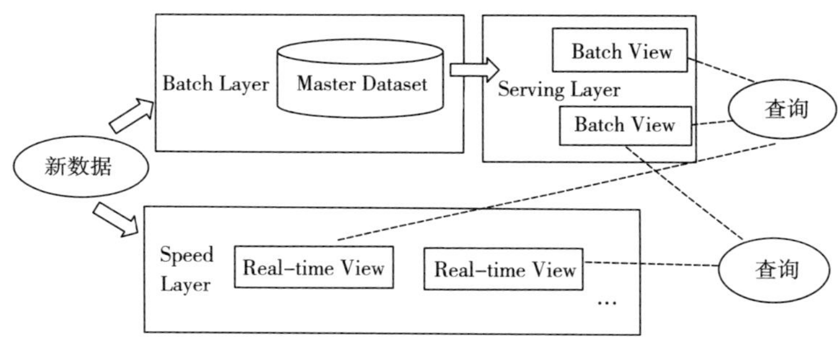

图 2－7　Lambda 框架

（1）Batch Layer

本层的主要功能为存储数据集、在数据集上计算查询函数，并构建对应视图 View。Batch Layer 相当于数据预处理过程，针对离线数据进行处理。Lambda 架构采用数据不可变模型存储所有数据。采用该模型让数据存储更加简单，存储数据时只需要在主数据集后追加新的数据；对机器和人为原因造成的数据错误可快速恢复，该模型的不可变性和重新计算是常用的错误数据恢复方法。对于数据量较大的，可以运用 HDFS 文件系统或其他大数据技术进行存储。

通过查询函数在整个数据集上进行实时查询代价很大，因此要在实时查询之前预先对数据集处理并保存结果。查询的时候可直接返回结果，不用进行完整的计算。这些为了查询预先计算保存下的结果就是视图 View，它是对查询的优化，可以快速得到结果。例如离线批量计算，对海量历史数据进行计算作业，可以用 HDFS 存储数据，然后运用 MapReduce 构建数据集查询视图。

（2）Serving Layer

Serving Layer 是专用的分布式数据库，可随机访问 Batch View（批视图），当新的批视图可用时，该层会自动交换这些视图，便于获得新的数据结果，即通过批处理更新层。该层数据库支持批量更新和随机读取，但并不需要支持随机写入，因为随机写入会增加数据库的复杂性。ElephantDB 就是典型的 Serving Layer 分布式数据库。

（3）Speed Layer

本层改善了服务层的高延迟，运用了快速、增量式算法，计算后生成了 Realtime View（实时视图）。由于很多应用场景是产生连续实时数据，离线数据处理的 Batch Layer 不能满足实时性需求。Speed Layer 用来处理最近的增量实时数据流，而不是处理全体数据集。为了提高效率，该层在接到新数据后不断更新 Realtime View，因此复杂性较高。将 Batch Layer 和 Speed Layer 分隔开可提高系统的鲁棒性，Speed Layer 使用的数据库支持随机读写，因此时效性高于 Serving Layer 中的数据库，但其实现和操作都更为复杂。

综上所述，数据进入系统中，分为两个计算范式，同时发往离线批处理和在线流处理。Batch layer 采用不可变模型对离线的海量历史数据进行存储，通过对全部数据集的计算来构建 Batch View；Serving Layer 提供对历史数据进行快速查询的接口，响应用户的查询请求，得到最终数据集；Speed Layer 提供实时数据的查询，不断更新查询对应的 Realtime View。

3. 城市大数据处理

大数据技术是将采集到的不同数据源的数据进行挖掘分析，得到人们所需的、有价值的数据。该技术一般分为五步，包含数据的准备、存储管理、计算、分析与知识展现（工业和信息化部电信研究院，2014）。大数据处理技术主要包括批量处理、流式处理和交互处理。其中交互处理需要在计算时与用户进行互动，这样才可以继续下一步的计算动作，交互处理属于批量处理的一种特殊形式（郑纬民，2015）。对海量历史数据的批处理运用了 Lambda 范式中的批处理模式，对连续实时数据的在线处理运用了 Lambda 范式中的在线处理模式。

(1) 海量历史数据的分析技术

对海量历史数据的分析有三大挑战：一是数据日益庞大，无论是对数据存储还是查询，都出现了性能瓶颈；二是用户的应用和分析结果呈现整合趋势，即对数据处理的实时性和响应时间有很高要求；三是使用的分析模型较复杂，对于复杂模型的运算量呈指数上升。

针对上述挑战，2004 年 Google 公司提出了具有代表性的批处理编程模型 MapReduce 模型，2006 年 Apache 公司将 MapReduce 模型实现在开源的分布式框架 Hadoop 中。Hadoop 架构如图 2－8 所示。

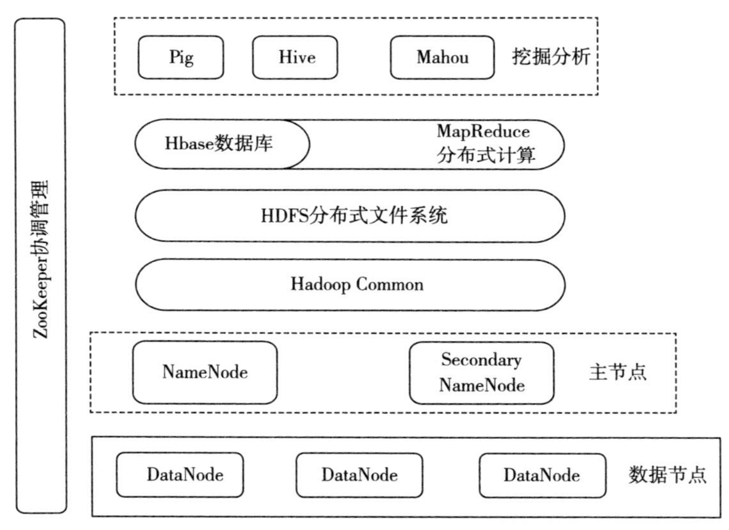

图 2－8　Hadoop 架构

Hadoop 有三大核心组件：HDFS（Hadoop Distributed File System），分布式文件系统；Hadoop MapReduce，并行计算框架；HBase（Hadoop DataBase），面向海量数据的非结构化数据库。HDFS 是 GFS（Google File System）的开源实现，提供分布式存储机制，有多个副本，自动冗余，存储在 HDFS 中的文件被分成块，然后这些块被复制到多个节点中，为后续计算和分析做准备。HBase 是一个分布式的、面向列的开源数据库，它本质上与关系型数据库不同，它是一个适合存储非结构化数据的分布式存储系统，具有高可靠性、高性能、可伸缩和面向列存储的特点。MapReduce 是由 Google MapReduce 实现的开源技术，是用于并行处理大规模数据集的编程模式。MapReduce 的核心思想为分而治之，该模型处理数据分为 Map 任务和 Reduce 任务，不仅简化了编程的接口还提高了系统的容错性。Map 任务就是分解，将任务整体分解为若干彼此独立的小任务。Reduce 任务就是合并，将 Map 阶段的输出结果进行汇总。MapReduce 模型可以将计算推向数据，而不是将数据推向计算，这种思想避免了数据传输时的大量通信开销（孟小峰、慈祥，2013）。现今生活中很多批处理问题都可以运用 MapReduce 模型来解决。

在 Hadoop 平台上运用 MapReduce 编程模型对城市海量历史数据的处理流程如下：首先，从不同数据源采集原始数据，整理并分类，存入不同的数据库中，如 MySQL、HBase、Oracle 或分布式文件系统 HDFS 等。其次，对原始数据做数据预处理，根据不同的业务需求设计 MapReduce 作业。数据预处理是后续数据使用的基础，主要是根据不同的作业需求剔除原始数据中的无效数据，并修正错误数据。再次，将经过数据预处理后的数据运用在不同的计算作业中，利用 MapRedcue 模型设计针对不同业务的计算作业。最后，将计算后的结果数据集存入 HDFS 文件系统或者 HBase 数据库中，已开发系统可读取结果数据进行可视化的知识展现。

（2）连续实时数据的分析技术

流式处理拥有数据价值随时间而骤减的基本理念，因此所有流式数据处理的共同目标是需要及时地对新产生的数据进行分析。如今采用流式处理的大数据应用场景越来越多，主要有网站点击量的实时统计、金融网络中的高频交易、传感器网络的实时需求等。流式处理的模式中，把数据视作流，随时间不断产生的数据构成了数据流，当采集到新的数据时就及时处理并反馈所需结果。（孟小峰、慈祥，2013）。

流式计算中，无法确定采集数据的时刻和顺序，也无法存储全部数据，因此流式数据不需要存储，而是将采集到的数据在内存中直接进行流式计算（孙大为等，2014）。

连续实时数据分析面临以下几个问题：（1）实时性强，数据的低延迟和高吞吐是对流数据分析的一大挑战，例如交通数据监控要求 1 秒内至少处理数千个车牌数据。（2）低空间复杂度，算法的空间复杂度通常较小，一般为

O［poly（logN）］，即是数据规模 N 对数级别的多项式。（3）结果准确性低，难以保证返回的数据是精确值，但实际应用并不要求数据始终完全精确。（4）适应性较弱，数据的速度、数据值分布的变化都很大。比如节假日的时段、不同天气、路况和监控时间段内的交通监控系统统计的车流量的数据值分布大有区别。

针对以上问题，对连续实时数据进行大数据的流式计算，一个理想的计算系统需要具有低延迟、高吞吐、弹性可伸缩和持续稳定运行等特性，这些特性离不开数据传输、编程接口、系统架构和高可用技术等关键技术的良好设计与合理规划。在过去的几年里，针对在大型集群环境中对流进行可伸缩性和可靠性的处理，企业界开发了几个新的平台，如：MillWheel、Srorm、Spark Streaming 和 Flink（Hagedorn etc.，2016）。其中，Storm 是当前最成熟、应用最广泛的流式计算系统。

Storm 系统是 Apache 开源的一个分布式流式计算框架，是用 Java 和 Clojure 编写的，最初由 Nathan Marz 发起，并在 Twitter 进一步开发完善。Storm 系统有以下优点（丁维龙等，2015）：（1）Scalable（水平扩展性），计算节点和计算任务均无状态，可添加设备而不升级；（2）Reliable（可靠性），可以达到节点级、进程级、线程/任务级和记录级的多粒度容错；（3）Programmable（统一编程模型），Storm 将编程模型抽象为 Spout 和 Bolt 两种任务，融合了数据接入和数据处理环节；（4）Compatibility（兼容现有数据源），可以从数据库、HDFS、Kafka、JMS 获取数据；（5）Flexibility（易于部署和操作），Storm 系统部署和操作容易理解。

Storm 系统架构采用主从模式，在 Storm 系统中存在至少两类节点。这两类节点由一个主节点和多个从节点构成，其中主节点是无状态的，负责系统整体的资源分配、任务调度、状态监控和故障检测；从节点也是无状态的，负责监听并处理主节点分配来的任务，并控制自己所管理的工作进程。

（二）成效

1. 海量历史数据的离线分析

企业界有大量对海量数据做离线分析的案例，简略举例如下。

（1）农行数据仓库项目案例

南大通用在金融领域实施中国农业银行数据仓库项目，该项目是对海量数据进行复杂运算处理。对于海量数据的复杂运算处理，项目采用了 Gbase 8a MPP Cluster 建设，共 28 个节点，包括 14 个 safegroup，每个 safegroup 包含 2 个节点。同组的两个节点放在不同的机架上，保证了全方位的高可用性。系统还部署了 4 台加载机实现集群的数据分发加载，能够支持 500TB 以上数据，超过 1000 亿行的数据库表，拥有每天处理 4000 个以上的复杂作业处理能力。

目前该系统通过数据交换平台接入超过 15 个业务系统，每个节点数据通过压缩存储超过 10TB 的用户数据，系统运行的 SQL 任务都是通过 ETL 后台调度来完成的，并发在 20～30 个。加工后的数据支撑了信用卡分析、贷记卡分析、电子银行分析和资金转移计价等应用的数据需求。系统建成后，接入的系统总数将超过 50 个，通过建设数据集市全面支撑全行包括监管报表、个人金融板块、征信、反洗钱等应用的分析需求。系统实现了海量数据处理，为用户提供了性价比较高的海量并行复杂数据处理平台，帮助用户形成 300TB 以上的业务数据单一视图，并提供及时高效的数据分析结果。

（2）河南高速数据分析项目案例

河南省有 40 条高速公路，共 92 个路段，300 余收费站点，每天产生的数据量达 100 多万条，其中 ETC 数据 40 多万条。过车收费数据以离线海量数据的形式保存，基于这些数据，北方工业大学的团队研究了开放条件下的原始数据质量问题，对海量过车收费数据进行预处理（Xia etc.，2018），进而得到高速公路车辆通行状况，对高速公路全网车流量和高速公路站点车流量进行分析（Ding etc.，2020），从中找出隐含业务价值。

一是对海量收费数据进行预处理。传感器在网络、存储等方面存在的问题，会造成过车数据丢失或错误，造成整体数据中的部分属性缺失或错误，在开放条件下的原始数据质量较低。对河南省 2016 年全年和 2017 年 1～9 月的收费数据处理后，错误数据约占 15%。因此，在分析使用数据前，需要对原始数据进行数据预处理，剔除无效数据，修正部分时间错误数据。数据预处理涉及一个 MapReduce 作业。该作业需要将原始数据存入 HDFS 分布式文件系统，Map 任务将读取 HDFS 中的数据，进行用户自定义的预处理，最终将有效数据存入 HDFS 文件中，为后续作业提供可靠和准确的数据。

二是对海量收费数据进行全网车流量分析。全网车流量分析是以包括所有站点在内的高速公路路网收费作为基础数据，按照不同时间维度进行流量分析，包括分钟、小时、天、年和月不同粒度的流量分析。最终进行以下 7 个计算作业：全网五分钟车流量统计、全网每天每个车种车型的车流量统计、全网每天 ETC/MTC 的车流量统计、全网每小时车流量统计、全网每月分车型车流量统计、全网每天车流量统计和全网每月省内外流量统计。以 2017 年 2 月全网每天 ETC/MTC 车流量统计为例，读取该月收费数据，判断收费类别，并划分时间粒度，进行排序统计，将每天的某收费类别车辆进行计数统计，最终结果输出到 HDFS 中并存入 MySQL 数据库供可视化系统使用。

三是对海量收费数据进行站点车流量分析。站点大数据车流量分析是以每辆车出口收费站点为依据，分析不同时间维度的车流量，进行以下 6 个计算作业：站点每五分钟车流量统计、站点每天每个车种车型的车流量统计、站点每天 ETC/MTC 车流量统计、站点每小时车流量统计、站点每月分车型车流量统计和站点每月车流量统计。以 2017 年 2 月站点每天每个车种车型的车流量统计为例，该作业读取该月的收费数据，划分时间粒度，并划分车辆出口站点编号，判断车种车型，进行排序统计，将每天的某收费站点的某车种车型的过车进行技术统计，最终结果输出到 HDFS 中并存入 MySQL 数据库，供可视化系统使用。经过海量离线数据的分析，数据最终可输出到各大系统，为河南联网高速公路系统提供数据支持，可更直观地分析高速公路交通状况。

2. 连续实时数据的在线分析

(1) 浙江大学“流立方”

“流立方”平台（陈纯，2016）将离线批处理和在线流处理两种处理方法进行融合，并实现了一个对应用透明的系统级方案，其中流式大数据实时处理技术突破了三个关键技术：一是复杂指标的增量计算；二是基于分布式内存的并行计算；三是多尺度时间窗口漂移的动态数据处理。该平台提出的大数据实时处理技术提供了基于时间窗口漂移的处理方法，该方法对动态数据可以做出及时的处理，并且支持常规统计、数据采集和过滤等分布式统计计算方法，实现了对复杂事件情景的实时处理模型集的管理技术。“流立方”平台应用架构如图 2 -9 所示。

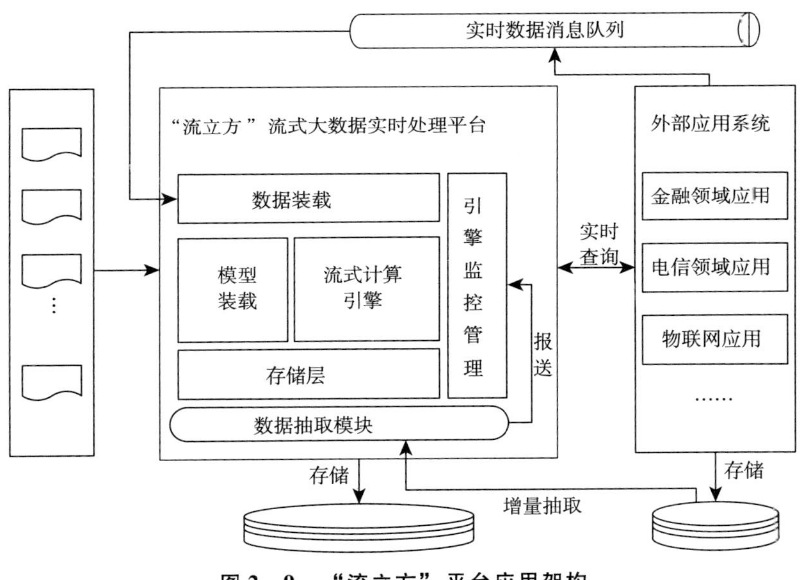

图 2 -9　“流立方”平台应用架构

以互联网反爬虫系统为例，网络爬虫消耗了网络资源，影响了正常客户访问。它占用了 40% ~60% 的网络流量，趋于智能化发展，并遍布票务、电商、银行、招聘、社交等各类网站，不断增加网站的运营成本。网络爬虫技术会爬取网站中的产品信息、商品价格或大量用户信息等，造成不正当竞争，有的爬虫甚至会混淆网站整体的用户生态环境，影响行业人员的营销分析。传统的反爬虫技术应对上述问题的措施是，访问时设置验证码和屏蔽频繁访问的动作，但这些方法无法解决智能化的新型爬虫带来的问题。针对新型爬虫，浙江大学研究者基于“流立方”研究开发了实时反爬虫系统，该系统运用了人机识别、多服务器数据关联决策、复杂规则爬虫识别、长周期数据决策、设备维度爬虫识别等技术，实现了微秒级响应，并具有轻量级接入、爬虫识别管理和控制一体化等优势。“流立方”实时处理技术和平台在网络安全、交通、电信、海关等需要运用感知分析决策模式的行业领域中都有良好的应用前景。

（2）深圳市车牌数据分析项目案例

深圳市市区2013年底部署了5000余摄像头，每个设备平均每秒拍摄一个车牌照片，与其他29个属性打包为TLV数据包，包括车牌、拍摄时间、设备ID、路口位置ID、包序列号、车道信息等，形成了深圳网格交通下的流式数据。车牌识别数据以连续实时数据的形式向中心汇聚，是高并发的流式数据。数据有限时间内存储6个月。北方工业大学的团队基于流式处理理论，提出三种类型的计算，分别涉及不同业务（丁维龙等，2015；赵卓峰等，2016）。

①单个数据项与基础数据的查询计算。在该计算类型中，进行了黑名单车辆甄别、假牌车辆甄别、实时布控、黄标车车辆监控及公交车车辆监控业务计算。以黑名单车辆甄别为例，该业务是为了发现在黑名单基础表中的车辆过车数据。使用基础数据，经过业务作业得出结果数据存储在交警黑名单报警表和黑名单报警队列。②单个数据项在滑动窗口上与基础数据的对比计算。在该计算类型中，进行了套牌车辆甄别，超速车辆甄别业务计算。以套牌车辆甄别为例，该业务作业是利用时空矛盾实时发现路网中的具有套牌嫌疑的车辆对。使用的基础数据作为套牌阈值表，经过业务作业计算得出结果，数据存入布控报警记载表和套牌嫌疑车主题表。③多个数据项在滑动窗口上与基础数据的聚合计算。在该计算类型中，进行了全路网路段和路径交通流统计、全路网路段和路径旅行时间统计业务计算。以旅行时间计算为例，该业务计算当前间隔的旅行时间，并预测下一间隔的值（Ding etc.，2017），在给定时间范围，给定路段的过车平均时间下，评估道路状况和拥堵级别。测量某路段当前5分钟的旅行时间的值，并预测下一个五分钟的旅行时间值。使用的基础数据为上下游监测点列表，经过业务作业得出的结果数据存入路段行程记载表中。

（三）问题

大数据处理技术的蓬勃发展，带来巨大机遇的同时也面临不少挑战。对于海量历史大数据的处理技术，需要运用面向批量数据的高延迟的批量计算。出于对大数据特征的考虑，第一，批量数据体量是巨大的，需要永久存储和一次写入，且之后对于数据更新较少，那么就需要对这些数据进行有效组织并设计合理的计算方法。第二，数据精确度要求高，需要全量式的计算，权衡处理效率和处理结果精度。第三，数据价值稀疏，数据源的频率较高，面向特定的应用，从大量数据中抽取少数有价值的数据。MapReduce 简化了其数据抽象的操作，而且计算模型不支持循环迭代，所以不能很好地支持复杂的机器学习算法。基于 MapReduce 的分布式机器学习库 Mahout，可分解多个连续的 Map 和 Reduce 任务，通过对 HDFS 文件的读写方式交换数据，将上一轮循环操作的运算结果传入下一轮的操作中，完成数据交换。但在大量的数据交换过程中，训练时间被磁盘的读写操作占据很多，训练效率非常低。

对于连续实时大数据的处理技术，需要运用面向流数据的多阶段、低延迟的流式计算。流式计算面临如下挑战：第一，可伸缩性，需要做到适应数据增长，对系统资源的动态调整和快速部署；在速率持续下降时，及时回收高峰时期所分配的闲置资源或低效利用的资源。第二，系统容错，一旦数据流流过，再次重放的成本很大，甚至不现实；只有极少数数据需要持久化。第三，状态一致性，需要达到数据最终一致性状态。

（四）对策

为了优化海量数据的处理，降低延迟，批量计算需要突破存储系统的瓶颈，也就是针对计算密集型进行改进。若强调数据吞吐量和较高数据一致性，IO 时延必然相对较高。在此基础上，通过深度学习的并行化加速技术，采用基于 GPU 的卷积神经网络加速或者基于多机的卷积神经元网络并行化，来实现定制的性能优化。

对于连续实时数据的流式计算，流式数据负载的动态性和不确定性是值得关注的问题，可以设计并优化流式计算中的资源调度策略，以保证延迟低、高吞吐，且实现低能耗之间的折中。流式计算可以达到 7×24 小时的连续计算能力，实现高可靠和低开销的折中，以确保计算的高可用性。

在实际应用中，大数据的处理模式不断丰富，广泛应用于不同场景的三种处理方式有批量处理、交互式计算和流式计算。在技术实现的层面上，内存计算逐渐成为大数据处理的主要手段，在性能上比传统的处理方式有了很大提升。例如 Spark 开源技术在大规模实际业务中的应用越来越普遍，Spark 拥有图计算、交互查询、流计算、机器学习等计算框架，并且支持多种语言接口，有效地提高了使用率。许多新技术逐渐融入大数据的多样化模式中，慢慢形成一个多样性的、平衡的发展路线。大数据的应用领域依旧在不断扩展，尤其是在互联网、医疗、金融这三大领域中得到了高度关注。近年来，工业大数据、智慧城市、企业数据化成为新的增长点，数据化越来越普遍，由此看来，大数据处理技术将顺应潮流，获得更多的资源支持，扩展应用领域。

（本节作者：王雪菲　丁维龙　丛晓男）

四　信息存储技术

（一）进展

随着信息技术的发展，数据日益膨胀，海量历史数据和连续实时数据的增加，数据规模的增大给数据存储系统带来了极大的挑战。每时每刻产生着连续实时的数据，庞大的历史数据不断积累，因此要求数据存储系统能够实时存储和高效查询。大数据种类繁多，数据维度较高，对数据的查询涉及多维度。传统的存储系统和技术已经无法承载庞大的数据规模和高计算复杂程度，且并行数据库采用了严格的事务处理机制，处理频繁更新的样本数据效率较低。因此，新形式的海量数据存储与管理技术应运而生。

近几年，云计算技术的迅速发展带来了云端存储，互联网用户通过云存储可以方便存取和共享数据，不受时间空间限制。云存储是一种网络存储技术，是指通过集群、分布式文件系统、网络技术或虚拟化等功能，将网络中大量不同厂家、不同类型的存储设备通过软件集中起来协同工作，作为一个整体对外提供存储和业务访问功能的系统。国外具有代表性的云存储有 Dropbox、Google Drive、微软的 OneDrive、苹果的 iCloud Drive 等，国内关注度高的云存储服务有百度网盘、金山快盘、新浪微盘等。其中，Dropbox 拥有超 3 亿的用户，每日平均增加和更新文件可达十亿份。OneDrive，Google Drive 等都已经有过亿的用户。在云存储基础上，当前应用最广泛的两大技术是分布式云文件系统、NoSQL 数据库系统。

1. 分布式文件系统

该文件系统在操作系统中负责分配和管理储存空间，存储、管理文件和元数据信息，并检索存储的文件信息，用户可对文件执行创建、删除、访问控制等一系列操作。除此之外，分布式文件系统能够管理系统中各个节点上的文件资源，从而给用户呈现分布式文件资源的统一视图。并且，分布式文件系统的内部实现细节是向用户隐藏的，屏蔽了各个节点之间的底层文件系统的差异，最终为用户提供统一访问接口和便捷的资源管控方法（李振华、李健，2014）。

传统分布式存储是将数据存储在几个特定的节点上，通过网络使用各个节点上的磁盘空间，并整合分散的资源形成虚拟存储设备。传统分布式存储主要由分布式共享存储和集群存储组成（吴明礼、张宏安，2015）。云存储因具有性价比高、扩展性强、容错性好等特点在业界得到了认可，云存储系统需要分布式文件系统的支撑，现有的分布式文件系统有 GFS、HDFS、GPFS、Ceph 等。下面介绍 GFS 与 HDFS 分布式文件系统。

（1）Google File System

GFS（Google File System）是可扩展的分布式文件系统，适用于大型的、分布式的、对大规模数据进行访问的应用。GFS 的优势在于其环境可以是廉价的、普通的硬件，并且给用户提供处理大规模数据的高性能服务与良好的容错机制。GFS 系统中的文件规模巨大，该技术主要用于处理超大文件。此外，GFS 是通过在文件中直接追加新数据来改变文件内容，一旦数据写入成功，则默认文件极少被修改。一个 GFS 集群由一个主节点（Master）和大量台块服务器（Chunkserver）构成，并被许多客户端（Client）访问。如图2－10 所示。

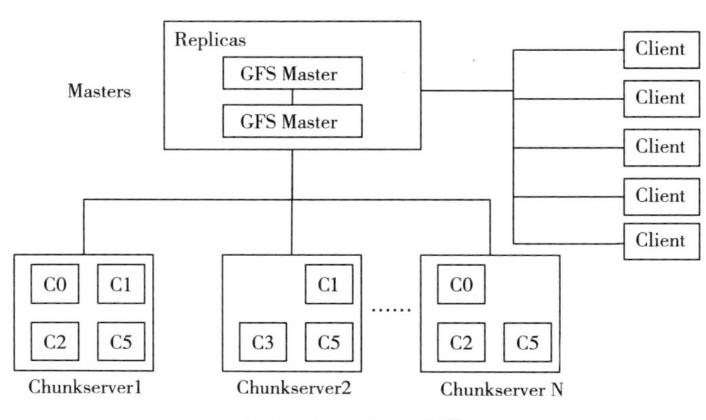

图 2－10　GFS 架构

（2）Hadoop File System

HDFS（Hadoop File System）是完整实现了 GFS 概念模型的开源分布式文件系统。HDFS 参照了 GFS 架构的设计概念，比如 HDFS 中主节点的 NameNode 进程相当于 GFS 中的 Master 进程，从节点的 DataNode 进程相当于 GFS 中的 chunkserver 进程。HDFS 是 Hadoop 分布式文件系统，它被设计成适合运行在通用硬件上。HDFS 具有高度容错性、访问数据吞吐量高的特点，适合大规模数据集的应用程序，可以部署在廉价的硬件设备上，用来存储海量数据集。HDFS 是 Master/Slave 的主从体系结构，该文件系统集群由一个 NameNode 和多个 DataNode 组成。其中主节点的 NameNode 进程提供主控服务，主要管理文件系统元数据；从节点的 DataNode 进程用来存储实际数据，主要处理主节点派发的用户读写请求，按照 NameNode 发送的任务，对数据库执行创建、删除、复制等操作（崔杰等，2012）。如图 2－11 所示。

2. NoSQL **数据库系统**

NoSQL 与传统数据库的不同主要体现在它是非关系型的数据库，并且不严格遵循 ACID 原则，支持分布式存储。NoSQL 分为 Key－Value 存储、文件

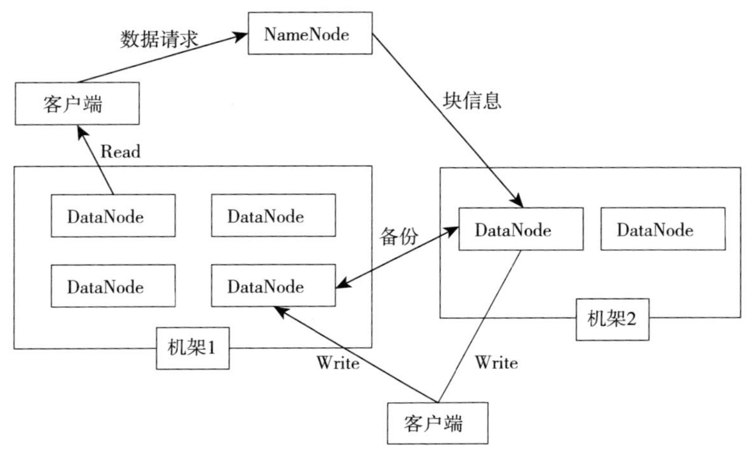

图 2-11 HDFS 架构

数据库和图数据库。业界尤为关注 Key - Value 存储，典型的 NoSQL 如 Big-Table、HBase、Cassandra、MongoDB 和 Redis 等。

Key - Value 数据库以支持简单查询操作为目标，将复杂操作交给上层应用实现。NoSQL 采用了弱关系的数据模型来提高并发读写和存储能力，如典型的 Key - Value 数据模型。Key - Value 模型可以分为 Key - Value 型、Key - Document 型、Key - Column 型三种，其中细分 MongoDB 属于 Key - Document 存储，HBase 和 Cassandra 属于 Key - Column 存储，Redis 属于 Key - Value 存储。Key - Column 型是业界比较常用和推崇的数据模型，是对 Key - Value 键值对的扩充（申德荣等，2013）。在业界流行的开源项目有 HBase 和 Cassandra。

（1） HBase 分布式数据库

HBase 数据库系统是应用广泛的 NoSQL 之一，它是一个分布式的、面向列的开源数据库，是 Google Bigtable 的开源实现。HBase 建立在 Hadoop 中的 HDFS 之上，并提供了类似于 Bigtable 的能力。但 HBase 不同于一般的关系数据库，它可以应用于非结构化数据存储。HBase 是高可靠性、高性能、面向列、可伸缩的分布式文件系统，并且可以将大规模存储集群搭建在普通廉价节点上。HBase 基于列存储记录，有以下三种数据行基本类型：行键（Row Key），时间戳（Time Stamp）和列（Column）。每一行包括可排序的行键，行键是数据行在表中的唯一标识，且每一次数据操作都会有一个对应的时间戳。HBase 通过行键和行键的范围来检索数据，主要存储半结构化数据。

一个完整的 HBase 集群主要由以下几部分组成（李振华、李健，2014）：(1) Zookeeper，一个分布式状态协调服务，是 Google Chubby 的开源实现。它为分布式应用提供状态一致性服务，可以实时监控分区的服务器状态，存储 HBase 的元数据信息。作为集群管理系统，它协助服务器集群中只产生一个 Master 节点并有且只有一个 Master 工作。(2) 客户端 (Client)，它帮助用户与分区服务器连接，并对数据进行读/写操作，包含了访问 HBase 的接口，用户不需要与 Master 节点联通参与数据获取。(3) 主节点 HMaster，负责监控集群，管理并存储元数据，并为服务器分配分区，负责服务器的负载均衡。(4) 分区服务器 Region Server，维护主节点 HMaster 分配的分区，处理对这些分区的 IO 请求，负责切分过大的分区。

(2) Cassandra 数据库

Cassandra 数据库是面向分布式计算的 NoSQL 数据库，结合了 Bigtable 列族和 Dynamo 分布式技术，该数据库按列存储，支持高横向扩展和动态列结构，数据库模式比较灵活，并运用 Dynamo 哈希一致性算法和环形结构，用于存储结构化和半结构化的数据。

Cassandra 数据库中有 Keyspace、Column family、Key、Column、Super column。Keyspace 是该数据库中的最大组织单元，通常为应用程序名称，包含许多 Column family。Column family 列族是一个拥有特定 Key 的集合，每个列族都被存放在单独的文件中。Key 是数据访问的入口，可以有范围地查询。Column 属性在 Cassandra 中与 value 构成一对，这一对字段是 Cassandra 中最小的数据单元。在每个 column：value 属性值后面都有一个时间戳（timestamp）。Super column 是特殊的 column，存放了多个普通的 column，一个 Column family 可以存放多个 Super column。但一个 Column family 只能使用 column 或者 super column，不能两个都用。Cassandra 数据库的数据会写入多个节点，来保证数据的可靠性，该数据库比较灵活，用户读取数据时可指定要求所有副本一致、读到一个副本即可，或者运用选举方法来确定多副本的一致性。因此，Cassandra 数据库适用于节点、数据中心或网络失效的情况（刘欣，2010）。

（二）成效

（1）基于 Cassandra 数据库的存储应用

文献（朱建生等，2014）根据实名制乘车系统的数据规模和业务场景，提出基于 Cassandra 数据库的铁路客票实名制信息综合分析系统的技术架构，利用反向索引技术构建高性能的数据查询策略和处理流程。使用了分层的 Java 设计模式和基于 Cassandra 数据库的数据层组织模式，设计铁路客票实名制信息综合分析系统的技术架构。Cassandra 数据库与 SybaseIQ 数据库、SybaseASE 数据库比较测试后，在查询耗时上 Cassandra 与 SybaseIQ 差异不大，呈线性分布，而 SybaseASE 的耗时呈指数级增长。Cassandra 独特的索引机制和设计架构，具有灵活的横向扩展性和高效的查询性能，只需加入普通廉价的计算机就可获得更大的存储空间和更好的数据均衡性。

（2）海量数据云存储技术

传统关系型数据库模型难以适用于云计算环境，关系数据库可伸缩性存在局限，例如数据节点规模相当大时，关系数据库的一致性和完整性等约束条件会降低数据库的性能。在大数据环境下的 Key – Value 数据库是新型非关系型数据库，但是这种数据库只适用于关键字查询，针对非关键字查询和逻辑计算的查询，效率较低。

丁治明和刘奎恩（丁治明、刘奎恩，2014）提出海 – 云计算数据管理平台（SeaCloudDM），其体系结构由传感器层、传感器接入层、云数据处理层和分析处理及应用层组成，针对数据的存储提出了海量传感器感知数据云存储技术。该技术是通过传感器统一时空数据库，将时间维度和空间维度相结合，实现采样数据的内核表示、时空索引、时空计算、复杂逻辑条件快速查询。进而通过海量时空数据库节点构成并行分布式的传感器时空数据库集群，并通过全局时空索引、全局关键字索引、全局值索引，完成海量应急传感器采样数据流的存储以及多模式的快速查询。其突破了传统关系数据库的局限性，并实现了复杂逻辑的查询，提高了数据管理效率。

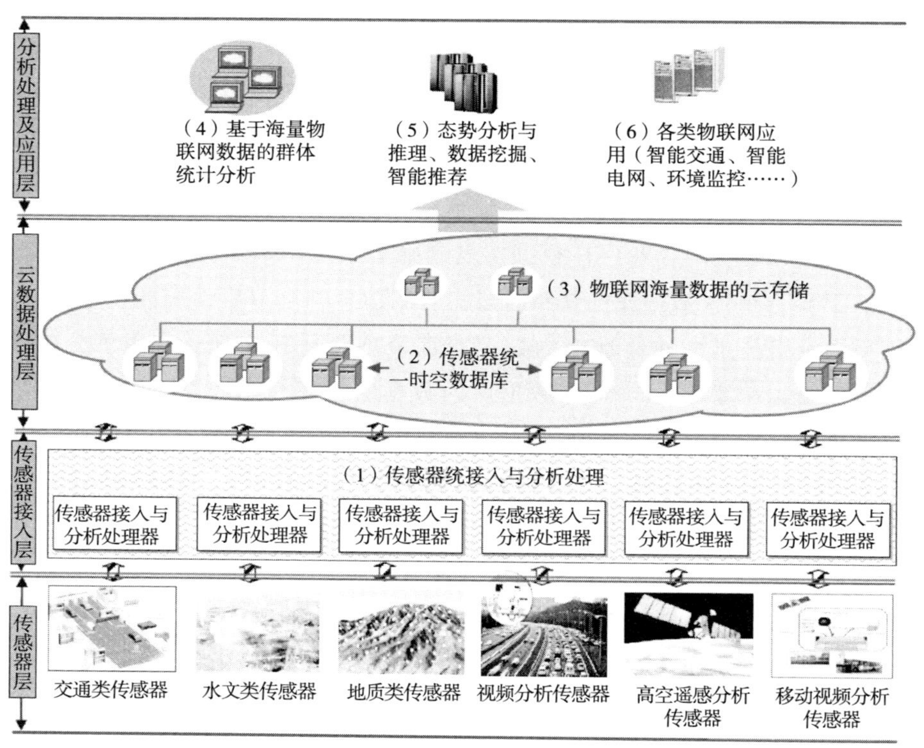

图 2-12　海-云计算数据管理平台（SeaCloudDM）体系结构（丁治明、刘奎恩，2014）

（3）高并发应用架构及推荐系统案例

携程公司业务高速发展，给业务数据存储带来了新的挑战，业务数据源是多样的、异构的，接入的业务线和数据源越来越多，接入的数据结构从以往的数据库结构化数据转为 Hive 表、评论文本数据、日志数据、天气数据、网页数据等多元化异构数据。每天 TB 级的增量数据、近百亿条的用户数据、上百万的产品数据成为管理难点之一。因此存储上的改进对整个系统吞吐量和并发量的提升起到关键的作用。同时，在改进存储结构时需要结合原有数据存储模型和具体的应用场景。

一般关系型数据库会作为应用系统存储的首选，但是在存储数据量巨大的情况下，查询数据的效率和计算性能会有明显的不足。经过调研与测试，可以使用 HBase 和 Redis 两个 NoSQL 数据库来取代传统数据库。将用户意图及推荐产品数据以 Key - Value 形式存储在 HBase 中，对 HBase 操作进行优化，包括行键的设计、预分配、数据压缩等，同时针对不同的使用场景对 HBase 本身配置也进行调优。存储的数据量达到 TB 级别，支持每天千万次请求，同时保证 99% 的请求在 50ms 内返回，实现了海量数据的安全存储。同时，随着数据量和请求量的快速增加，通过加入节点来扩容可以自动恢复故障转移，无须额外运营成本。

（4）存储超融合

数据中心往往需要分别构建计算平台和存储平台，两者相互独立。最典型的是 Ceph、OpenStack 的存储和虚拟化整合方案。它们的特点是将存储与计算分离，形成两个独立的模块，这种架构可以分别对存储和计算进行扩展。但是也有局限性，两套系统需要分别部署，加大了额外的成本和管理的难度；存储计算分离的架构使得数据 I/O 通道较长，系统性能难以优化。因此，业界提出超融合的概念，其中“超”即虚拟化，主要是由虚拟机提供计算资源，由软件定义网络对虚拟机进行组网，由软件定义存储为虚拟机提供存储。

文献（丁治明、刘奎恩，2014）提出超融合中最为本质的是加入了软件定义存储，主要以分布式文件系统、分布式块存储、网络附加存储集群等为代表。最为典型的是一台基于 X86 架构的物理设备能够提供整套的虚拟化方案，并实现计算、网络的同步横向扩展，实现数据中心的快速部署。现有的超融合有两种，第一种是纯软件的解决方案，它支持在现有硬件上实现存储资源的整合，典型案例是 DataCore 公司的 SANsymphony 和 EMC 的 Scale IO。第二种是软硬件结合的架构，它可以将软件和硬件整合在同一服务器上，典型案例有 Vmware 的 VSAN 和 Nutaninx。超融合系统实现了按需扩展、快速部署、易于管理和弹性扩展的目标，并将计算、网络和存储融合在一个统一的平台中，减少了管理的复杂性。Nutaninx 架构如图 2 - 13 所示。

（三）问题

信息化时代促使数据规模迅猛增长，在大数据存储系统逐渐发展的条件下，海量数据的存储和管理也面临着新的挑战。

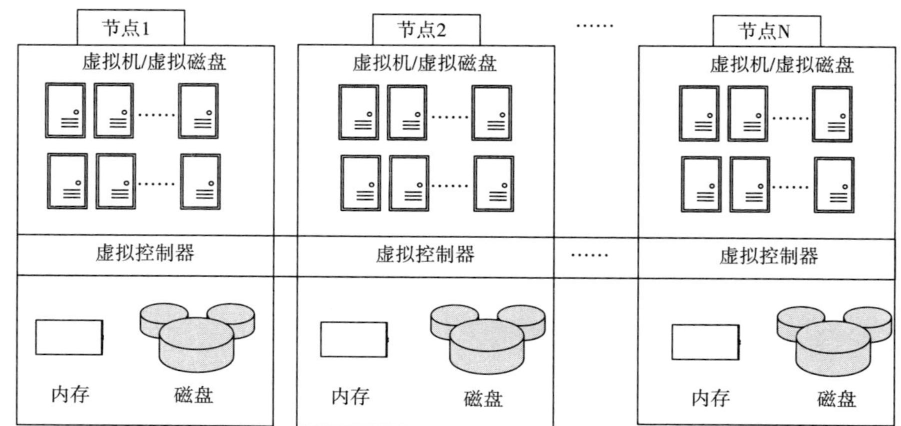

图 2－13　Nutaninx 的超融合架构

1. 云存储面临的新挑战

对于复杂的云存储，用户虽然可以随时随地与他人分享数据，但这种把数据放入云端的存储方式也逐渐出现一些用户担忧的安全问题。

首先是文件的可用性。由于采集数据的网络或者存储问题，用户传到云存储系统中的数据可能出现丢失或不完整等问题。其次是文件的机密性。用户的数据在云端没有得到有效的保护，近年来，很多数据从网络中传播，在没有用户授权的情况下数据遭到泄露。最后是文件传播的安全性。网络病毒复杂多样，用户的数据一旦泄露，在网络传播开来可能会出现病毒等，导致用户利益受到损害。

除此之外，云存储的基础设施也面临一定的挑战。对于用户来说，存储的性能可能没有严格需求，但是希望有多种性能可供选择。早期的云计算平台由于忽略对存储的投入出现了较多的 IO 延迟问题，且有近 70% 的数据在存储系统中是静态的，很少会再次被访问，因此这些存储在云端的数据需要信息生命周期管理来降低企业成本。

2. NoSQL 数据库面临的新挑战

对于 NoSQL 数据库而言，近些年研究者们开始关注以下问题（申德荣等，

2013）。

（1）扩展 Key - Value 数据模型与多种数据模型共存的研究

Key - value 类型的存储模型是基于 Key 的哈希或基于一定范围的存储，只能支持简单的查询操作，限制了 Key - value 存储的应用。为突破该模型的应用局限性，需要从根本上完善数据模型，实现 Key - value 数据库的复杂查询操作和事务处理能力，以增强存储系统的功能。

（2）支持分布式事务的研究

数据库为能够有效地支持 OLTP 业务，需要其支持事务特性，key - value 类型的数据库只能支持单一 key 的事务特性，对真正的分布式事务不能灵活且低代价地满足。因此，提出一种基于 key - value 的有效且灵活的分布式事务模型是研究者们关注的热点，以满足各类应用需求。

（3）提高系统查询处理性能的研究

基于 key - value 数据模型的系统只支持简单的数据查询操作，采用 MapReduce 处理模型实现查询处理操作，适合于将一个事务划分为多个独立子事务的聚集查询处理业务，但是对于复杂的大数据查询处理需求，所有的查询处理操作都需要转换成一轮或多轮 MapReduce 模型来实现，导致传输成本大，不利于提高数据的查询处理性能。

（4）有效利用副本资源的研究

副本是分布式数据管理系统的典型特征，有助于提高系统可用性、可靠性、系统查询处理效率等。但是，动态负载均衡、事务特性、高效的查询处理等现有成果及对应模型并没有有效的利用副本。

（5）支撑理论的研究和规范标准的制定

Key - value 数据模型提出后，其简单的数据模型结构受到了大数据研究和管理者的青睐，该数据模型被广泛应用，但没有可遵循的规范标准和理论支持。目前有关 key - value 数据模型的支撑理论还没有明确的说法，需要深入研究，随着相关研究成果的出现，可逐渐形成一定的技术规范标准。

（四）对策

大数据是海量的、多种类的、快速的、价值密度低的，在大数据环境下的海量数据存储与管理方面，数据存储框架的性能问题值得关注。文献（舒继武等，2017）提出了一种高效的大数据存储架构，具有重复数据删除功能和编码优化功能的分布式存储框架。大数据时代的数据量和累积速度已远超以往，大量的重复数据也在不断地增加。因此，高效去除重复数据技术成为缩减数据所占空间并降低成本的关键。大数据环境下，将集群重复数据删除技术融入分布式集群存储架构中，使得存储系统能有效地对冗余数据进行在线去重。该技术实现了系统的高去重率、高可扩展性、高吞吐率等特性，并在存储性能、去重率和存储效率等方面进行了优化。

针对云存储的安全问题，有以下解决方案：（1）对于文件的完整可用性，云存储可以利用数据中心的副本策略，维护多个副本，建立专有的备份数据中心，并周期性地检查数据完整性，校验恢复错误数据；可将用户分为多个集群，利用分布式管理机制，当出现问题时可避免影响全局。（2）对于文件的机密性，首先将文件分片在不同的节点上，一个完整文件不放在一起；然后对数据元信息进行加密，对数据本身也进行加密；最后可设置匿名举报，发现操作存在问题的人。（3）对于文件传播，用户可接入查杀病毒工具，避免病毒入侵。最后对于云存储的基础设施，可以利用基于策略的块级信息生命周期管理方法，将粒度细化数据到块级，方便存储和管理，达到对应用的随需响应。

针对 Key - value 存储模型，未来的研究方向有：（1）如何改进基于 key 哈希的数据分布模式，使其可以有效且灵活地支持复杂查询和具有低代价的事务特性等。（2）对 key - value 数据模型的扩展研究，扩展其查询的效率和能力。（3）研究多种数据模型的无缝转换，支持多种数据模型共存来满足复杂数据的管理需求等。

针对系统查询处理能力，面向数据查询处理的高性能处理模型是研究者所期待的。为了提高系统整体性能、系统吞吐率和系统资源利用率，面向资源、任务和数据负载的动态，负载均衡模型的研究也将是研究者关注的热点。

（本节作者：王雪菲　丛晓男　丁维龙）

五　信息保密技术

（一）进展

1. 物理信道加密的进展

设备之间彼此比较独立、组织结构比较松散，这些设备很有可能被别人盗用，从而入侵整个网络。为了解决这个问题，除了在数据传输时进行加密以外，更需要在物理层实施有效的手段，从而加强和保证数据传输的安全性。物理层的加密主要从三个环节进行，包括信道编码与解码、信号调制与解调，信号扩频与解扩。在信道编码环节进行加密的步骤是，发送方在信道编码后加密，然后调制成电信号进行传输。接收方在解调信号以后需要进行解密，然后才能解码信道获取数据。调制解调的加密过程，类似信道编码加密，即在调制后、解调前进行加密。这种加密方式主要用于频分复用传输的信号。另外就是在扩频信号时加密，在解扩时解密。由于扩频序列是一个高速伪码序列，所以在发送端通常将扩频与加密环节结合在一起完成。通过上述三种物理层加密手段，可以很大程度上保证数据传输时的数据安全。当有入侵者在上述系统中截获数据时，会受到信道误码和密钥偏差两个因素共同影响；而传统系统中截获的信号只有后续密钥偏差这一个因素，所以通过此种方式进行加密，物理层拥有更高的安全级别。不同于密码加密，物理层安全利用物理信道的唯一性来实现通信线路中的信息加密（王颖等，2014），很多设备中都采用了这种类型的加密技术。通过使用物理层的加密，分布比较零散的传感器等有了更好的安全性，防止因传感器丢失、线路被剪断而产生数据泄露。

2. 软件加密的进展

除了物理层加密，在应用层也需要进行数据加密。对数据进行加密，可以解决数据共享时产生的信息泄露。目前主流的加密方式是 DES，AES，MD5，RSA，SSL，WPA，Ipsec。

DES 全称是 Data Encryption Standard，其加密算法开创了公开密钥算法的先例。这种方式中，即使拥有加密算法的细节内容，如果没有正确的密钥，其仍然无法获取明文数据。这种方式的加密算法的安全性来源于破解其密码的计算时间过长，难度较高。虽然这种算法在计算能力越来越强的服务器面前变得越来越不安全，但是其提出的公钥密钥的方式在现阶段仍然被广泛运用（李杰等，2009）。作为一种应用广泛的加密算法，DES 设计的目标是加密保护静态存储和传输信道中的数据。因此，DES 加密算法在 ATM 机、智能卡以及智慧交通等领域中得到了应用。比如在智能卡中，持卡人的个人识别码通过 DES 进行加密传输；在 IC 智能卡的双向认证中也使用了 DES 算法来保证数据传输的可靠性。虽然 DES 位数较短，在智能芯片中存储数据的能力有限，但是 DES 的特性正好适合智能芯片的加密（吕莉、赵嘉，2006）。

AES 全称是 Advance Encryption Standard，即高级加密标准。该项目由美国国家标准技术研究所于 1997 年开始启动，2000 年使用 Rijndael 作为其最终算法，并于 2001 年被美国商务部批准为新的联邦信息加密标准。AES 加密算法作为 DES 加密方法的一种升级版本，拥有比 DES 加密算法更加优秀的性能。AES 加密算法具有安全、高效的优点，无论是硬件加密还是软件加密，性能都很出色。正是因为 AES 相对于 DES 更加安全，同时也拥有很好的性能，这种加密方式被广泛地应用于金融业、政府等部门中。AES 作为 DES 的“升级版本”，更长的位数使得其有更好的安全系数。有很多经过改进的 AES 加密算法，应用于更多的场景。常见的比如 Winrar 里提供的数据加密，其中的加密算法就使用了 AES 算法，比如 PDF 文档里面的加密，也属于 AES 加密。总之在很多场景下，AES 都有其用武之地。由于其性能较好，只需要进行公钥密钥的核对而不需要生成大数，所以在加密和解密的过程中占用的资源较小。得益于强安全性、高性能、高效率、易用性以及高灵活性等优点，AES 是目前应用最广的加密算法之一（何明星、林昊，2002）。

MD5 算法属于 HASH 函数的一种。HASH 函数也称为杂凑函数，其通过把任意长度的输入消息串变化为固定长度的输出串。这个输出串就是 HASH 值。由于空间限制，很难从 HASH 值来推算数据内容，所以 HASH 函数值也可以看成伪随机数。MD5 算法的原理是把任意数通过计算转换成 128 位的二进制数（毛熠、陈娜，2012）。传统的MD5算法比较容易遭到暴力破解，安全系数有限，所以通常需要结合其他的方式对MD5算法进行改进。MD5有相当多的应用场景，在Web项目中应用尤其广泛。在不同的页面内进行用户名密码等信息的传输时，如果采用AES作为加密，则需要携带较长的密钥，同时还要服务端提供公钥进行核对，会降低页面的访问速度。所以在很多情况下，会采用MD5码来进行关键信息的加密。

RSA加密算法的原理也和DES加密算法类似，是一种典型的公钥密钥算法。与DES不同，这种算法的计算时间比较长，但是加密效果更好。RSA加密算法通过生成两个大素数，并进行相应的数据计算，从而生成公钥对应的密钥。随机生成素数要尽可能地大，并且必须是强素数；还要求两个素数的差不能过大或者过小。通过这些要求，可以大大减少算法被破解的可能性。但是这个过程需要大量的计算来得到密钥，算法效率会降低。尽管如此，当前RSA仍然被公认为最优秀、最完善也是应用最广泛的算法（石井等，2013）。RSA是一种基于非对称的加密算法，意味着用于加密和解密的密钥有两个，分别是公钥和密钥。使用公钥加密过的数据，只有私钥才能进行解密。因此在网络通信环境下，需要进行上行和下行的双向加密，非对称的加密算法只能保证从服务端到客户端的数据安全性，却不能保证从服务端到客户端的可靠性。RSA作为一种安全性较高的非对称加密，虽然占用较多的计算资源，但安全性较高，目前主要应用在Linux的SSH登录中。在SSH远程登录中，主要使用口令登录，当客户端向服务端发送登录请求时，服务端向客户端发送一个公钥，客户端将用户名和密码经过公钥进行加密以后，上传到服务端的密钥进行解析，然后通过私钥解密核对用户名和密码。通过这样的方式进行加密，会在传输用户名和密码的时候更能保证其安全性。

SSL是一个开源的安全协议，它通过使用TCP层进行数据加密。在HTTPS的协议中，使用的就是SSL安全协议。HTTPS协议对HTTPS传输的明文进行加密，即使数据包被截获，也无法获取里面传输的具体内容，因此提高了访问网络的安全系数。SSL协议也类似于AES加密算法，通过加密密钥的交换以及数字签名来保证数据安全。旧版本的SSL协议只提供服务器端的校验，现在新版本的 SSL 协议加入了客户端校验，确保数据的双向安全性。

WPA 是一种继承自 WEP 基本原理但又解决了其缺点的技术，最早应用于无线加密中。WEP 全称为 Wired Equivalent Privacy（有线等效保密），其网络内的所有终端使用相同的静态密钥来访问网络。所以 WEP 加密方式是一种基于共享密钥的加密方式，这种加密方式被破解的可能性很高。基于 WEP 而产生的 WPA 加密技术，使得 WPA 加密方法可以很容易地从现有的硬件环境中替换掉不够安全的 WEP 算法。另外 WPA 的加密、认证和消息的完整性检查校验又使得这种加密方法相比 WEP 有更高的安全系数（白坤等，2012）。WPA 加密方式又分为 WPA 和 WPA2 两个版本，WPA2 又分为个人级和企业级。WPA2 企业级具有很好的加密特性。虽然 WPA 企业级的配置和维护代价比较高昂，但是仍然被广泛应用。目前很多学者针对 WPA/WPA2 个人版本进行研究，提出了诸多改进方法，使其更加稳定可靠。总之，WPA 作为 WEP 的升级版本，在硬件以及连接架构不进行大的变动情况下，提高了无线传输的可靠性。

IPsec 是一种信令协议，其中包括了 AH 协议和 ESP 协议，用于提供安全服务。它通过验证算法和加密算法，保护数据包内容防御网络攻击。正是因为这样的特性，IPSec 在物联网中大放异彩。由于 IPSec 并不涉及上层软件应用，是底层传输的一种信息保密方法，这种加密方案被广泛应用在物联网等设备中。通过在数据传输时对其进行封装，可以很大程度上在底层传输时保障数据的安全性。

3. 硬件加密的进展

上述内容都是目前常见的软件加密方式，除此以外还有硬件加密方式。硬件加密是指通过专用的加密芯片或者独立的处理芯片等实现密码的运算，或者是进行相关的认证。对系统的其他部分而言，加密部分的算法完全是黑盒，系统的其他部分只是向芯片输入需要加密的内容或者已经加密的字符串，由加密芯片来对内容进行加密或者解密。对于不同的加密芯片，其内部的加密算法有很多种。但是无论使用何种加密算法，硬件加密的方式都是离线的。这种离线加密的方式使得破解者无法外接计算设备来进行密码的暴力破解，并且硬件加密的加密算法对于外界又是黑盒，使得硬件加密的破译难度很高。有的设备中的硬件加密算法甚至包含自毁程序来保证数据安全。硬件加密现在被越来越多地应用在移动存储、手机等硬件设备中，通过加密芯片可以很大程度上保证数据在这些设备中存储的安全性。

4. 量子加密的进展

量子通信可以说是近些年来所提出的最安全的通信手段。量子通信的原理是量子力学：微观世界中的粒子位置是不确定的，状态也是不确定的，对未知状态系统的每一次测量都必将改变系统原来的状态。所以一旦发现有人在量子通信线路中对通信内容进行窃听，那么接收方就会察觉量子的状态发生了改变，可以随时中断通信甚至“修改密码”。量子通信在近些年成为了热门研究领域，除了其具有先天的“无法被攻破”的特性以外，另外一个很重要的原因是它通过传统的光纤进行传输，大大降低了量子通信的普及门槛。

（二）成效

1. 硬件加密的成效

不同类型的硬件对数据的加密方式虽然不同，但其原理都是输入内容，然后输出加密后的数据；抑或是输入加密数据，输出内容。而其中的加密和解密方式，对外部程序来说是透明的。硬件加密近些年在智能手机领域大放异彩。2003 年 7 月，富士通公司推出了 F505i 手机，第一次将指纹解锁放置到了手机中。但是指纹手机真正普及开来，是在 2012 年 9 月苹果公司发布了 iPhone 5s 之后。这款手机将用户的指纹经过加密后放置到手机 CPU 中的 TrustZone 安全区中。这个区域是一个典型的硬件加密场景。当外部程序需要验证用户的指纹时，将输入的指纹与 TrustZone 中存储的加密后指纹在硬件内进行比对，如果验证通过，则通过硬件，否则不通过。任何程序包括苹果公司自身都是无法获取 TrustZone 里加密指纹的具体细节，只能输入一个指纹然后由硬件进行判断是否通过验证。这样的方式使得指纹的验证非常安全，无须将指纹数据上传到服务器，一切的验证都是保存在本地，极大地保证了用户隐私的安全性，目前已经被手机厂商广泛采用。通过本地化的硬件加密，将用户的指纹进行本地存储，不仅提升了手机整体的安全级别，同时也方便用户使用。

2. 量子保密的成效

除了硬件加密十分火热以外，量子通信目前也是研究的热门。世界上第一条量子保密通信线路——“京沪干线”于 2017 年 9 月 29 日正式开通。开通的当天，“京沪干线”与“墨子号”通信卫星进行了通信，实现了洲际量子保密通信。当前常用的其他加密方式，无论是对称加密、非对称加密还是大数据加密等，都会随着计算机运行速度的提升而破译。而且以前的密码破译比较依赖单机性能，现在，随着云计算技术的发展，传统算法有更大可能被破解。原来 1 台机器 1 年才能破译的密码，现在通过云计算可能不到 1 天就能破译。所以，更加稳定可靠的加密才是未来的发展趋势。量子保密通信之所以“几乎不可能被破译”，是因为以量子力学概念作为保证：原子的运动方式和运动轨迹是无法预测的，而一旦被外界探测，原子的运动方式和轨迹一定会发生改变。所以消息的接收方一旦发现运动轨迹发生了变化，那么可以立刻更改密码。这样，第三方的探测则变得毫无意义，相较于传统的通信方式有着天然的保密优势。以前的通信线路内部是电流或者光传输，传输的内容并没有状态的区别。发生消息泄露也并不能被发送方和接收方所感知，加密只能依赖加密算法。可以说，“京沪干线”的开通，意味着量子通信在实际应用场景中又向前迈进了一大步。一旦量子通信真正普及，那么“破译密码”也就成为了过去式。

（三）问题

物理信道加密的问题在于加密算法比较简单。为了保证数据传输的速度，最大化利用带宽，减少加密带来的无用数据传输，物理信道加密的算法通常比较简单。

软件加密算法有很多，不同的算法也有各自面临的问题。DES这类加密算法的重要性不言而喻，但是过短的位数也注定其安全性不会很高，目前的普通家用计算机破解DES的密码也只需要很短的时间。但是其开创性地提出了公钥密钥的思想，为后面的加密算法奠定了基础。AES加密算法由于增大了位数，使其安全性相较于DES来说有了很大的提高，而且其解密过程仅仅是比对而不是重新计算，所以运算速度较快。但是，未来的AES算法也面临目前DES所遇到的问题：若干年以后，计算机的运算能力提高了数倍，那么AES算法被暴力破解的时间也将大大缩短。虽然并不是严格意义上的“密码”，MD5码快速便捷的加密方式仍然在某些场景中大放异彩。但是MD5码由于生成方式固定，位数较短，所以比较容易被碰撞攻破。RSA加密的安全性远超其他类型的加密，而且可以随着质数的增大而愈加安全，但代价是要耗费大量的计算资源。这也使得RSA的应用场景非常有限。为了提高加密解密速度只有使用较小的质数，但是安全性又无法满足，所以RSA适用于集群计算能力较强、安全加密级别较高的场景。

无线传输加密也存在相应的问题。目前，WEP/WPA已经被广泛应用于无线Wi-Fi的密码验证。但无论是WEP还是WPA都很脆弱，很容易通过大量抓包获取到密码。加上WPA2企业级部署的代价又比较昂贵，使得小公司以及家庭的Wi-Fi密码的安全系数较低。

（四）对策

从目前来看，各种加密类型在不同的场景中有不同的应用，也存在自身的优缺点，因此在实际应用中应该有所取舍，扬长避短。在合适的地方采用合适的加密算法，才能更好地利用现有的成果。

物理层加密通过结合不同类型的带宽以及不同类型的数据来进行不同级别的加密。如果是专网，那么需要根据传输内容以及传输信道对其进行定制。安全级别较高的设备需要提高物理层加密的力度。通过牺牲传输带宽、减少数据并发的方式来提高物理层的安全性，防止线路被剪断数据被窃取。

软件层加密需要结合不同的业务场景来选择不同的加密方式。在互联网和客户端需要双向通信加密的场景下，选择对称加密能最大化节约资源。在计算资源比较充沛的环境下，使用RSA算法应尽量选择更大的质数以及更大的参数以尽可能地实现高级别安全，甚至使用单独的加密/解密计算服务器来完成运算。

在无线网络环境下，除了依赖学者提出WPA的优化方案来提升WPA系列加密的安全性，同时也要在无线信号穿透上进行限制。无线信号的物理隔离能够较好地保证Wi－Fi连接的安全性。

最后是大力普及量子通信。从目前来看，任何一种加密方式都有其漏洞，尤其是面临计算机的计算能力提升以及集群计算时，再长的加密位数也可能被破解。量子通信作为以物理特性为保证的保密通信，具有天然的安全性。目前来看开发应用成本较高，仍然需要做进一步的研究才能大范围地普及，但这将是未来的主要趋势。

智慧城市的建立会方便人类的生活，但是信息共享对数据安全提出了严峻的挑战。面对这种挑战，一定要“术业有专攻”。在不同的应用场景使用对应的加密算法才是当前的解决之道。如果说数据传输是建立智慧城市的根基，那么数据安全就是智慧城市可靠运行的保证。千里之堤毁于蚁穴，智慧城市作为一个巨大的信息共享平台，其包含巨量的系统以及设备。只有每一个环节都有安全保证，整个智慧城市才能高效稳定运行。

（本节作者：胡雅鹏　丛晓男）

第三章　智慧应用

一　智慧教育

（一）智慧教育的内涵与特征

2008年11月，IBM公司提出“智慧地球”战略，衍生出“智慧教育”一词。针对智慧教育这一新兴概念，IBM解释为教育的深度信息化及智能化，包含教育数据收集、储存与分析，个性化学习体验，优化教学管理三大部分内容，并提出智慧教育未来发展五项目标，即学生对技术的沉浸、个性化的多元学习路径、服务型经济的知识技能、全球文化资源的系统整合与为新世纪经济发展起关键作用。

各界对智慧教育尚未形成统一概念。广义上讲，智慧教育是教育发展进程中的一种形态与阶段，也是智慧城市的有机组成部分，是在教育即培养人才的本质基础上，运用物联网、大数据、云计算以及智能设备等当代信息技术构建实时感知、泛在互联、先进智能、共创共享的教育资源，结合先进的教育理念以及管理模式，实现教育系统的智慧化、创新性发展。

从信息化角度而言，智慧教育是数字教育的高级阶段，也是未来二十年教育领域的发展趋势，其主要特征如下：第一，实时获取、使用便利的教学资源和捕获与存储生成性课堂资源；第二，对课堂教学状态信息进行跟踪、分析，辅助教学决策；第三，呈现自然、直接的课堂师生互动；第四，教学模式突破了现实的时空界限；第五，使学生自主完成学习逐步成为主流的学习方式；第六，教育管理理念向智慧化、系统化发展。

（二）智慧教育的技术架构

在技术层面，智慧教育借助物联网、大数据、云计算等新一代信息技术，实时感知、识别、获取、分析教育信息，以辅助教育工作者进行智慧化教育管理决策。

如图3-1所示，智慧教育系统自上而下包含访问层、应用层、平台层、网络层与感知层五大层级，每一层级又包含多个智慧教育元素。以云概念为基础，以物联网为支撑，构建远程智慧运行管理平台；以推动优质教育资源共建共享为核心，融入教师教学、学生学习、教员管理等教育工作领域；以实现地区教育公平化、管理模式高效化为目标，推动教育领域改革创新。以智慧校园应用为例，构建智慧化、全面化、一体化的校园应用平台，利用物联网设备及互联网端口采集并传输各类教育资源信息，通过大数据中心与云计算中心整合海量教学资源、业务数据、人力资源，从而实现教研、教学、管理的一体化应用。

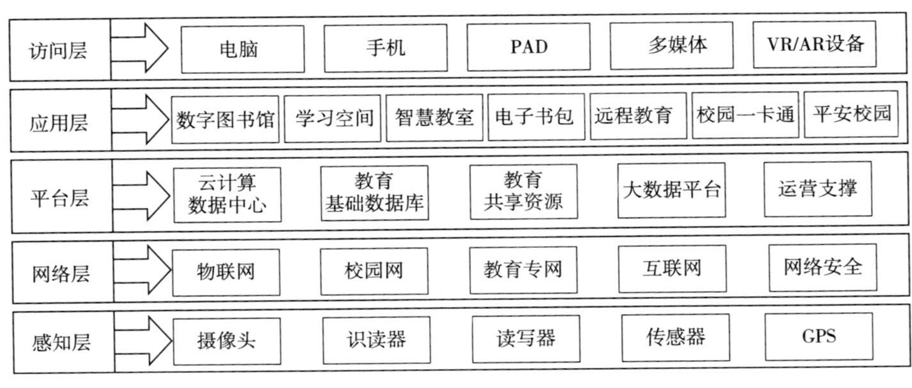

图3-1　智慧教育的技术架构

（三）智慧教育的发展现状

自IBM提出智慧教育概念以来，全球各国都将智慧教育建设视为未来教育发展的核心战略，教育信息化向智慧化演进提升已成为必然趋势。表3-1总结了国外智慧教育的先进案例及其内容。

表 3-1　国外智慧教育先进案例

国家	智慧教育项目	核心内容及措施
美　国	通用云计算服务 慕课（MOOCs） 电子证章（digital badges）	师生通过云计算服务获取虚拟电脑桌面；建立在线数据系统、共享教学资源库和构建教师社交网络；通过电子证章认定学生在网络学习中的技能与能力，通过质量验证将学校正规教育与外部大环境之间进行连接，等等
澳大利亚	转变澳大利亚教育系统	利用信息化互动课程激发学生的兴趣、利用专业化技术有效提升教职工的教学与管理能力、培育一批具备良好价值观与前沿生产力的劳动者
韩　国	智能教育推进战略	在重点学校实行“量体裁衣”式智能化教育，以数字教科书取代传统的纸质版教材。将全部学校及教育资源纳入韩国统一的云教育平台，师生则通过电脑、智能 pad 等数码终端访问及获取资源
日　本	未来校园	以家庭为单位，建立个人教育信息化应用系统，配以智能 pad 及教育资源协同共享平台，于 2020 年前在全国范围内普及应用
新加坡	iN2015	微观层面以学生为中心，建立个性化、独立的学习空间，宏观层面大力建设覆盖全国的教育信息化基础设施，使新加坡加速成为全球教育领域信息技术应用创新中心

我国于 21 世纪初开展教育信息化建设，经过前后十余年的发展，借助日益成熟的物联网、大数据、云计算等新一代信息技术，教育信息化投入逐年增加，政策环境逐步完善，全国教育信息化平均水平显著提升，为现阶段智慧教育发展提供了强有力的支持。

良好的现实基础为我国智慧教育创造了优质的发展环境，近年来各地政府、学校与高科技公司大力推进智慧教育建设与创新，取得一定进展。表 3-2 列举并总结了我国近年来有代表性的智慧教育发展案例。

表 3－2 我国智慧教育发展案例

地区/学校/公司	智慧教育项目	核心技术及措施
佛山禅城	智慧校园	面向基础教育，创新性地采用政、产、学、研合作模式，整合多方优势力量，开发智慧校园教育云资源平台、智能管理系统、智能教学系统、数字化实验系统、移动学习系统、家校通系统、智慧文化系统等智慧校园应用系统；研制并推广电子书包、电子课桌、智慧讲台等多个教育产品；建立智慧教室、数字化实验室等多个功能场室；取得多项专利成果
南京邮电大学	智慧校园	以物联网为基础，依托数据平台、身份平台、门户平台、GIS 平台，建立公共信息标准，进行数据融合、服务融合、网络融合，实现了分散、异构的应用和信息资源整合。目前智慧校园项目已上线运行，为师生提供管理、教学、科研、生活、感知五大类服务
浙江大学	智慧校园	基于物联网及移动互联网新技术，建设浙江大学统一的移动办公平台、信息发布平台、校园一卡通平台等智慧校园应用，并凭借感知、智能、挖掘、控制等各种信息化技术，建成安全监控、平安校园、自助图书等网络管理系统
科大讯飞	AR 语音助教	AR 智能语音全息助教，结合自然语音识别和虚拟现实技术，将自然、科学、生物等微观和宏观的知识生动地展现在学生面前，充分调动发挥学生的创造能力、探索能力和观察能力
海尔	VR 未来课堂	利用虚拟现实技术，以现有优质资源为基础，提供给学生最直观、最专业的学习环境与视听感受
OKAY	智慧教育系统	建立包含学习专用智能终端、教学专用智能终端、智慧平台及配套服务一整套的智慧教育系统。满足国家教育信息化“三通两平台”建设与应用要求，实现课外辅导机构“互联网＋教育”转型

总体而言，我国尚处于智慧教育发展的初期，国家逐步推动教育信息化向智慧教育迈进，并出现了一批如科大讯飞、海尔、OKAY 等高科技智慧教育企业，政府与学校的智慧教育建设也在持续推进之中。

（四）我国智慧教育发展中存在的问题及政策建议

我国的智慧教育事业尚处于起步阶段，随着智慧教育的发展，存在的问题也逐渐凸显。例如，终端产品的开发与应用缺乏顶层规划；缺乏统一的建设标准和技术规范；完整健康的产业链尚未形成等。

针对上述问题，结合我国智慧教育的发展现状，提出以下政策建议。

1. 教育部、国家标准委应抓紧制定智慧教育标准体系

抓紧制定智慧教育产品框架体系、技术规范体系。特别是，率先制定与义务教育阶段教材相关的智慧教育产品技术标准。然后，积累经验、逐步推广。

2. 借助智慧城市平台，建立智慧教育专业平台

由教育部门牵头，建立全国统一的智慧教育平台，将智慧教育有机融入智慧城市建设中。整合现有的各类实体学校，将线上线下教育相结合，充分发挥各学科优秀师资线上主讲作用，形成放大效应；同时，充分发挥各教学点线下师资的辅导作用，形成有机结合的智慧教育网络体系。

3. 鼓励社会投资智慧教育，推进各类智慧教育产品研发

智慧教育需要大量投入，仅靠财政投入难堪重负。国家应鼓励社会各界在法律和国家标准规范下，投资智慧教育，推进人才强国和创新型国家建设进程。

（本节作者：张中阳）

二　智慧购物

（一）智慧购物的含义

“智慧购物”是区别于传统购物的一种新型购物业态。“智慧购物”是应用物联网、移动互联网、大数据、云计算等新一代信息技术，对传统购物方式进行创新和改进，改善消费者的购物体验，提高商家的运营管理效率，从而形成一种全新购物模式。“智慧购物”不应被简单地理解为线上、线下与物流的结合，智慧应更多地体现在大数据和云计算在购物全过程的融入，

从而突破传统购物的业态边界，为消费者创造一种全新的业态呈现形式，让消费者以更便捷和更满意的方式满足购物需求（赵树海、徐晓红，2017）。

“智慧购物”最重要的就是以用户体验为中心的商业模式，核心是要满足消费者日益提升和变化的购物需求，同时要兼顾业态内部员工与上下游合作的商业伙伴，使他们能够围绕产品和服务更好地做好工作。

（二）进展与成效

传统的线上电商平台和线下商超都在积极布局“智慧购物”，寻求线上线下与物流的融合，探索新的智慧购物场景。

1. 线上电商平台的“智慧购物”

阿里巴巴分别于2014年、2015年、2016年先后投资银泰集团、苏宁电器和三江购物，与这些传统的线下企业合作，并探索了盒马鲜生等“智慧购物”模式。

作为阿里巴巴重构线下超市的新零售业态，盒马鲜生融合了线下超市、餐饮、菜市场等业态，消费者可在实体店内直接购买和现场品尝，也可在线上通过App下单，盒马在接到订单后实行门店周围3公里30分钟快速配货上门服务，在支付方式上仅接受支付宝付款，不支持现金、银行卡等方式。

京东集团也在不断探索“智慧购物”新模式，2015年以来先后推出京东到家、入股永辉超市、与沃尔玛达成战略合作等，积极探索线上线下与物流相融合，并探索京东无人机送货、京东无人超市、京东生鲜零售门店7 Fresh等模式。

京东无人机送货　2015年底，京东宣布涉足无人机行业，2016年6·18期间完成无人机物流首单配送，现已在宿迁、西安等地实现常态化运营。京东无人机并非直接接触终端用户，而是与当地超市等合作，无人机统一降落至院子或屋顶等专门的相对封闭、周边空域环境较好、障碍物较少的场地，场地面积约为25平方米，由超市管理者负责收货和临时存放、送货。以往农村消费者在网上订购商品，物流是配送至乡镇，消费者需承担往返3～5公里的交通成本以及较高的时间成本。京东无人机的使用，能较好地解决农村等偏远地区的末端配送问题。

京东无人超市　2017 年 10 月京东首家无人超市开业，探索智慧购物新模式。京东无人超市在进入时需要在屏幕前进行人脸识别录入信息并绑定消费者的银行账户，开启免密码支付。这些操作完成之后，门会自动打开让消费者进入。超市货架的正面有摄像头记录消费者的取货信息，实现人货绑定，并记录消费者的消费偏好、产品销售速度等，商品上的价格标签是电子墨水屏，上面显示的商品信息会与线上商品实时同步，避免消费者多花钱。每个商品上都贴有 RFID 标签，便于商品识别，与大多数无人便利店不同的是，京东无人店不需要将商品放在结账台上通过微信或支付宝支付，而是当你取完商品走出超市时，人脸识别技术和 RFID 商品识别技术将自动计算你购买物品的价格，并从你进超市时绑定的账户中自动结账，无须个人操作。

2. 线下商超的“智慧购物”

苏宁电器是传统连锁品牌探索“智慧购物”之路的典型代表。苏宁是通过线上和线下两种模式相互补充来探索创新模式的。将传统实体店嫁接网络渠道，通过网络渠道展示丰富多样的产品，以突破实体渠道库存量的限制，为消费者提供更多的产品选择，而对于体积庞大、占用空间大、价格昂贵的产品，通过网络渠道展示样品，实体渠道为消费者提供感知、体验服务，帮助消费者更好地进行决策，在支付时可借助网络渠道，从而实现商品信息传递、促销、退换货服务等业务上的相互支持和协作。此外，苏宁的线上线下相结合模式，也同时满足了不同消费者的渠道偏好，在使实体门店更多地为实体渠道偏好者服务的同时，网上商城也为偏好网络渠道的消费者提供了选择。为了更好地使实体渠道和网络渠道互补，苏宁电器 2013 年开始在北京、上海等城市实行线上线下同品同价（张燕等，2016）。

上海大悦城是国内最早的一批引入“智慧购物”概念的大型商业综合体，该项目通过客源导流、客流统计、Wi－Fi 覆盖、iBeacon①、智能停车

---

① 通过近距离蓝牙 iBeacon 感应技术为消费者提供增值服务，部分使用场景包括室内精准导航、到达设定地点推送、微信摇一摇周边卡券抽奖等。

场、电子导购屏等线下基础系统和App、微信公众号、电子商务平台、数据分析平台、CRM①、云POS②等线上基础系统，建立线下与线上相连接的多种信息化系统，增加数据采集与用户体验的方式，更好地了解消费者行为和偏好，满足消费者的需求，提高消费者的消费体验，打造全新的“情景式体验式商业”。该“智慧购物”项目可实现的智慧购物场景如表3－3所示。

表3－3　智慧购物场景

购物步骤	具体场景
Step1 进入商场 停车场	√ 进入商场周边区域，手机App提示商场内停车场动态空位数； √ 进入停车场闸机口，摄像头记录进场时间； √ 手机App提示空位在场内的分布图； √ 自动提示空位区域，或者提示车主选择空位开启停车导航系统，规划导航路线
Step2 进入商场	√ 客流摄像头统计当天到场的第N位顾客； √ iBeacon信标通过App端进行基于LBS的信息推送，商场活动推送等； √ Wi－Fi探针感知顾客到访情况，判定新老客户； √ App通过顾客情况推送针对性信息； √ 顾客来到商场门口附近的电子导购屏，自助查询会员卡内积分，并使用积分兑换面包提货券与优惠券，通过导购屏的嵌入式打印机打印提货券； √ 顾客查询到最近的公共设施或洗手间并进行动态导航； √ 商场内免费无线网络需要顾客用手机号登录，商场通过手机号码进行会员系统匹配，识别顾客是否为商场会员； √ 商场把信息主页作为portal首页面，该页面呈现商场信息介绍，商场活动介绍等，验证登录后跳转的第二屏，可作为推荐入口，推荐商户促销、品牌活动、新品推荐、热门商品，这些推荐位置可作为运营资源，收取一定的广告费用

① CRM＝C（Customer）＋R（Relationship）＋M（Management），CRM系统＝客户分析＋沟通服务＋客户营销＋会员管理，CRM系统使命＝降低运营成本＋提高客户黏性＋提升转化率＋提高客户回购率＋提高销售额＋提高管理水平。

② 云POS系统：收银台＋会员卡＋优惠券＋共享粉丝＋客服＋报表＋运营分析，云POS系统功能是解决基本收银功能、支持多元化支付方式、解决店铺积分不积极、多渠道营销分布、店铺在线服务、店铺数据支持，云POS系统价值（整合用户多种信息，并联用户行业，进行相关活动互动营销）：自建渠道＋掌握用户＋ 数据监测＋关联活动。

续表

购物步骤	具体场景
Step3 店铺选购	√ 当顾客寻找某店铺时，通过移动端 App 进行查询，商场内的 Wi-Fi 系统与 iBeacon 结合，进行室内导航； √ 到达查询的店铺后，App 进行店铺品牌介绍推送，新品及优惠活动信息推送； √ 基于 CRM、Wi-Fi 个体分析的数据，分析顾客行为偏好及消费偏好； √ App 针对顾客喜好进行推送； √ iBeacon 感知顾客到达后进行新品或优惠推送； √ 商场通过楼层级与店铺级客流统计系统分析数据发现某楼层及部分位置不佳的店铺客流量较低； √ 可通过 iBeacon 结合微信摇一摇送红包或优惠券等引流方式吸引顾客到达这些较冷的区域； √ 餐饮店铺门口安装 iBeacon，将 H5 页面对接排号系统，可完成摇一摇签到排号； √ 将餐饮店铺的排队系统对接 App，提供线上提前排号、订座的功能； √ App 上提供订餐功能，可为附近办公楼提供送餐服务，也可作为收集顾客饮食偏好的方式； √ 订餐支付或在餐厅买单时都可使用商场 App 进行支付
Step4 休憩、社交、分享元素	√ 通过微信或 App 打造虚拟社区游戏，建立与消费者互动的多样化方式； √ 开放多类型线下互动任务及功能，引导顾客活动轨迹，增加顾客场内滞留时间； √ 虚拟社区积分功能可聚集顾客人气，提高顾客游购兴趣，强化会员推广； √ 设定阶段性的任务与成就，进行事件营销，提升顾客的消费频率，更增强顾客对商场的好奇度与依赖度
Step5 离开商场	√ 实时导航显示离停车场最近的电梯位置； √ 坐电梯到达停车场，自动提示停车位所在地； √ 开启导航系统，规划行走线路； √ 找到车后，提示顾客多种方式可抵扣停车费； √ 顾客使用电商平台，离开商场后可通过 App 或网页进行购买，平台与店铺同步销售，建立顾客多种购买途径； √ 搭建真正线上线下数据互通的虚拟社区

注：根据汇纳科技智慧购物方案的相关内容整理（http://www.winnerinf.com/site/wisdom）。

除了大型商业综合体，传统的便利店也嫁接了“智慧购物”的概念，以无人便利店的方式走进了人们的生活中。例如 2017 年 11 月烟台芝罘区智慧无人便利店超市正式启用，该智慧无人超市面积在 15 平方米左右，采用二维码注册扫码开门、人脸识别、防盗监控、手机微信或支付宝支付等科技手段，实现了24小时全自助无人“2分钟”便捷购物模式。超市管理者可以通过手机远程查看店铺营业额并根据系统上报的商品保鲜期、库存量等信息操作补货、处理过期产品等，实现精准管理。该智慧无人超市的远期场景是，通过与传统大型商贸企业合作，嫁接智慧物流配送服务，整合供货商资源，实现线上线下结合，使消费者在享受到商品优惠的同时，一方面可以到超市即时购买所需的各种商品，另一方面可通过手机下单预定自己想要购买的商品，然后到店内取货。

（三）面临的问题

当前，线上电商平台和线下实体商超的购物业态均遭遇发展瓶颈，纷纷寻找新的市场机遇和发展空间，一方面是很多电商开始寻找与实体零售企业合作，探索线上平台嫁接线下实体的新模式；另一方面是实体零售企业在积极打通线上渠道，提升消费者在现实场景中的购物体验。智慧购物是传统购物方式与新一代信息技术深度融合之后的产物，是消费者未来购物的趋势和方向，但在当前发展过程中存在着诸多问题。

1. 智慧购物流于形式化，忽略了商品质量的本质要求

线上和线下的许多商家往往更注重于营销宣传，纷纷将原来单一的线上或线下渠道运营转向同时开拓线上与线下的多渠道运营，使原有渠道间的边界被打破，拓展了销售渠道。但许多商家往往忽略了对销售商品质量的要求，很多商家并不注重与其所售商品的源头即制造商的密切沟通，只是负责代理一些品牌的产品，却没有真正去验证产品的质量，从而给一些假冒伪劣产品创造了可乘之机。在这种不辨产品实际质量就销售的情况下，即使采用了新一代信息技术手段，也是舍本逐末，一旦产品质量出现问题，消费者和商家的利益都将因此受到损害。智慧购物是以消费者为核心的，产品质量是消费者购物的本质要求，也是消费者良好购物体验的基础，不能将智慧购物流于技术形式化，而忽略了商品质量这个本质要求。

2. 购物的场景化不足，服务创新落后于技术创新

消费场景化旨在为商家和消费者建立一种长久的战略合作关系，目前在我国的购物模式中，与消费者互动的体验场景化不足，服务创新并未随技术创新同步跟进，线上渠道的产品与服务无法与线下完全一致，线下实体零售方面还存在业态雷同、功能重叠、市场饱和度高等问题。一些线上商家，虽然宣传做得好，也大多能提到“用户体验”与“消费场景化”，但能真正做到和做好的并不多。目前，阿里巴巴、京东、三只松鼠、茵曼等线上品牌已经在线下开设实体店，进行线下场景化实践，但还有很多电商的消费场景化工作流于形式，有的商家有微信公众号，但消费者登录后却发现只是一个空架子，根本没有实质性内容，对购物帮助也不大。

3. 传统物流方式是制约智慧购物发展的短板

物流支撑无法做到广泛履约，每逢“双十一”和黄金周、元旦、春节等重大节假日，物流会变得十分繁忙和拥挤，线上购买的商品往往需要很长时间才能到货，快递物流基本处于爆仓状态，而由于节假日很多快递员和物流人员选择休假，所以工作人员又比平时少。这种节假日物流的高度集中和滞后，暴露出当前的购物业态大多还处于传统物流阶段，缺乏一种适应时代发展的创新经营机制，因此一旦供需矛盾突出，问题就暴露出来，而解决方法却难如人意（郑贵华、李呵莉，2017）。智慧购物需要智慧物流的支撑，现阶段传统物流方式是制约智慧购物的一个短板。

（四）解决对策

1. 充分利用新一代信息技术，确保产品质量

利用新一代信息技术优势，商家要与产品制造商和渠道内利益相关者、消费者之间实现无缝连接，确保产品的源头质量。同时，供求信息在营销渠道内的各个环节之间形成良性循环和互动，使制造商生产出适销对路、满足市场需求的产品，既增加社会产品的有效供给，又能满足消费者不断变化的需求。

2. 积极探索智慧购物场景，加强消费者服务供给

智慧购物时代，所有商家都要更加注重探索购物场景的开发，注重与消费者互动，关注消费者的极致体验，营造消费场景化氛围。可以从模式试点开始，不断借鉴国内外先进的场景打造经验，结合本地消费者的购物习惯，逐步探索符合当地实际情况的智慧购物场景。智慧购物时代，要加强消费者服务供给，保障线上线下渠道的产品与服务一致。制造商、线上线下渠道商以及相关服务部门应该在打通各方边界相互融合的同时，加强监督，依靠法律的力量保护自身和利益相关者的利益，不给不法分子以可乘之机，这是从根本上保证线上线下产品与服务一致性的必要条件。

3. 加速线上线下与物流的深度融合

促使线上线下以及物流深度融合，积极开展全渠道、无边界的物流配送及管理工作，以实体店就近物流配送破解节假日物流不畅难题。线上电商可以积极开拓线下渠道，既可以和自己的实体店密切连接，也可以和其他合作伙伴的渠道互相连接，注重开拓良好的物流渠道，积极吸引口碑良好的物流配送企业并与之开展合作。积极发展人工智能与无人机配送服务，保证物流全天候顺畅。

（本节作者：梁尚鹏）

三　智慧交通

（一）智慧交通的概念

近年来，我国经济社会迅猛发展，城镇化水平迅速提升，但日益扩展的城市规模并未使城市承载能力大幅提升，城市病逐渐凸显，交通拥堵成为大多数城市的主要问题之一。智慧交通是智慧城市的有机组成部分，其大力发展将成为改善城市交通管理、治理城市交通拥堵的一剂良药。

智慧交通，是处于智慧城市系统框架之下，以物联网、大数据、云计算

等新一代信息技术为支撑，由政府主导、企业协作，致力于城市交通管理、运输、公共出行的智慧化，使交通系统具有全面感知、泛在互联、自动决策等功能，显著降低城市交通系统压力。

基于新一代信息技术的迅速发展，智慧交通发展呈现以下特点：第一，运营系统智能化，通过 IPV6、物联网等新一代信息技术应用，大幅提升交通领域信息动态传输、处理的实时性，使交通系统具有感知、判断、控制、管理功能；第二，交通信息共享化，建立城市智慧交通管理平台，实时监控并交换城市交通管理信息；第三，便捷服务主动化，利用大数据相关技术，扩展信息服务手段与功能，主动提供精准化的出行服务；第四，问题决策科学化，通过大数据与云计算技术对海量交通故障信息进行分析，科学提供问题处理方案，提升交通管理精细化水平。

（二）智慧交通的运营架构

智慧交通是一个非常复杂的系统工程，自下而上分为感知层、网络层、业务层三部分，系统运营基于物联网、大数据、云计算等多项关键技术，其中感知层通过物联网技术实现对人、物、道路、环境的感知；网络层联结上述元素间的通信，并将收集到的巨量数据传输汇总至城市交通云计算平台，通过数据分析与挖掘，为城市管理者提供交通信息与参考决策；业务层则将及时可靠的交通信息通过各种途径提供给公众等终端用户。

智慧交通指挥平台是智慧交通体系的核心，包括智慧交通管理平台、交通运行监管平台、交通出行综合服务平台。指挥平台可以实现精确的交通基础数据采集、便捷化的交通信息服务功能，为民众提供人性化、时效化的交通出行服务，为交通运输部门管理提供便捷办事、高效指挥、动态决策的信息化辅助支撑，实现人、车、物、路、环境的协同，有效提升市民出行满意度和城市形象。

（三）智慧交通的发展现状

1. 国外智慧交通发展现状

国外发达国家城市化进程早于我国，城市交通问题由来已久。20 世纪

60年代，以美国、欧洲为代表的发达国家或地区已经逐步开展智能交通建设。从当时利用智能交通系统治理交通拥堵到如今发展智慧交通系统，其提供了宝贵的建设与运营经验。表3－4总结了部分发达国家和地区智慧交通的发展情况。

表3－4 发达国家和地区智慧交通发展案例

国家或地区	智慧（智能）交通发展情况
美国	美国交通部于2009年发布智慧（智能）交通战略计划，旨在利用新一代信息技术建立覆盖全国的交通管理系统，以智慧驾驶为核心，打造车联网
欧洲	欧盟于2011年3月推出“欧洲智能交通2020”计划纲要，实现以可持续交通、竞争力提高以及绿色出行为主要诉求的战略目标
日本	日本智慧（智能）交通委于2003年提出日本智慧交通发展的总体构想与短、中期规划，并于2011年引入智能交通基站，与车载系统实现实时交通信息互通共享，较好地解决了交通拥堵等现实问题
韩国	韩国将智慧（智能）交通系统划分为交通系统管理、公共交通运输、交管信息服务、出游信息服务、车路智能服务、货运交通服务与便捷支付七大分系统，侧重于加强智能交通各分系统的信息共享与协作

2. 国内智慧交通发展现状

20世纪70年代，我国开始在交通运输和管理中应用电子信息及自动控制技术，并在北京、上海等地使用单点定周期式交通信号控制器和线协调交通信号控制系统。20世纪80年代初，我国陆续从国外引进了先进的城市道路交通控制系统，如英国SCOOT系统、澳大利亚SCATS系统等。

进入21世纪，我国城市道路资源利用逐步趋于饱和，合理配置交通资源、加大城市智能化交通系统建设，成为各地改善交通问题的首要任务。2008年北京奥运会、2010年上海世博会、2010年广州亚运会等重大活动的举办进一步拓展了交通需求，促使国家实施了综合智慧交通技术应用示范等重大项目，并且围绕国家高速公路网不停车收费和服务系统、北京奥运智能交通集成系统、上海世博智能交通技术综合集成系统、广州亚运智能交通综合信息平台系统、远洋船舶与战略物资运送在线智能检测系统五大系统开展了深入研究，取得了显著成果。

交通运输部于 2017 年 9 月发布《智慧交通让出行更便捷行动方案（2017—2020 年）》，旨在建设“政府指导、企业唱戏”的智能交管信息支撑服务体系，大力发展“互联网 + 交通”产业。方案指出，要加快推进 ETC 拓展应用，开展道路客运联网售票系统建设，创新道路客运信息服务模式，推动水上客运信息服务发展，实施民航“互联网 +”行动计划，推动开展智慧机场建设，推进旅客联运信息服务建设，提升游轮信息化智能化水平，推进国际道路客运信息化建设，鼓励规范互联网租赁自行车发展，鼓励规范城市停车新模式发展。

表 3 –5 总结了国内部分大城市的智慧交通发展情况。

表 3 –5　国内城市智慧交通发展案例

城市	智慧（智能）交通发展情况
北京	北京市“十二五”规划对智慧交通领域提出“一个中心、三项工程、十八项任务”的工作要求。“一个中心”指智慧交通管控中心；“三项工程”指民众交通服务、智慧交通应用与信息化基础设施三项建设，旨在形成智慧系统的交通运行管理体系；十八项任务见北京市“十二五”规划相关表述
上海	上海市在“十一五”期间基于 ArcGIS 建立了城市交通信息综合管理平台，是全国第一个具备实时监控、传输、分析的智能交通管理平台，可全面处理涉及人、车、道路产生的交通信息，实现城市交通各领域信息的传输与共享
宁波	宁波市结合城市发展诉求与自然禀赋，建立以“智慧港口”为亮点的智慧交通体系；此外，对公众开放使用“宁波通”App，为居民便捷出行提供实时的信息参考与路线建议

（四）我国智慧交通建设中存在的问题

智慧交通是一个涉及多领域的复杂系统，目前我国处于交通强国建设的发力期，总体上存在以下几点问题。

1. 顶层设计与统筹规划不足

随着智慧城市进程的推进，各地纷纷启动了智慧交通建设，但总体顶层设计缺乏。同时，智慧交通建设各自为政现象依然存在，导致重复建设严重，各部门之间数据共享难度大，数据开放的体制机制尚不完备，数据共享和基于数据的社会化应用程度低，导致交通信息难以集成，智慧交通建设成本与收益不匹配。

2. 缺乏对智慧交通的统一认识

各界对智慧交通的内涵、边界、功能定位、技术路径、载体等尚未开展深入研究。目前很多城市的智慧交通发展格局与层次较低，还没有“大交通”的概念，交通预测分析、决策服务等重点内容仍未被大多数的城市管理者及相关部门重视，智慧交通着重于监测和拍摄违规的车辆牌照、采集前段摄像头的相关数据，对数据的分析挖掘不够深入，基于大数据的应用、管理和决策亟待加强。行业标准体系缺乏，导致建设标准不统一，信息资源整合、互联共享以及系统功能的发挥大打折扣。

3. 关键技术仍待突破

智慧交通建设对技术要求较高，我国物联网技术与信息采集的融合、交通诱导、车辆身份识别、云计算与信息的处理、网络信息安全等关键核心技术还有待研发和突破，技术水平和建设成本与智能交通的要求还不能互相适应，智能交通产品和服务的用户满意度较低。

（五）智慧交通发展的政策建议

1. 加强智慧交通顶层设计

强化智慧交通的顶层设计与规范，建议各级政府成立统一的智慧交通管理部门，从体制机制上负责和协同整体规划及顶层设计，建立智慧交通统一的信息化标准架构，加快建立交通运输行业大数据中心，依托政府数据统一开放平台，实现跨系统应用集成、跨部门信息共享。做好城市空间规划，尽最大可能，推进职住均衡，从源头减少城市无效交通。

2. 增强智慧交通发展意识

充分认识新一代信息技术对城市交通所带来的革命性影响，建立市场、社会与政府协作的智慧交通发展制度体系，在智慧城市建设中优先发展智慧交通，解决市民出行问题，提高城市宜居性和百姓幸福感。

3. 开发智慧交通核心技术

加快研发基于北斗全球定位系统、卫星遥感、地理信息系统、移动终端、云计算、车联网等新一代信息技术的智慧交通技术，建立交通动态信息采集系统，实现道路资源的优化配置。通过 ETC、智能变换交通信号灯等智能交通系统技术，提高道路通行效率。加快推广使用新能源汽车和无人驾驶车等新交通方式。

（本节作者：张中阳）

四　智慧旅游

智慧旅游建设是旅游业高质量发展的重要抓手。国家旅游局 2015 年印发了《关于促进智慧旅游发展的指导意见》，该意见指出“智慧旅游是运用新一代信息网络技术和装备，充分准确及时感知和使用各类旅游信息，从而实现旅游服务、旅游管理、旅游营销、旅游体验的智能化，促进旅游业态向综合性和融合型转型提升，是游客市场需求与现代信息技术驱动旅游业创新发展的新动力和新趋势，是全面提升旅游业发展水平、促进旅游业转型升级、提高旅游满意度的重要抓手，对于把旅游业建设成为人民群众更加满意的现代化服务业，具有十分重要的意义”。因此，智慧旅游建设对旅游业的发展，对经济社会的发展和对人民生活水平提高具有重要的现实意义。

（一）智慧旅游的发展现状

1. 智慧旅游研究现状综述

（1）智慧旅游的源起

“智慧”这一概念源于2008年IBM总裁彭明盛关于“智慧地球”的演讲，智慧是智能的高级阶段，但在范畴上超出了智能，智慧在智能之上更考虑人的充分参与和发挥作用。智慧城市（Smart City）是对“智慧地球”的具体实践和主要实现方式。智慧城市是指利用各种信息技术或创新概念，集成城市的组成系统和服务，以提升资源运用的效率，优化城市管理和服务，以及改善市民生活质量。受“智慧城市”这一概念的启发，有学者提出了智慧旅游（Smart Tourism）的概念。智慧旅游是从智慧城市衍生出来的，同时也是智慧城市的组成部分之一，因为几乎所有的城市都具备旅游的功能，其目的是促进旅游产业的跨越式发展，满足游客的多样化的和个性化的需求，实现旅游资源更有效和更合理的配置。2011年，国家旅游局正式提出用10年时间基本实现智慧旅游，之后，国家旅游局先后公布了三批智慧旅游试点城市。

（2）智慧旅游的概念

一些学者认为，“智慧旅游是基于新一代的信息通信技术（ICT），为满足游客个性化需求，提供高品质、高满意度服务，而实现旅游资源及社会资源的共享与有效利用的系统化、集约化的管理变革”（张凌云等，2012）。也有人认为，“智慧旅游是基于新一代的通信技术，将云计算、物联网、互联网和个人移动终端、人工智能等技术集成和综合”（史云姬，2013）。还有一些学者认为，“智慧旅游是一种通过物联网、智能数据挖掘等技术在旅游体验、产业发展、行政管理等方面的应用，使旅游物理资源和信息资源得到高度系统化整合和深度开发激活，是面向未来的全新的旅游形态”（唐洪广，2012）。此外更综合的观点认为，“智慧旅游是基于新一代信息技术并结合原有技术，以构建感知层、网络层、应用层为目标，充分利用公共平台，向政府、企业、游客、居民提供应用，建成高度信息化的现代旅游业”（莫琨，

2013）。总之，智慧旅游在目前还没形成一个统一的、科学的定义，各学者对于智慧旅游概念的认识以及对于智慧旅游的定义各有侧重，但是都基本表达了一个共同的认识——智慧旅游利用新一代信息技术，改善旅游管理和旅游服务，提升游客体验，实现旅游业的转型升级。

（3）智慧旅游的发展框架和对策

张凌云等认为“应构建由智慧旅游的能力（capabilities）、智慧旅游的属性（attributes）以及智慧旅游的应用（applications）三个层面构成的CAA框架体系”（张凌云等，2012）。姚国章认为，智慧旅游的发展框架包括“服务体系、应用体系、应用支撑体系、信息资源体系、基础设施体系、制度体系、法规与标准规范体系、信息安全与运维保障体系”。（姚国章，2012）付业勤、郑向敏提出了“夯实基础”“统筹规划”“紧贴需求”“配套建设”的智慧旅游发展对策。（付业勤、郑向敏，2013）近年来，许多学者从技术层面出发，就大数据、自主感知系统、移动终端等技术在智慧旅游中的应用进行了研究。还有许多学者从智慧旅游发展的各个具体环节出发，对智慧交通、智慧信息系统、智慧景区、智慧酒店等方面进行了详细的介绍。另有诸多学者就人才培养、评价体系、各省发展等对智慧旅游进行了探讨。

2. 国内智慧旅游建设情况简述

2011年7月，国家旅游局明确了旅游业发展战略目标，即在10年内拓宽相关软件、平台和工具应用的范围，加强旅游管理、服务和营销过程中的信息化和智能化，完善旅游信息库、旅游资源库，搭建信息共享平台，培育一批发展较为领先的示范企业。目前，我国部分城市着手开展建设探索。2012年北京、武汉、成都、福州、厦门、黄山等18个城市被确定为“首批国家智慧旅游试点城市”，2013年天津、广州、杭州、青岛、长春、郑州等15个城市被确定为“第二批国家智慧旅游试点城市”。我国提出智慧旅游发展计划的城市达60个以上，其中浙江、福建、四川、吉林、河南、青海等16个省区市出台了相关规划。

本研究团队所查找的资料和实地调研的情况显示，国内智慧旅游建设取得了比较显著的成绩，但也存在比较突出的问题。大多数4A、5A级旅游景区都实现了一定程度的旅游信息化，提供了网上信息发布、网上购票、电子导览等信息化服务，部分景区也对游客数据进行了一些初步的分析应用，在监控客流量、景区安全管理等方面实现了智慧化管理。其存在的不足和突出问题在于，对智慧旅游的认识不清，把旅游信息化与智慧旅游混淆；对智慧旅游的规划设计不足，缺乏整体性和系统性；当下的智慧旅游建设数据挖掘分析不足，智慧化程度不够高；智慧旅游各系统联通性不足，数据应用程度不高，对市场信息的补充作用有限等。

南京、无锡、温州、武夷山、苏州、浙江、台州、成都等城市，根据智慧旅游的现有理论，结合地区特点，探索了智慧旅游发展的路径和经验。

（1）南京市智慧旅游建设。其基本思路是“政府主导、多方参与、市场化运作”，主要面向游客和政府进行规划建设，为游客提供智能服务，同时支撑政府进行智能管理。南京在智慧旅游建设过程中，充分调动多方积极性，由政府、旅游企业、旅游服务提供商等多种类型的主体组成智慧旅游联盟，各方通过资源互换实现合作共赢。除了功能建设之外，还涉及数据库建设、标准规范制定等内容，如云数据库构建（黄松等，2017）、旅游资源共享、景区标准规范制定等（蔡萌、汪宇明，2010）。南京实行分级管理机制，为不同类型的用户提供服务，如面向游客的智能化服务系统和面向政府的集成式中央管理系统，两个系统主要包括两大部分，一是后台数据库、后台支撑和维护体系；二是面向旅游企业等各类用户的前台系统。南京市政府部署的重点项目如下：中央管理平台、游客体验终端和手机端、旅游营销平台、旅游监管平台等。

（2）无锡市智慧旅游建设。其特色之处是构建旅游一站式综合信息服务平台，平台的开放式较高、灵活性较强、服务范围广泛，实现了全市旅游者、旅游信息、旅游资源的优化整合和配置，通过网络终端、手机客户端等实现信息的对接、发布、更新等。

（3）温州市智慧旅游建设。其特色之处是构建旅游行业管理平台、旅游咨询服务平台和旅游电子商务平台，通过实施多项工程项目，如数字化景区（点）、旅游酒店信息化工程等，推动温州市智慧旅游发展。

（4）福建省智慧旅游建设。主要发布了《加快物联网发展行动方案

（2010—2012 年）》，其中明确了下一步发展目标：物联网应用于旅游业各个领域，培育相关示范区域和示范企业。另外，福建省实施“129”工程，将发展目标落实到具体操作层面，培育一批具有较强示范作用的物联网产业集群，构建从材料、技术、器件、系统到传输网络的完整产业链，以示范应用带动旅游业发展。

（5）苏州市智慧旅游城市建设。重点开展以下四项工作：一是加强整体规划，搭建符合国内外行业发展形势、体现旅游业前瞻需要的智慧旅游基本框架，将智慧旅游和智慧城市建设相融合，形成互动互盈的发展机制；二是以苏州基础条件为出发点，以突出苏州旅游特色为目标，制定详细进展安排，细化不同阶段的工作任务；三是基于现代信息化技术，研发应用软件、平台及工具，对政府部门、旅游者、旅游企业的需求进行细分和研究，并推动多方主体互动，以适时满足各方需求；四是将行业管理、公共服务、宣传营销等多种功能集中为一体，充分整合各种资源和信息，构建开放式旅游信息化管理平台。

（6）台州市智慧旅游城市建设。主要采取合作方式，如与中国电信浙江公司签署战略合作协议，以提升各旅游消费环节的附加值为出发点，集合多方力量共建智慧旅游城市。智慧战略合作协议主要有三大内容：首先，构建基于电信 iTV 的宣传服务平台；其次，将旅游资源和旅游信息延伸至个人信息化终端；最后，智慧旅游的范畴不断拓展，旅行社、酒店、导航、导购等功能被开发出来，并在全市广泛应用。

（7）成都市智慧旅游城市建设。推行了“智慧旅游创建工程”，建成旅游咨询中心，游客可通过网站、电话、手机终端方式进行信息咨询，加快信息技术在旅游业的应用，致力于把成都建设成为西部首座智慧旅游城市，促进旅游业的转型升级。

3. 大众对智慧旅游的了解和期待

本研究团队通过网络问卷调查的形式，对身边人群进行调查，了解普通民众对智慧旅游的了解和期待情况。

填写问卷的人群包括 18 岁以上到 60 岁以下各年龄层次的人群，由于受到问卷传播途径和旅游人群年龄结构影响，其中以18～25岁年龄段人群最多，占总人数的39.02%，41～50岁人群次之，占总人数的31.71%。提交的问卷来源于云南、北京、四川等19个省区市。由此，基于此问卷的分析结果具有一定的代表性，但也有比较大的局限性。

根据收到的有效问卷所得结果，约90%的人对智慧旅游这一概念不太了解或完全不了解。而现代网络和智能手机的普及已经很大程度地改变了游客的旅游方式，超过80%的人会通过网络提前了解旅游地的信息，而超过70%的人会关注留意旅游地官方的公众号，并通过其来获取信息和服务。大部分游客也愿意通过意见反馈，接受旅游管理部门在隐私保护的前提下对自身信息和旅游行为进行分析来获得更好的旅游服务和旅游体验。对于未来智慧旅游的期待，大部分游客尤其期待一站式的信息提供服务，而剩下的部分游客则对个性化的旅游服务或信息化的旅游体验更加期待。

综合问卷所反映的结果，当下智慧旅游概念虽然普及度低，但实际上人们已经在享受智慧旅游所带来的旅游体验的提升，但是，人们对于智慧旅游的期待，也反映了当下大多数旅游景区在信息和旅游服务的提供上仍然存在不够集中、不够充分等问题，也存在数据分析挖掘不足、智慧化程度还不够高等问题。

（二）智慧旅游的建设目标

智慧旅游的基础是旅游信息化，但其核心和关键是“智慧”。如今，大多数发展智慧旅游的城市和景区已经基本实现了旅游信息化，进入了智慧旅游的初级阶段。但是，随着信息技术和旅游经济的蓬勃发展，人民的美好生活需要日益增长，智慧旅游也需要进一步的发展完善，提高“智慧”程度，提高旅游资源的配置效率，改善人民的旅游体验，更好地满足人民对美好生活的向往。

由此，我们需要在原有理论基础上，给智慧旅游一个更高要求、更明确目标的定义：智慧旅游就是指利用物联网、云计算、移动通信、人工智能等现代信息技术，自动获取整合旅游资源、旅游商户、旅游者各方面数据和信息，充分破除数据壁垒，建设联通各方、有效交互的旅游信息系统，实现旅游资源的高效管理，为旅游者提供适销对路的个性化旅游服务，构建信息充分的旅游商品和服务市场，最终实现旅游资源有效配置的旅游形态。

基于这个定义，智慧旅游的发展有以下五个重要目标。

1. 信息和数据的智能收集获取

智慧旅游的“智慧”来源于对海量信息和数据的整理、分析和挖掘。而在此之前，数据和信息的收集和获取也应该是智能的和充分的。对于传统业态来说，海量信息的收集需要耗费大量的时间和劳动力，即使能够实现，成本和收益也不相匹配。在5G、物联网、大数据、人工智能等新一代信息技术的支撑下，海量信息的收集和获取变成易于实现的目标。由此，智慧旅游首先要求旅游管理部门能够自动地充分收集来自旅游资源、旅游商家、游客以及旅游周边环境等各方面的信息，取代原有的不充分、高成本的信息数据收集方式。

2. 游客一站式获取信息和旅游服务

当下，大多数游客在旅游的前期和旅游过程中都习惯于通过手机、电脑等设备，在互联网上了解旅游地的相关信息。而信息和相关服务的一站式获取是大多数游客的心愿。网络给游客提供了查找收集信息的便利，但也存在信息太过繁杂，真实性、权威性和时效性无法保证，营销推广信息混杂于普通信息之中等情况，导致游客难以有效获取旅游地的信息和服务，或者需要花费较多的时间和精力来实现。智慧旅游要求旅游管理部门将旅游信息的提供发布纳入旅游服务之中，通过一些便捷的平台，如微信公众号、网站等，一站式提供游客需要的各种信息，并且做到翔实可信、及时更新。同时，通过这一平台，向游客提供售票、咨询和其他旅游配套服务。从而实现游客一站式获取信息和服务，大幅提高游客旅游体验。

3. 旅游相关部门信息联通共享和有效联动

智慧旅游的发展建设不仅仅依赖于景区或旅游管理部门，也不仅仅限于狭义旅游资源的配置与管理，智慧旅游需要旅游、交通、公共安全、市场监管等多部门的协同高效运行，有效快速联动，这也是智慧旅游最初作为智慧城市的一部分而出现的原因。智慧旅游的完全实现依赖于所在地区的各部门运行和管理水平。而从智慧旅游本身出发，首先应该实现与旅游相关的各部门信息联通共享，以实现信息一站式发布，同时实现对交通、公共安全等方面的协同管理和快速联动。

4. 提供个性化的旅游服务和商品

提供个性化的旅游服务和商品是智慧旅游的“智慧”体现，也是其重要的目标。每个旅游地每天都会接待大量的游客，游客对于旅游服务和旅游商品既有对于美的欣赏、对快捷便利的追求等共性的需求，也有着细微的、多样化的个性需求，对游客个性化需求的满足，将最大限度地提高游客旅游体验效果，实现旅游资源对游客效用的最大化。具体来说，就是应该通过对游客特征和行为大数据的采集整理分析挖掘，通过线上线下多种方式，向游客提供适销对路的旅游产品和服务

5. 建立信息充分的有效市场

发挥市场在资源配置中决定性作用，实现旅游资源的合理配置，有赖于信息的充分和对称。当前旅游市场低效率的很大一个原因是信息的不充分、不对称。信息不充分不对称是市场经济的痼疾，但随着科学技术的进步，这一问题的解决成为可能，而智慧旅游也应以尽可能地实现信息充分为目标。如果游客获得了充分的市场信息，则市场上就很难再出现欺客宰客的现象，商家之间也会更加充分地相互竞争，改善商品和服务质量。如果商家获得了充分的信息，则能够合理安排自己的生产、进货、存货和销售等环节，能够很大程度上避免生产和进货的盲目性，使供给和需求更加匹配。如果政府获得了充分的信息，则能够有效管理市场秩序，更好地提供公共服务，根据市场情况合理进行景区门票等旅游公共服务的政府定价。

（三）智慧旅游的建设路径

基于智慧旅游的发展现状和发展目标，应从硬件和软件两方面来进一步

加强智慧旅游建设，提高智慧旅游发展水平。硬件方面，旅游管理部门应该着力建设智慧旅游信息集成管理系统，在此硬件基础上，软件方面则要提高对信息数据挖掘分析和应用的能力。

1. 建设智慧旅游信息集成管理系统

信息集成管理系统的建设应当以新一代宽带网络、云计算、人工智能等新兴信息技术为支撑，实现旅游管理各系统的跨平台、跨网络、跨终端的综合化管理，并支持大量用户并发访问、海量数据的综合应用。该平台由四大系统组成，即信息采集系统、信息存储系统、信息分析系统和信息应用系统，如图 3 – 2 所示。

（1）信息采集系统

信息采集系统是具有庞大实体设备的系统，需要采集景区和游客的各类信息。不同类型、不同主体的信息需要不同的手段和科技设备，信息采集系统也就需要多个采集不同信息的子系统，包括游客基本信息采集系统，用于在售票时采集游客的身份证号、性别、年龄、户籍地等信息；景区出入管理系统，通过门票、自动识别车牌等方式，对景区以及内部各景点出入的人员和车辆等信息进行收集和管理；视频监控系统，通过覆盖全景区的联网的摄像头对景区进行全面的监控；游客行为信息采集系统，通过具有定位、遥感、射频、运动感应等功能的电子门票对游客的位置、路线、游览行为、消费行为等信息进行采集；环境质量监控系统，选取景区内的多个位点，通过多种感应设备，对温度、湿度、空气质量、噪声大小、水质、空气含氧量等环境信息进行实时监控；商家信息系统，对商户、酒店、旅行社的信息，商品信息，销售信息等进行收集汇总。

（2）信息存储系统

信息存储系统主要包括来自游客、旅游景区（城市）、商家三大主体的三个数据库，分类整合存储来自这三个方面的数据和信息，信息存储系统需要强大的硬件支撑、专业且可靠的团队所搭建和维护的安全的信息存储环境。

（3）信息分析系统

信息分析系统首先需要引入 GIS（地理信息系统），将电子地图与位于

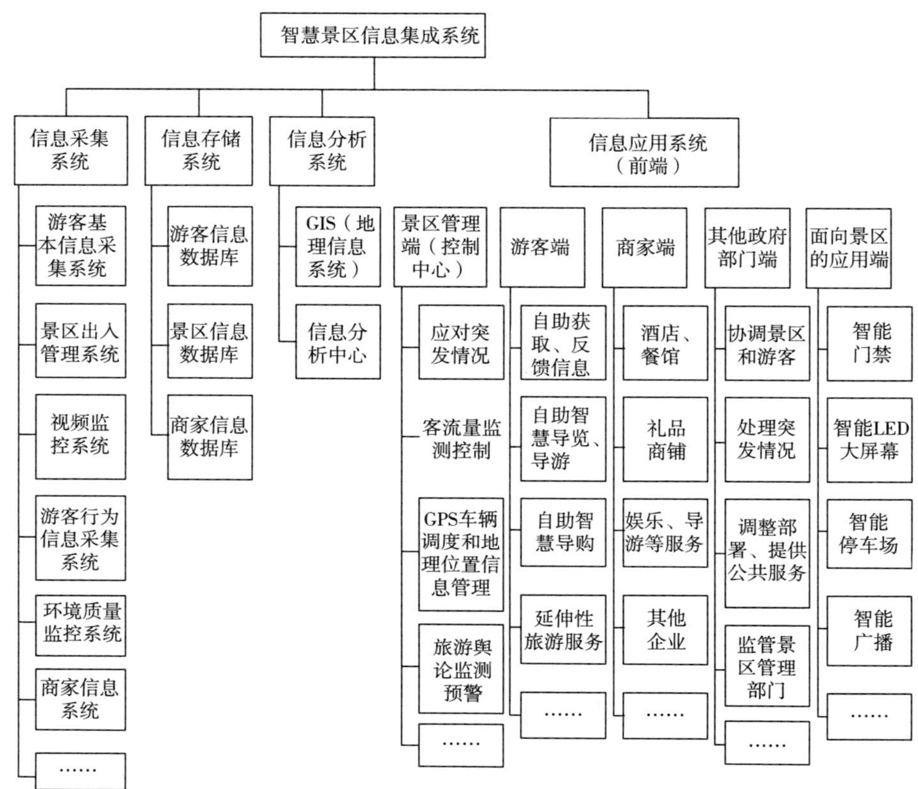

图 3－2　智慧旅游信息集成管理系统框架

景区不同位置不同事物的信息相结合，实现信息的空间化呈现。在此基础上，信息分析系统的核心是以人为主体的数据分析中心，即专业的社会科学和信息技术团队相结合，运用大数据、模型构建、计算机模拟、人工智能等技术实现数据的充分运用，通过数据挖掘分析游客行为，直观呈现数据影响，寻找数据的变化规律和不同变量的相关关系。分析团队再据此进行分析和讨论，研究提高景区管理效率、促进旅游市场的高效有序、改善游客旅游体验的方法。

（4）信息应用系统

信息应用系统即是智慧景区信息集成平台的前端，面向景区管理部门、游客、商家、其他政府部门、景区五个主体，五个主体分别使用五个不同的应用端，对集成的信息数据分权限地调用和应用。

景区管理端即景区综合管理中心，负责根据信息采集、信息分析的结果做出决策，对景区突发情况做出反应，对游客的反馈进行接收整理或回应处置，包括游客客流量监测控制、GPS 车辆调度和地理位置信息管理、旅游舆论监测预警等。

在当今这个移动互联网时代，游客端理所应当搭建于移动设备应用程序，为了方便游客使用，具体可以借助于微信小程序、微信公众号等平台。游客端是游客获取、反馈信息，寻求帮助和服务，购买各类旅游和配套产品，获得先导性和延伸性旅游服务的一站式端口。

商家端是商家获取游客整体情况、游客偏好分析报告，了解游客需求和意见，接受管理部门监管，反馈自己产品信息和数量的一站式端口，其中包括景区内各住宿酒店、餐馆、商品店和经营人工导游服务、娱乐设施等的店家，也包括例如投资企业等其他涉旅企业。

其他政府部门端包括政府公共安全部门、卫生部门、监督管理部门等，能够协调游客和景区管理部门的关系，及时处理游客的诉求和景区发生的突发情况，根据景区旅游信息，调整部门的部署，与景区管理部门为游客提供全方位的公共服务，并同时对景区管理部门进行监管。

面向景区的应用端实际上是一系列智能化的景区管理设备，例如智能门禁、智能 LED 大屏幕、智能停车场、智能广播、智能卫生间等，能够根据景区的实时信息，自主地、智能地做出反应，按照预定程序完成景区部分日常工作。

2. 提高信息数据挖掘分析和应用的能力

在信息集成平台这一硬件基础上，旅游管理部门或具体到集成系统的管理部门，应该注重加强软件建设，加强对信息数据的挖掘分析和应用，从而提高智慧旅游的“智慧”程度，为游客提供个性化的旅游产品和服务，为旅游管理提供有针对性的建议和意见，指导商家生产销售适销对路的旅游产品。

（1）加强配套软件的投入和应用

旅游管理部门要避免陷入重硬件、轻软件的误区，应加强配套软件的投入和应用，充分利用当下先进的信息技术，对收集获取的海量数据进行挖掘和分析。未经过处理的大数据是庞杂的、无序的、低价值密度的。而软件的分析和挖掘，能够找到庞杂数据中的规律，凝练数据的价值内核，进而反映现实的情况，预测未来的趋势。科学的数据分析软件，是实现数据有效应用的重要前提。

（2）加强社会科学在信息分析中的应用

目前，智慧城市、智慧社会建设中存在重视技术研发、轻视社会科学的误区（刘治彦，2017），事实上，这样的观点之于智慧旅游也是不正确的。在智慧旅游建设，特别是在信息的分析环节，社会科学将发挥不可替代的作用。社会科学在信息分析环节，是对于软件分析的重要补充。社会科学本身就是数据分析软件的分析原理来源，能够对软件分析的合理性、科学性进行考量，同时也能够基于软件分析呈现的结果，进行进一步的分析预测。

（3）注重信息数据的安全和隐私保护

智慧旅游的实现伴随着对大量的各方信息的收集分析，因此，智慧旅游面临着信息数据泄露和游客隐私泄露的重大安全隐患，因此信息数据的安全和隐私保护是数据挖掘分析应用过程中必须重视的问题。保障信息数据的安全，保护个人隐私，需要管理部门强化责任，高度重视，聘请专业可靠的技术团队提供安全保障方面的技术支持，严格防范信息的泄露和被窃取，对个人数据进行加密和模糊化处理，进而实现数据应用与信息安全的两者兼顾。

（本节作者：刘治彦　季俊宇　商　波　李承烨）

五　智慧管网

（一）智慧管网的含义

智慧管网是“地下综合管廊”建设中，在地下管网普查基础上，广泛布设管道监测传感设备，通过智能传感器、实时监测、自动控制等物联网技术，建设管线精确定位管理、状态监测预警、网格化管理、事故应急处置、智能规划审批以及管线信息资源共享平台的项目总称。智慧管网可实现水电油气热、通信、广播电视、工业等管线及其附属设施的定位管理、监测预警、事故应急处置，以及管线规划审批、管线信息共享等管理服务功能。智慧管网可以科学划分地下管辖网格体系，完善“统一指挥、分级负责、协调运转、责任落实、反应快速”的网格化管理机制，做到横到边、纵到底、无盲区，逐步实现地下管线管理属地化、规范化、精细化和常态化，提升城市全方位、多手段的地下管线综合管控能力，消除“马路拉链”乱象，保证城市的高效运行与公共安全。

在智慧管网系统中，通过传感器感知管线及管线设施运行状态和运行环境，从而对管线运行状态进行智能分析预测，并对现场设备进行远程智能控制，对管线及其设备运行状态进行实时监控，构建管线运行实时大数据中心，在此基础上，采用云计算技术，建立管网运行风险评估模型和管线运行预报预警机制。同时能够在紧急事故发生时，远程控制管网设备设施。智慧管网通过整合管理系统中的动态数据，可以自我处置，自动关闭阀门，自动开启泵站，及时告知管理者管网系统是否处于正常的工作状态，并能对未来进行预判，可以有效参与到管理者的决策中。

智慧管网系统中一般包括1个平台（即市政管网综合监管平台）、1 + n个数据中心（1个政府主管部门的集中式管网空间数据中心和n个管线产权单位的分布式管线运行数据中心）、多个业务支撑（包括智慧排水、供水、燃气、热力、路灯、市政设施等）。

智慧管网系统中的核心是综合监管平台，该平台在地下管网数据共享的基础上，完成管网运行监管，以控制管网运营风险为目标，在智慧燃气、智慧排水、智慧供水、智慧热力、智慧市政设施的基础上，通过多部门审批监管的协同，完成管线运行全生命周期的管理（包括管线监测、评估、预警、处置和考核等全流程）。

具体来讲，综合监管平台具有管线监督、管线控制和管线管理三个职能。管线监督职能是提供信息的有效整合和统一监管，实现信息的完整、共享，提供施工、运行、危险源的安全监督，降低管线风险。管线控制职能是在具体的业务过程中，采用校核、分析、跟踪、对比等控制手段，实现事前、事中、事后的全面风险管理，保障管线的安全运营。管线管理职能是建立预案库、知识库、标准库，实现从规划、施工、运行到报废，管线全生命周期管理。

（二）智慧管网的建设实践

有城市“生命线”之称的城市地下管网是由给水、排水、通信、电力、燃气等市政管线综合布局形成的网络。2015 年 7 月 28 日，国务院总理李克强主持召开国务院常务会议，部署推进城市地下综合管廊建设，加强对城市地下管线的管理，国务院办公厅随之印发了《关于推进城市地下综合管廊建设的指导意见》。指导意见基于地下管网现状提出了地下管网普查、老旧管网改造、智能系统建设等任务。在此基础上，多地陆续开展地下综合管廊工程建设。

以下从技术层面对国内各地在智慧管网建设过程中一般采用的框架进行介绍。智慧管网主要分为基础设施层、数据层、功能层和应用层等 4 个层次。其中基础设施层是系统运行的基础，主要包括网络环境、硬件环境和软件环境三个部分。数据层主要是实现对地理空间框架数据、遥感影像数据、三维模型数据、地名地址数据、建设用地数据、规划报建数据等基础地理数据以及综合管网数据的有序存储和管理。功能层介于数据和用户之间，是二者沟通的桥梁，通过功能层的建设，系统可以充分利用数据为用户提供各种应用，解决问题，提供支持，主要包括综合查询、分类统计、方案导入、安全防范、管网分析、地名查询、地图控制、资源浏览等功能。应用层直接面向用户，满足用户的相关需求，提供不同的应用环境、模式和场景，智慧管网系统针对不同用户提出的辅助决策需求和常规业务需求，一般会设计移动端和桌面端两种服务模式，系统提供不同的使用模式和数据粒度，满足不同的需求（梁均军、程宇翔，2016）。

（三）存在的问题

1. 前期投资较大与投资模式单一

智慧管网以地下综合管廊为基础，城市地下综合管廊的造价由地质条件、纳入管廊管线种类、管廊舱数及断面尺寸大小等因素决定，建造成本很高。比如海口市综合管廊一期试点工程，纳入管线的有电力、给水、天然气、信息等，施工内容包括土建、电气、监控与报警、消防、排水、通风等，其单舱造价为4000万元/km、双舱造价为6900万元/km、三舱造价为9200万元/km。综合管廊投资巨大，建设费用较传统埋设方式高出1～2倍[2]。我国已建成和正在建设的城市地下综合管廊的投资主体单一，主要以政府全额出资或政府与管线单位联合投资为主。政府财政压力较大、运营管理水平较低、政府承担全部或主要风险是其主要特点。由于建设初期的高成本，智慧管网在中小城市推广难度较大。

2. 信息沟通不畅与数据共享不足

智慧管网建设的关键是整合管网信息资源。“信息孤岛”是当前制约智慧管网建设的一大障碍。在技术层面，智慧管网建设覆盖供水、排水、供热、供气等诸多领域，目前缺乏统一的行业标准、建设标准和评估标准等来指导和约束，形成大量信息化孤岛，不利于智慧管网基础数据库的建设。在管理层面，城市各部门横向协同困难，行政分割、管理分治的现象普遍存在，很多信息化往往是技术上容易解决，但管理体制机制上难以实现。而且，这种缺乏沟通机制的信息孤岛管理模式提高了部门间综合性会商研究和系统分析的难度，从而使一些综合性问题很难得以解决（辜胜阻等，2013）。

3. 智慧管网亟须突破关键技术

目前我国进入智慧管网领域的企业基本上都是中小型企业，企业资金实力相对薄弱。智慧管网技术研发期间资金投入大、回收周期长、风险高，“拿来主义”的技术和产品容易留下安全漏洞，使城市信息安全面临极大挑战。

（四）解决对策

1. 构建合理的资金解决方案

目前仅供水、排水、燃气、供热4类市政地下管线长度已超过180万千米，若全部采用地下综合管廊，工程量将达45多万千米，全部投资将超过50万亿元，假如10年建成，每年投资至少5万亿元。钢材、水泥、机械设备等方面的投资，以及大量的人力投入，对经济的拉动作用十分明显。但所需资金规模巨大，必须建立多元化投融资渠道。近些年实行的PPP模式，在一些地区遇到 去地方债的困扰，继续推广会有些难度。国办发〔2014〕27号文中提出的“鼓励管线单位入股组成股份制公司”模式可在实践中进一步探索和完善。根据城市基础设施建设国际经验，可以采取组建市政建设基金和发行市政建设债券等融资方式，一方面弥补建设资金不足，另一方面也可让市民分享市政建设投资利润，一举两得。另外，也可以通过特许经营权和道路管网两侧土地增值分享方式对承建单位予以补偿（刘治彦，2020）。要积极引入社会资本，拓展投资建设模式。针对我国城市智慧管网资金来源相对比较单一的现状，要以政府为主导，将社会资本引入智慧管网建设，使投融资渠道多样化。

2. 构建城市智慧管网信息平台

城市智慧管网信息管理平台是智慧管网建设的重要内容，可以有效解决各类管网信息孤岛的问题，有利于城市决策部门对地下管网进行整体统筹和分析。由政府综合部门牵头，住建部门、规划部门、电力公司、通信公司，以及自来水、燃气、热力、路灯等市政部门和其他有关部门共同组成地下管网管理 协调小组，已经完成现状普查的进一步核实资料信息，没有完成的交由国家地下管网普查机构统一完成。利用最新探测技术，参考现有管网资料，彻底摸清地下管网的基本情况。参照人口普查和经济普查的办法，制定全国地下管网普查标准，调查内容主要包括：现有地下管网的权属、使用年份、三维坐标、管径、用途、材质等信息，按照统一标准整合各类普查信息，建立地下管网信息数据库，并及时更新数据库内容（刘治彦，2020）。

3. 加强智慧管网技术创新

智慧管网是信息技术的集成创新与综合应用，是以物联网为核心的新一代信息技术对城市管网系统进行智能化改造的结果。充分利用5G网络和物联网建设的新机遇，加快智慧管网技术创新。采用最新材质对老化管网和存在安全隐患的管网进行逐步改造，并安装相应传感器，及时采集管网状态信息，集中传输到市政管网运行监测中心，根据管网信息设置隐患预警和提供应急处置预案。要将智慧管网建设纳入到智慧城市建设之中。以智慧城市建设为统领，有机整合智慧交通建设、海绵城市建设、地下综合管廊建设和智慧管网建设，形成智能化城市基础设施（刘治彦，2020）。

（本节作者：梁尚鹏）

六 智慧政务

“互联网 +” 政务服务是当前智慧城市的一个热门问题，这个问题存在于信息化与智慧城市的各个领域。在我们理解信息化和智慧城市的过程中，此问题有助于大家加深对信息化基础问题的认识，特别是一些热门问题、重要问题。

（一）基本概念

1. 政务信息化

（1）信息化的发展

首先，从信息化整个含义背景来看，中西方对信息化定义有所不同。1963 年日本学者首先提出了信息的概念，并阐释了信息作为重要要素对未来社会发展、产业发展、经济发展的影响。这引起了欧美国家学术界的高度重视。近年来，各方学者对“信息社会”这个词的研究日益深入，而且相当普遍。学术界对这个词语的认识，经历了由模棱两可逐步上升到技术层面再深入经济社会哲学层面的过程。后来国内外学术界对信息应用的认识，可以简单地概括为两个层面。第一个层面是从形而上的角度，将信息作为一种社会发展的形态，从而有了信息社会说法。作为后工业社会的一种表征，这个词语特指工业化之后的一种社会发展形态。第二个层面是从形而下的角度，即具体的 IT 和信息化建设与运行的角度讲的。我们经历了比较漫长的信息化发展过程，从 60 年代提出到现在，已有半个多世纪。在这半个多世纪的发展过程中，IT 应用经历了从简单到复杂、从功能单一到综合应用的状态。现在的信息化应用，已经进入人类社会生活的各个层面。对于我国来说，信息化又有一种特殊的语境发展，这种理解基于我们国家的经济发展的历程。80 年代“信息”这个词传入我国。由于当时中国工业落后，机械应用很少，以人力畜力应用为主，国内学者对西方提出的“后工业社会”“信息社会”理解不到位，以至于国内对信息化的理解，往往是形而下的，即 IT 技术怎样改进我们的产业发展、公共管理和服务。当时，中国提出“四个现代化”，以实现机械化为目标，而西方社会已实现工业化，不同的社会背景造成了国内外对这个问题的不同理解。比如说欧洲更多的喜欢讲 ICT 的发展，单独讨论电子政务，不讲网络建设，主要讲数据资源应用。但是我们中国学术界认为这样太割裂了，信息化应该是一个统一的系统。1997 年召开的第一届全国信息化工作大会，提出信息化是指培育、发展以智能化工具为代表的新生产力并使之造福于社会的历史过程。国家信息化就是在国家统一规划和组织下，在农业、工业、科学技术、国防及社会生活各个方面应用现代信息技术，深入开发广泛利用信息资源，加速实现国家现代化进程。实现信息化就要构筑和完善 6 个要素，即开发利用信息资源，建设国家信息网络，推进信息技术应用，发展信息技术和产业，培育信息化人才，制定和完善信息化政策。随着信息化的发展，网络安全问题日益显露，如今我们以网络安全作为信息化的第 7 个要素。现在国家抓信息化工作、个别行业的信息化建设，均要求做到这 7 个方面的统一。这种对信息化科学合理的理解推动了中国信息化建设协调快速发展，同时也极大促进了我国传统行业的发展进步，特别是电子政务、电子商务以及各行各业的应用。

其次，从整个信息化发展的过程来看，信息化网络在特定的时期有特定的概念，从最早的办公自动化 OA，到 1992 年戈尔提出的“信息高速公路”法案，再到后来的门户网站、数字地球，直到 2008 年 IBM 公司提出“智慧地球”，对全世界信息化建设发生了颠覆性的影响，2008 年之前跟 2008 年以后全球的信息化发展，出现了极大不同。其本质特点是以新一代新技术应用带动行业发展，特别是带动工业的信息化。从办公到城市建设，再到电子商务，最重要的就是工业的信息化。工业信息化是最困难的，因为工业生产过程很复杂。有的速度很快，有的量很大，流程很复杂，信息化应用信息系统建设往往满足不了工业生产这个建设的要求。所以以前的信息化领域在工业方面的应用比较有限。例如工厂生产过程的资源利用，工人人力资源的应用。但是随着 2008 年之后新一代新技术应用，工业生产过程制造过程也可以用信息技术、信息系统表达了，其对工业的颠覆性的影响开始出现。所以近年来整个信息化紧紧围绕工业制造业发展，其根本原因与 IT 信息化技术不断发展有密切关系。

2008 年以后，新一代信息技术的出现颠覆了很多行业的发展面貌以及我们的基本思维。第一，物联网的出现突破了互联网技术条件的限制，实现了人与人、人与物、物与物的连接。物联网使得世间万物都可以接入信息化业务系统获得智能功能，从而使人与整个世界融入同一个管理系统。第二，云计算突破了海量信息资源的储存与并行处理问题以及硬件设施共建共享的问题，改变基础设施建设和系统应用方式方法，由以前的承建方大规模单次投入，转变为租赁。对比自建跟租用，对于建设方而言，租用使其成本以及应用的门槛极大降低了。这对于现在各行各业信息化来说具有决定性的、关键性的影响，物联网拓宽了连接范围，云计算颠覆了传统的 IT 技术建设方式和方法，极大地降低了应用的门槛，使得各行各业甚至我们每一个人都得以介入信息化应用。第三，大数据为分析海量数据，挖掘其潜在价值以及政策分析提供了可靠的技术保障。第四，移动互联网蓬勃发展。移动互联网是移动通信与 IP 技术的融合创新，使得信息传输在无线条件下实现宽带化，信息传输、处理不再受空间位置的限制。实质上这些技术都是围绕着信息的生命周期来产生的，比如说物联网拓宽了信息资源的来源，云计算解决信息的储存与计算，移动宽带突破移动位置受限的问题，大数据深度挖掘信息价值，帮助我们正确决策。所以从信息产生传输重组和计算这个过程来看，新一代信息技术串联了信息价值的全流程，我将此命名为信息化元模型，各行各业都离不开这样一个元过程，借此我们可以厘清 2008 年以来出现的各类新技术之间的关系。新一代技术出现以后产生的信息化建设方式方法发生了根本转变，进而对各行各业应用产生了颠覆性的影响。

（2）电子政务

电子政务是指政府机构应用现代信息和通信技术，将管理和服务通过网络技术进行集成，在互联网上实现政府组织结构和工作流程的优化重组，超越时间、空间与部门分隔的限制，全方位地向社会提供优质、规范、透明、符合国际水准的管理和服务。其基本内涵是：第一，电子政务必须借助于电子信息和数字网络技术，离不开信息基础设施和相关软件技术的发展；第二，电子政务处理的是与政权有关的公开事务；第三，电子政务不是简单地将传统的政府管理事务原封不动地搬到互联网上，而是要对其进行组织结构的重组和业务流程的再造，电子政务不是现实政府的一一对应。要安全、有效地实施电子政务，必须具备五大要素：基础架构，即建设统一的电子政务网络平台；服务内容，即建立支撑行政管理活动的信息应用系统；业务基础，构建完备的信息资源库；保障条件，完善电子政务安全保障体系；支撑环境，出台法律法规、规范标准、组织体系、人才体系等电子政务建设相关制度。

（3）政府门户网站

政府门户网站是指在各级政府部门的信息化建设基础上，建立起跨部门的、综合的业务应用系统，使公民、企业与政府工作人员都能快速便捷地接入所有相关政府部门的业务应用、组织内容与信息，并获得个性化的服务，使合适的人能够在恰当的时间获得恰当的服务。其基本内涵是：首先，政府门户网站有赖于各级政府部门已有的信息化基础条件；其次，政府门户网站不仅是政务信息发布平台和业务处理平台，而且也是知识获取平台、知识加工平台、知识决策平台的集成；再次，后台整合是政府门户网站区别于其他网站的关键所在；最后，政府门户网站是“块”的概念，而非“条”的概念。政府网站与政府门户网站的关系是，所有的政府门户网站都是政府网站，但是并不是所有的政府网站都是门户网站，门户不是某个部门的事情，而是整个政府的事情，例如中央政府、省政府、市政府、县政府，而某某县农业局网站则不能称为政府门户网站；而且，政府门户网站意义上的“政府”的含义已经不再是传统意义上的“政府机构”了，它已经超越了现有的政府机构的含义，成为一种虚拟的“超级政府”。政府门户网站是电子政务核心概念，这跟地方电子政务发展的政治方向密切相关，特别是与信息资源整合密切相关。我国电子政务是一步一步缓慢发展过来的，有些部门认为利用信息化的技术能提高该部门管理和服务效能，所以开始自上而下推广电子政务，这导致单独建设，即信息孤岛、重复建设问题严重。所以必须加强政府信息整合共享，推广政府门户网站。

（4）前台－后台服务体系

服务体系源于政务服务中心建设。行政服务中心最早出现于欧美国家的新公共管理运动，要求减少政府管制，使企业在一个地方直接解决所有问题，而非部门林立，让企业在机关跑断腿。由此推动了政府门户网站的建设，涌现出各式各样的办事大厅。中国行政服务中心的产生与招商引资密切相关。改革开放，吸引外资，建立工业园，然后建立办事大厅，外资来到这边创业、投资不用去各个部门跑了，一次性解决全部手续。后来逐步演化为实体大厅、审批中心、办证中心等。随着信息化与地方政务的结合日益加深，将两个综合的跨部门的地方政府部门结合起来，这样老百姓在一个界面就能解决全部问题，后台操作由政府负责，老百姓只需知道我办什么业务到什么地方，实体去政务大厅，虚拟通过政府门户网站，一站式完成所有操作。这里面重点强调前台－后台关系，也就是O2O，线上线下的整合。我国现行的前台－后台服务体系有以下特点：第一，前台－后台服务体系与目前我国政府管理特点相契合；第二，该体系体现了信息技术对政府行政管理体制改革的要求与影响；第三，该体系明确了电子政务所存在的三层“前台－后台”关系；第四，该模型具有较大的伸缩性能；第五，该模型能够容纳顶层设计与政府行政管理体制创新的诸多技术与方法。

2.“互联网＋”相关概念

（1）“互联网＋”

2015年《国务院关于积极推进“互联网＋”行动的指导意见》指出，“互联网＋”是把互联网的创新成果与经济社会各领域深度融合，推动技术进步、效率提升和组织变革，提升实体经济创新力和生产力，形成更广泛的以互联网为基础设施和创新要素的经济社会发展新形态。此定义与电子政务信息化概念区别甚小，致使内容有些空洞、缺乏历史内涵，没有体现“互联网＋”

的真正含义。马化腾在其《"互联网+"行动白皮书》中指出，互联网不是万能的，但互联网将"连接一切"；不必神化"互联网+"，但"互联网+"会成长为未来的新生态。"互联网+"像电能一样，把一种新的能力或DNA注入各行各业，进入千家万户，使各行各业在新的环境中实现新生。"互联网+"与各行各业的关系，不是"-"去（替代），而是"+"（加）上。神州数码郭为认为网络空间包括三个层次，"互联网+"正是从消息层逐步渗透到数据层和工作层的一个过程。结合当前的信息化发展新要求，这些定义都有其道理，但仅有这些理解仍然是不完整、不系统、不科学的。

当下"互联网+"有以下属性及特点：1）"互联网+"是新一轮的信息化。"互联网+"应该是基于物联网、云计算、大数据、移动互联网条件下的新一轮信息化。只有基于这个认识，我们才能明白"互联网+"的基本内涵、基本规律。2）轻装信息化。"互联网+"并不是传统信息化，而是在基础设施、业务架构设计、信息资源产生与处理、应用方式、参与主体等诸多方面都发生了根本改变的新一轮信息化。这是轻装信息化的一个最基本特征。3）全民参与的信息化。相对来说，"互联网+"有效地克服了传统信息化条件下的"数字鸿沟"问题，门槛较低，让全体公民都可以参与其中。这也是轻装信息化的又一个最基本特征。4）经济大革命的集结号。"互联网+"是我国为应对第三次工业革命而提出来的一个宏伟战略规划，也是经济新常态下实现中国经济转型升级的一项具体的行动计划；不仅仅是工业信息化，更是三大产业的全面信息化。5）其核心理念为互联网思维。与传统信息化的纯技术工具属性不同，"互联网+"将技术与商业模式联系在一起，信息化成为企业和个人、草根与精英创业、创新、发展的工具、平台。互联网思维的"独孤九剑"是创业创新发展的基本理念、模式。6）其制约因素为技术因素。我国在新一代信息技术应用方面的成就举世瞩目；但是在原创技术方面不占据主导地位。除了在移动通信技术方面具备一定的技术优势外，在其他各个方面都面临美国、英国（ARM）跨国企业的全面垄断局面。7）网络安全仍然是最大威胁。在新一轮信息化条件下，面临的安全问题更加复杂，其后果也更加严重。由于与实体系统紧密相关，这种安全问题在特殊情况下完全可能成为一种毁灭工具和战争手段。8）制度建设成为下一步的重点。

“互联网+”涉及各行各业，存在大量跨界融合，对原有产业带来革命性甚至颠覆性影响，因而需要明确和规范的法律问题众多。例如滴滴打车，至今仍然问题不断、争议激烈。

以上8个方面的理解比较准确地刻画了“互联网+”的本质内涵，总结为一点：轻装信息化。如前所述，传统信息化由7要素构成，即开发利用信息资源，建设国家信息网络，推进信息技术应用，发展信息技术和产业，培育信息化人才，制定和完善信息化政策，加强网络安全管理。此为重装信息化。新一代技术对于现代传统信息化产生了颠覆性的影响，突破时空限制，降低应用门槛，产生了轻装信息化。轻装信息化主要内容可概括为“云、网、台、端”。云包括云计算和大数据；网指互联网、物联网、移动互联网；台可分为物联网平台、互联网平台、移动平台三类；端指硬件终端，基于应用终端程序App。新技术的出现极大改变了重装信息化的要求，应用门槛几乎为零，能够广泛应用于各行各业生产的各个环节，但是应用过程不是信息技术与传统行业的简单结合，而是出现深度的跨界融合，催生各种各样的新兴业态。

（2）“互联网+政务服务”

“互联网+政务服务”是轻装信息化条件下的电子政务，是对于传统电子政务的升级换代。“互联网+政务服务”更新了传统电子政务的建设方式、方法，丰富了政府行政管理与服务的内容和手段，提高了政府服务人民群众的效益、效果。其内涵包括：

第一，“互联网+政务服务”要求优化再造服务流程。凡能实现网上办理的事项，不要求群众必须到现场办理；能通过网络共享的材料，不要求群众重复提交；能通过网络核验的信息，不要求其他单位重复提供。

第二，优化再造服务平台。依托政府门户网站，整合政务信息和服务平台，推进实体政务大厅与网上服务平台融合，推动服务事项跨地区远程办理、跨层级联动办理、跨部门协同办理，做到“单点登录、全网通办”。

第三，打通数据壁垒。到2017年底前，各省级政府、国务院有关部门建成面向公众、开放共享的一体化网上政务服务平台；2020年底前，建成覆盖全国、一网办理的“互联网+政务服务”体系。

第四，加强信息系统保护。加强系统和信息安全防护能力，加大对涉及商业秘密、个人隐私等重要数据的保护力度。

第五，清理不合理规定。加快清理不适应“互联网+政务服务”的各种规定，建立健全电子证照、电子公文、电子签章等标准规范，统一身份认证体系。

3. 治理能力与治理体系现代化

（1）治理与社会治理

党的十八届三中全会引入西方“社会治理”的理念，赋予其更丰富的内涵，称之为“国家治理”。在我国基本国情和基本政治制度下，“国家治理”主要是指中国共产党领导人民掌握政权、运行治权的过程，强调在中国共产党总揽全局、统筹各方的格局下，政府、企业、事业单位、社会团体、中介组织、人民群众各方主体共同发挥作用，参与治国理政。

（2）国家治理现代化

党的十八届三中全会指出，“全面深化改革的总目标是完善和发展中国特色社会主义制度，推进国家治理体系和治理能力现代化”。从治理角度讲，国家治理现代化可以分为两个层面。

第一个层面是国家治理体系的现代化。现代社会中，政府、市场和企业以及公民之间权利义务关系结构，或如何进行权利义务分配、赋予，是国家治理体系现代化需要解决的内容。陶希东认为国家治理体系包括：治理制度体系，即构建完整的法律体系、激励制度体系、协作制度体系；治理方法体系，涉及法律、行政、经济、道德、教育、协作等方方面面；治理功能体系，充分发挥社会动员功能、社会组织功能、监督功能、配置功能、服务功能等；治理结构体系，应该包括中国共产党及各民主党派、中央政府及地方各级政府、混合型企业、各类社会组织、广大人民群众、各类媒体等6大主体，相互之间形成边界清晰、分工合作、平衡互动的和谐关系；治理运行体系，具体分为自上而下模式即顶层设计，自下而上模式即摸着石头过河，横向模式即学习借鉴。莫纪宏将国家治理体系分为：公民权利体系，明确社会公众、公民个人以及各类社会组织应该具有什么样的合法权利；公共权利体系，应研究各机关关系，厘清现有权力的性质和规则，逐步通过宪法和《立法法》有效划分立法权限，明确不同国家机关分别可以行使哪些权力，以及这些权力之间的关系；规则体系，国家机关、社会公众都要依法办事，政府要限制自身权力，防止越权，切实做到全民守法；责任体系，明确国家机关对公民承担什么样的责任；义务体系，明确公民有维护公共利益国家安全的义务；普遍责任体系，明确全体公民都要对公共利益承担的责任与义务。两位学者意见各有不同，陶希东更加注重宏观层面，莫纪宏更加注重微观层面，强调权利与义务的关系。

第二个层面为国家治理能力的现代化。国家能力是指国家（中央政府）将自己的意志、目标转化为现实的能力。国家能力包括四种：汲取财政能力、宏观调控能力、合法化能力以及强制能力。其中国家汲取财政能力是最重要的国家能力，也是实现其他国家能力的基础。国家良治的八项制度基础包括强制能力、汲取能力、濡化能力、监管能力、统合能力、再分配能力、吸纳能力以及整合能力等八种国家能力。

信息化赋予“国家治理现代化”以新的内涵：“国家治理现代化”不仅是国家、市场和社会公众之间权力和权利、责任和义务配置关系的现代化，也应该是互联网和信息化对于国家治理的综合作用。这种综合作用，一方面会使得国家治理体系发生一些重大的结构性变化，另一方面也使得国家治理能力进一步增强或给国家治理能力带来新的挑战。信息化对国家治理体系产生重大影响。首先，治理结构体系发生变化，各类网络平台正在重构国家－市场、国家－社会关系中的一些重要内容。其次，治理功能体系发生变化，信息化强化了各项功能的作用和效能。最后，治理运行体系发生变化，信息化压缩了运行环节、简化了运行程序，扁平化日益明显。影响信息化对国家治理能力现代化的作用有以下三点。第一，网络安全和网络治理成为国家能力建设和国家治理现代化的核心内容。第二，信息化成为促进国家经济转型升级的基本方向。第三，网络环境给法律法规建设带来重大挑战，影响政府－市场、政府－社会的关系。

（二）“互联网＋政务服务”对国家治理现代化的促进作用

1. 加快政府职能转变

（1）加快服务型政府建设：助力简政放权，加快政府职能由“管理型”

向“服务型”转化。

（2）丰富政府服务方式和手段：利用统一的信息资源，为公众提供直观简便的多领域、多元化服务。

（3）推动政府服务更加专业和精准：应用大数据实现政府服务的个性化。

2. 促进国家治理结构转型

（1）在强化党的领导的基础上有效推进治理结构转型。

（2）通过网络渠道促进治理结构扁平化和高效化。

（3）基于业务系统的创新加强跨部门网络化联动：构建电子政务前台-后台服务体系。

3. 推进国家治理方式升级

（1）互联网的开放公开特性不断强化公众参与意识，国家治理的多元参与特征会不断加强。

（2）政府核心业务数据库和基础信息数据库建设使国家治理更加客观有效。

（3）电子政务平台使国家治理流程更加透明科学，传统的人格化管理转变为系统程序化管理。

4. 推动国家治理环境优化

（1）电子政务成为推进行政管理体制创新的新渠道。电子政务倒逼相关体制机制不断革新，加快了相关的行政管理、公共服务、社会关系等方面的变革。

（2）有助于转变政府行政工作作风。电子政务有利于推动绩效管理，对政务服务进行有效评估和奖惩；促进不同管理环节的业务协同，极大地提高工作效率。

（3）政务微博、政务微信、网上听证等新的网络问政平台丰富了政府与民众互动的渠道，有助于增强政府公信力。

（三）国家治理现代化对“互联网＋政务服务”的要求和挑战

1. 要求

（1）进一步转变电子政务服务重心

应在明晰政府与市场关系的基础上，将重心由审批和管理转到提供优质服务上来，并强化顶层设计，找准定位，指明方向。

（2）推动电子政务更加高效透明

应进一步细化政府服务类别，提升政务服务的针对性；进一步优化业务流程，减少重复和冗余审批，建设网上办公平台，加强政府与社会的协同，并建立快速反应机制；推动政务公开透明，建设“阳光政务”。

（3）推进电子政务业务信息对接共享

加强系统设计，逐步推进跨领域信息公开和数据共享；实现部门间、地区间的横向无缝对接，加强政民对接，提供丰富的线上线下互动。

（4）建立完善的电子政务服务保障体系

建立多元化的服务供给机制，探索电子政务与社会化渠道对接，鼓励政府购买社会服务；强化电子政务立法与监督，建立完善的法律法规体系。

2. 挑战

（1）信息整合、共享和业务协同的需求更加迫切

新时期，政务服务的信息协作机制以及面临的主要问题都发生了改变，政府为更好地履行经济调节、市场监管、社会管理和公共服务职责，提升应对突发事件的能力，对各个领域信息整合和业务协同的需求也越来越迫切。

（2）政府数据开放共享与信息安全风险并存

我国信息领域核心技术设备发展体系尚不完备，很多核心技术难以实现自主可控，给电子政务的信息公开、业务系统、数据共享平台带来较大威胁。

（3）多元化政务服务提供机制亟须建立

在国家治理现代化的扁平化治理结构体系下，传统的政府单方服务供给

模式难以达到国家治理现代化的质量和效率要求，必须借用市场机制，引入多元化服务供给主体。

（四）“互联网＋政务服务”促进国家治理现代化的若干建议

1. 丰富完善“互联网＋”系统架构，整合国家信息化建设资源

“互联网＋”是中国十几年信息化过程中，由简单的模仿到自我创新重大历史转变的关键标志。它促进经济发展，通过信息化发展推动整个经济水平跃上新台阶。2013年12月10日，习近平总书记在中央经济工作会议上的讲话中首次提出“新常态”。此期间中国经济下行压力较大，经济增速放缓。但是四年过去了，中国经济并没有出现严重衰退，反而趋于平稳甚至有所上升。“互联网＋”正是经济新常态的技术经济基础。中国经济发展进入新常态以来，其特点为经济增长速度从高速增长转向中高速增长，经济发展方式正从规模速度型粗放增长转向质量效率型集约增长，经济结构正从增量扩能为主转向调整存量、做优增量并存的深度调整，经济发展动力正从传统增长点转向新的增长点。这些分析多关注于宏观层面，并没有过多涉及技术领域。轻装信息化为经济新常态提供了技术支撑。我们应该将“互联网＋”作为最高战略指导和信息化的核心内容，以此统筹和高效利用其他政策，如电子商务、智慧城市、电子政务等，使其各司其职，相互协调。

2. 确立平台治理在国家－市场、国家－社会之间新的中介地位

从实际情况来看，平台（特别是电商平台）已经成为政府、市场、第三方（非政府机构）之外的第四方，逐步承担部分公共管理功能。第四方的公共管理角色不同于第三方：第三方是非营利机构，本身只有服务功能而缺乏管理职责，与服务对象之间没有利益关系。而作为第四方的电商平台是一个营利机构，本身面临着来自其他市场竞争对手的压力；不仅有服务功能，而且肩负着监管职责；重要的是，它还与被服务、被监管对象之间构成一种无形的利益联盟关系。

从经济学角度来看，第四方平台可视为双边市场，连接供应方与需求

方，提供交易平台，并抽取一定费用。它的出现，降低了交易成本，提高了经济效率。从法学角度来看，第四方平台定位较为复杂。首先，根据行政法，第四方平台属于政府授权机构，承担一定的行政职责。其次，根据2017年10月1日刚刚实施的《民法总则》，法人分三类。第一类是营利法人，以取得利润并分配给股东等出资人为目的成立的法人。营利法人包括有限责任公司、股份有限公司和其他企业法人等。第二类是非营利法人，即为公益目的或者其他非营利目的成立，不向出资人、设立人或者会员分配所取得利润的法人。非营利法人包括事业单位、社会团体、基金会、社会服务机构等。第三类是特别法人，包括机关法人、农村集体经济组织法人、城镇农村的合作经济组织法人、基层群众性自治组织法人。第四方平台是企业但是其又将企业的内部规定演变为社会规则，进而具有一部分公共权力。这些性质使得其与三类法人定义均不匹配，我们需要提出第四类定义即第四方法人。再次，以新一代信息技术为依托，平台积聚海量信息资源、数据资源，使资源系统全面地覆盖社会生活的各个方面，能够实时监控整个国民经济运行状况，这是统计部门或者任何政府部门都没有办法做到的。上述三点令平台拥有政府才可能拥有的权力。所以涉及平台问题的时候，我们无法运用现有的法律加以解决。现在法律是工业化的法律，与工业化时代相对应，但是平台经济已经超出工业时代，进入信息社会的范畴。我们需要用新的法律部门解释当前的新的问题。在推进国家治理现代化的过程中，怎样对平台进行定位，如何进行平台治理，明确国家、平台、企业和社会各方面的权利义务关系，是“互联网+”新时代必须解决的关键问题。

3. 适应轻装信息化要求，建设“互联网+政务服务”基础设施

首先，政府应合理规划地方“政务云”工程建设。科学合理开展国家和地方的“政务云”工程的规划建设。从省级层面出发建设“政务云”项目，并在此基础上，规划大数据业务系统的建设。避免将大数据中心和政务云中心分开建设的倾向和做法，充分发挥运营商的作用，建设安全、自主可控的政务云或大数据中心。应用主数据管理思维，统筹建设统一社会信用代码库等电子政务基础信息资源库，统筹规划地方政务云和智慧城市建设。基于PPP的要

求，制定相应规范，明确非政府机构涉足电子政务建设的具体政策要求。

其次，政府应构建“互联网+”时代的电子政务前台－后台体系。根据《国务院关于加快推进“互联网+政务服务”工作的指导意见》的精神，充分整合各职能部门的业务网站，充实本级政府的政府门户网站业务内容，强化政府门户网站在地方电子政务建设中的核心地位和作用，减少重复建设。加强实体政务大厅的业务整合，优化业务流程，构建以地方政府行政服务中心为核心的一体化的实体政务大厅体系。充实和强化政府门户网站和行政服务中心的综合一体化功能。充分应用物联网、云计算、大数据和移动互联网等新一代信息技术，强化政府门户网站和行政服务中心的综合一体化。

4. 完善信息公开制度，加强政府数据开放共享

首先，创新政务信息资源共享管理。在落实《政务信息资源共享管理暂行办法》时，一方面要根据其要求，制定完善政务信息资源目录，开展部门业务信息的共享交换；另一方面，加强顶层设计，从数据属性、业务流程优化角度，研究规划政务信息资源。加强电子政务基础数据库建设，充分发挥主数据管理在实现政务信息资源共享管理中的重要作用。其次，加强政务数据开放共享平台建设。统筹规划政务数据开放共享平台建设，明确政务数据开放共享平台与政府大数据交易中心、政务云平台的业务协调关系。

5. 夯实发展基础，为信息化促进中国经济转型升级提供综合保障

技术设施综合保障制度主要包括技术保障、设施保障、制度保障。首先，发展高端科技、操作系统、人工智能等高新技术，形成创新体系，以提供技术保障；其次，落实“宽带中国”战略，完善无线传感网、行业云及大数据平台等新型应用基础设施，形成基础性共性标准，以提供设施保障；最后，完善政府数据保护、社会信用支撑体系、知识产权战略、智力资源、财税金融服务等方面的法律法规，推动相关融合性新兴产业的立法，在制度上确保关键领域信息系统安全。

（本节作者：李广乾）

第四章　智慧城市建设融资模式

据世界银行测算，智慧城市有可能促进经济增长两倍，实现联合国倡导的“四倍跃进”的城市可持续发展目标，相当于现在一半的能源就能够产出多一倍的财富（郑永梅，2017）。智慧城市建设大有可为，但是建设智慧城市还存在很多难点，其中最重要的难点是如何化解融资难题。

一　智慧城市建设融资的发展现状

（一）智慧城市建设融资面临的机遇与挑战

智慧社会是未来社会的基本形态，智慧城市是智慧社会的主要载体，因此，智慧城市是未来城市的主要发展方向。当今城市所面临的各种挑战使城市在压力下运行。为了抓住机遇并构建可持续的繁荣，城市需要变得更加“智慧”，于是“智慧城市”概念应运而生，但智慧城市建设融资面临诸多挑战。由于智慧城市涉及面广，涵盖城市管理、政府服务、文化娱乐等多个领域，涉及城市运行的众多方面，因此智慧城市建设投入比较大，很难由政府独资建设。同时，智慧城市收益时间比较长，很难在短期内获得回报。目前智慧城市建设大多处于烧钱阶段，建设周期往往比较长，短则几年，长则10～20年。一些商业化运营的项目，很难短时间内完成项目建设，即便投入运营也需要较长的时间。智慧城市项目很多涉及社会利益，没有直接的经济效益。很多智慧城市项目面向民生领域，例如雨水、污水、通信等地下管线的智能化改造是智慧城市建设中非常重要的内容，属于城市管理者提供给市民的最基本的基础设施服务，很难通过商业化运作模式盈利。存储信息资源的基础数据库，为各部门、各级领导、各类企业和社会公众提供信息服务，但它产生的是社会效益，很难通过商业运营直接产生经济效益。智慧城市建设只依靠政府财政资金很难满足，需要谋求更多的投融资渠道、确立相对稳定的资金来源。

（二）智慧城市建设融资来源

智慧城市建设主要融资渠道有：

1. 本地政府财政预算资金。本地政府每年预算一定的信息化专项资金，用于各委办局的智慧城市项目建设，这样的政府比较富裕，典型的是北京、上海、江苏、浙江和广东地区的智慧城市项目建设，紧跟技术最前沿。

2. 省直单位资金。省直单位每年都有支持各地市的各类名头的资金。

3. 中央部委资金。一些部委单位会就具体项目拿出资金支持地方政府（金岩，2009）。

4. 银行机构资金。国开行、世界银行、亚洲开发银行，经常发起一些公益项目，免息贷款提供资金。

5. 资本机构资金。地方政府利用融资平台，向一些基金机构、民间投资机构融资，投入智慧城市建设，需要支付更高的利息费用。

6. 社会主力投资、政府购买服务。地方政府引入智慧城市运营商，由智慧城市运营商负责全面的投资运营，地方政府采取全部购买服务方式。这样基本就是资本替政府垫支，政府保底资本的回收。

7. 社会资本投资、社会收费回收。地方政府引入智慧城市运营商，授权智慧城市运营商负责全面的投资运营。智慧城市运营商的风险较大，需要智慧城市运营商精算投资、商业模式，要考虑利用社会、企业、市民收费的模式来收回投资。

8. 捐助模式。知名企业家无偿捐助智慧城市的一些项目资金。

9. 城市资源转化。地方政府可以以土地、文化、品牌、旅游资源等作为资本，联合智慧城市运营商、土地开发商、旅游开发商等资源开发性企业，盘活智慧城市的资金来源。

（三）PPP 模式

PPP 模式可以为破除智慧城市融资困境提供新渠道，减轻政府资金压力，打破公共服务“垄断”，为加速智慧城市建设进程注入新动力，并且还可以明确参与方的责权利，为规避智慧城市建设风险提供新机制，因此，PPP 模式有望为智慧城市建设注入新活力，促进行业驶入发展快轨。

1. PPP 模式现状

20 世纪 90 年代后，PPP 模式在西方特别是欧洲流行起来，在公共基础设施建设中扮演着重要角色。通过采购的形式，政府部门与中标单位组建的特殊目的公司（SPV）签订特许合同，由特殊目的公司负责筹资、建设及经营，从而实现各参与方的“双赢”或“多赢”。

从财政部的“PPP 综合信息平台项目库”中可以看到，截至 2016 年 9 月 30 日，全国入库 PPP 项目数量 10471 个，总投资额 12.48 万亿元。为了在全国进一步推广 PPP 模式，形成一批示范项目，截至 2016 年 10 月 20 日，财政部先后发布了三批 PPP 示范项目名单。其中，财政部第一批 PPP 示范项目 26 个（原为 30 个，后调出 4 个），第二批示范项目 206 个，共 232 个，总投资额 7866.3 亿元（熊雯莹，2016）。第三批示范项目 516 个，总投资 1.17 万亿元。其中智慧城市类项目共 10 项，总投资额为 175 亿元，较第二批仅有 1 个 26.5 亿元的合肥高新区智慧城市运营项目有了质的飞跃提升，PPP 模式助力效果显著。

特别值得关注的是，根据 PPP 项目资金额的地域分布情况，西南地区是重要部署区域，如 2016 年 1 月末，贵州规划 9162 亿元、云南 7527 亿元、重庆 1445 亿元（且重庆规划 2020 年各类基础设施投资达到 1.8 万亿元. 其中中央和地方财政投入约 1 万亿元，另外 8000 亿元通过 PPP 方式筹集实现，平均每年实施约 1300 亿元）。

2. PPP 模式主要形式

（1）BOT（Build - Operate - Transfer）即建造 - 运营 - 移交方式

在 BOT 模式下，投资者一般要求政府保证最低收益率，若无法达到该标准，政府应给予特别补偿。为获得项目融资，需要对基础设施的经营权进行有期限的抵押。特许期结束后，投资者将项目无偿移交给政府。

（2）BT（Build Transfer）即建设－移交方式

项目发起人与投资者签订合同，项目发起人根据回购协议分期向投资者支付项目投资及回报，由投资者负责融资、建设，并在规定时限内将竣工后的项目移交项目发起人（郑播，2011）。

（3）TOT（Transfer－Operate－Transfer）即转让－经营－转让模式

TOT是在特许期结束后，购买者要将所得到的产权或经营权无偿移交给原所有人以获得增量资金，出售现有资产进行新建项目的融资。购买者用私人资本或资金购买某项资产的全部或部分产权或经营权，进行开发和建设，通过项目经营收回投资并取得回报（范征、黄为一、卢文娜，2007）。

（4）TBT模式

TBT是政府将一个已建项目和一个待建项目打包处理，获得逐年增加的协议收入，收回待建项目的所有权益，即为TBT模式。TBT将TOT与BOT融资方式组合起来。政府通过招标将项目经营权转让给投资人，投资人建设和经营待建项目，政府获得项目经营权等值的收益。

3. PPP付费方式

在PPP项目中，常见的付费机制主要包括以下三类：政府付费、使用者付费和可行性缺口补助。

三种付费方式分别对应不同情况。政府购买的公共产品和服务所支付的费用采用政府付费；使用者在使用产品的过程中需要付费的部分，如门票、高速收费等，采用使用者付费的方式；项目并非明确的政府购买服务，而是采取使用者付费不足以满足合理收益，于是政府给予项目公司一定的经济补助，以弥补缺口部分，使项目“可行”，采用的是可行性缺口补助（李昌，2017）。

（1）交易架构一：政府注资＋特许经营

例如，湘潭九华管委会采取使用者付费形式，授权给社会资本污水处理特许经营权及污水处理收益权。如果供水量没达到合同规定的最低限额，由政府部门给予适当的补贴。社会资本方提供市场、公众满意的服务质量，以此收回成本取得收益。

（2）交易架构二：政府授权 + 特许经营 + 购买服务的模式

例如，北京体育场项目，项目公司在奥运会和测试赛期间，在特许经营期内收取体育场使用费用，享有体育馆商业运营收益权。

（3）交易架构三：政府购买服务

对于非经营类项目，政府引进社会资本，为社会资本的融资提供担保，并且采用政府付费形式，由公共部门承担需求风险。学校、医院、监狱、政府办公楼等偏公益性的基础设施建设项目采用这种方式。

4. PPP 和政府购买服务的区别

政府购买服务与 PPP 相同点都是为了解决政府直接提供公共服务模式存在的服务短缺和低效问题，引入社会力量参与，形成竞争机制和多元互动治理模式，提升公共服务质量和效率，在选择承接主体或社会资本合作方环节都适用政府采购相关法律规定。两者区别是，（1）政府购买服务必须先有预算再购买，实行“钱货两清”原则，政府在取得服务的同时立即进行支付。只能购买短期服务，不能购买长期服务。有的地方存在“泛化”政府购买服务的倾向，以政府购买服务方式违规购买长期工程服务，实际上是变相融资。（2）政府购买服务若采取延期付款方式，在 3 ~ 5 年内逐年付款，实质上变异为购买融资服务。比如，部分基建项目，社会资本建成移交后，政府将购买服务协议项下的采购资金作为还款来源，实质上是政府购买融资服务变异为 BT 模式，加剧了政府债务风险隐患。（3）《国务院关于加强地方政府性债务管理的意见》（国发〔2014〕43 号）明确提出，地方进行项目建设只能通过举债或 PPP 方式。在推广 PPP 模式的过程中，为防范债务风险，避免演变为 BT 模式，相关制度明确项目建设运营周期要在 10 年以上，政府参与公共服务生产的全过程，事先明确产出标准，按照绩效评价结果进行支付，只有这样才能纳入中长期财政规划、财政安排预算。

5. PPP 模式融资存在的问题

一是 PPP 存在明股实债的问题。无论怎么强调 PPP 的治理能力、管理能力，PPP 首要的功能还是融资。由于 PPP 融资所具有的特殊性，才衍生出这种模式所具有的促进改革、机制创新等辅助功能。由于我国特许经营模式未来使用者付费的市场容量、收费机制、排他性机制等不明确，政府付费也存在着政府的换届和信用等问题，使得投资者对 PPP 项目未来十年、二十年，甚至三十年的长期现金流量的预期缺乏信心，所以在这种情况下进行股权投资很困难。

二是 PPP 存在短期融资行为的问题。目前施工企业和各类基金投资人是我国 PPP 最主要的参与主体。施工企业和基金投资者追求的分别是短期的施工承包利润和短期的财务回报。所以，PPP 模式在事实上演变成各种类型的短期融资创新方式。

三是 PPP 存在地方政府去杠杆及为杠杆提供创新工具的问题。股权融资由社会资本出资，属于明股实债，债务资金要找当地平台公司接盘。PPP 资本金可以由社会资本来出，债务资金可以通过国有企业融资。股权融资和 PPP 都要转化为地方政府的或有负债。政府对或有负债不可能置之不理，于是去杠杆反而成为加杠杆的方式。

四是 PPP 存在套取财政资金补助的问题。政府财政缺乏资金，或者政府资金的使用效果较差，于是采用 PPP 模式引入私人融资，使政府从项目的前期投资退出。但有些企业将项目包装成 PPP 项目，申请政府财政资金补助，变相把各种不适合采用 PPP 模式的项目都包装成假 PPP。

五是 PPP 存在为了突破预算约束提供具体手段的问题。我国的 PPP 模式允许地方政府和其下属的平台公司、国有企业、事业单位等以 PPP 的名义进行合作，再配合明股实债及地方平台公司兜底，使得 PPP 成为突破新颁布的预算法管理限制，增加地方政府负债的手段。

六是 PPP 存在回避公共服务的专业供给模式的问题。将 PPP 作为供给侧结构性改革的重要手段，而非单纯解决融资问题（姚艺惠、叶小燕，2018）。PPP 的主要参与主体是建筑承包商、各种财务资金投资人，但是他们并不具备真正的运营能力，而运营能力不是短期内能够培育出来的。

七是 PPP 存在躲避正常的公开招标程序的问题。PPP 强调应该按照招投标法的规定进行公开招标，通过公开公平竞争选择社会投资人及各种专业机构。但是，由于目前的 PPP 要求必须纳入政府采购的框架体系，所以一些采购方式的竞争属性很低。一些希望承担工程施工任务的企业，可以不走公开竞争性招标程序，躲避工程承包市场红海的严酷竞争，以此有效承揽相关工程并赚取施工利润。

八是PPP存在各部门为了维护自身利益而各自为政、缺乏协调配合的问题。引入PPP模式是为了优化治理结构，推动国家治理体系改革，但是目前部门之间相互协调、相互配合、各司其职的公共治理体系没有呈现出来。

二　智慧城市建设融资面临的问题

智慧城市建设不同于普通的基建，它是个高新技术工程。中国的智慧城市建设往往还是政府将项目承包给传统基建公司，如何调动社会资本参与中国智慧城市建设的积极性，是未来智慧城市建设最需要考虑的问题。

（一）私人资本的参与性偏低

智慧城市建设具有公用性质和社会属性，可带动地方经济发展，促进居民生活水平提高。但由于逐利本性与社会属性的错位，巨大的资金缺口由政府填补，难以吸引私人资本的广泛参与。中西部地区智慧城市建设进程停滞，政府难以及时补充资金缺口，对私人资本的诉求更加强烈。

（二）参与方难以形成合力

新技术的使用与维护牵涉多个主体，权责利的划分与界定成为一项复杂的工作，增加了融资与建造的管理难度，且难以形成合力。

（三）融资模式缺乏创新性

智慧城市建设融资在融资难度、利益分配、风险分担等方面均有其特殊性，与一般性项目融资有着明显的差异。如参与方投资比例的确定、风险分担制度的制定等。PPP、PFI等单一模式难以切实解决项目融资的现实问题，难以集合多个跨行业主体，管理难度偏高。另外，PPP融资模式创新性不足，不利于完善项目融资体系。

（四）激励和保障性措施缺位

由于项目融资资金需求量大、时间跨度大，在相当长的建造期间，投资者面临着较多的不确定因素。当前，投资主体较为单一，多为政府部门和金融机构，限制了多元化主体的加入。制度、优惠政策、组织机构建设等方面存在诸多不完善之处，使投资者获取的经济利益有限。

三　智慧城市建设融资的对策建议

（一）广开投融资渠道，创新投融资模式

智慧城市建设需要逐步建立以政府投入为导向、企业投入为主体、社会投入为重要渠道的多元化投融资体系。一是保障企业运营维护该项目的合法性和有效性，二是确保建设项目的公共属性不被完全侵蚀，三是确保资金使用的规范性。可将智慧城市建设项目划分为三类：政府主导项目、政府和市场合作项目、市场主导项目。

对于涉密要求不高、投资规模灵活、直接面向公众、应用内容丰富的建设运营项目，建议由企业负责投资建设运营，企业通过市场化运作获取经营利润。对于共享要求、专业性要求、涉密要求和公共性要求较高的建设运营项目，建议采用政府投资、企业建设和运营的模式，即以非营利为主，政府向建设运营企业购买服务，企业通过广告、用户收费或增值应用获益。对于投资规模大、公益性质强、专业运营和维护要求高的项目，政府企业应共同投资，企业负责建设和运营，免费服务和增值服务相结合，即政府向建设运营企业提供补贴，出台扶持激励政策，企业可结合增值服务获得市场化收入。对于资金投入量多、公共服务性大、政府控制性强、开发准备期长、投资运营期长、收益比较稳定的项目，应采用 BOT 模式，通过市场化运作完成项目建设，并获取经营收益偿还项目贷款本息，获取合理的商业利润。

（二）不同类型的城市建设智慧城市应采用不同的方式

不同类型的城市对采用 PPP 融资的态度不同。北上广等一线城市财政资

金雄厚，建设智慧城市其实并不倾向于采用 PPP 模式，而是直接以财政拨款的形式进行融资，其采用产品更务实。采用 PPP 模式进行智慧城市建设较多的是在财政实力有限的三、四线城市。但是三、四线城市的科技成果转化率比较低，企业对 PPP 投资回报率难免有所顾虑。

企业对不同类型的城市态度不同。尽管三、四线城市积极性很高，但企业更愿意承揽北上广等一线城市的智慧城市项目，虽然利润率较低，但为了品牌效应仍愿意赔本赚吆喝，在一线城市打下好的口碑。

不同类型城市应按需施策。三、四线城市存在贪大求全和泡沫化的问题，对智慧城市建设的产品只买贵的不买贱的。例如智慧交通的高清摄像头，在一线城市因为车流密度较大，适合最高清、最先进、每个价值 4000 ~ 5000 元的高清摄像头，而在三、四线城市用每个 500 ~ 600 元的摄像头就足以满足实际的需要，但地方政府领导人抱着“要上就上最好的”心态，也购买价值超过实际需求的。智慧城市中智慧交通产品的更新周期非常快，平均每三年就一个周期，所以每过三年就要重新进行产品采购，否则难以跟上日益变化的现实需求。这就无形中造成了浪费。

不同类型的城市应根据其具体特点，不能盲目上项目。例如旅游类型的城市应该主打做智慧旅游，农业较发达的地方应该主打做智慧农业，不能贪大求全，智慧城市各业态都要硬上强上，这无形中将造成资源的浪费。对于不同类型的城市建设智慧城市应采用不同的方式，中央和各级政府应出台相应的政策和指导性文件，规定什么规格的城市应该用什么类型的产品。

（三）提高互联网、云计算、大数据等先进技术设备使用率

当前银行、证券、保险、制造业、零售等传统行业的商业模式受到互联网行业的挑战。智慧城市建设的中心是要以百姓为本，打造百姓满意的智慧型城市。

云计算技术提供了一种崭新的技术实现手段，解决传统信息系统集中整合的问题。过去一些部门往往以业务专属性为借口，不向其他部门提供协作和服务。但是，智慧城市云计算平台不仅可以不强求改变原有的业务方式，吸引更多部门加入云计算平台中来，还能够融入企业的信息化建设项目，从

而大幅度地减少智慧城市建设的融资规模，减轻地方政府的融资压力，减少部门、项目孤立建设的信息系统数量。

云计算由一次性的大额项目投入转化成细水长流式的租金支付，减轻智慧城市建设的资金压力，进而改变了项目建设的资金使用方式。云计算平台的规划设计也应在各智慧城市建设项目之前完成并实施，平台规划建设应考虑技术、成本、安全等综合因素，决定自建还是与各大电信运营商所建设的云计算基地进行合作。

（四）更加重视项目投资评估

各地区应尽快建立自己的PPP专家评审库，选聘有实力、有责任心，专业能力过硬、经验丰富的个人、行业专家作为评审顾问，全程跟踪评审，为项目保质保量完成出谋划策；各地财政部门如果盲目信从所谓的机构排行榜，与咨询机构签署常年评审顾问合同，可能会由于咨询机构派出的年轻顾问经验、阅历有限，专业化程度不足，产生有失公允的评判结果，给项目的实施带来不可避免的麻烦。咨询是一个以人为主的行业，咨询机构成立的年头长、积累的案例多，并不代表做过这些案例的人仍然在该公司从业，也不代表其现存的项目团队的专业水平和服务质量能够与其机构品牌相匹配。所以，建立真正的专家评审库为项目保驾护航，有效辨别项目咨询团队负责人及成员的口碑、从业年限、专业水平，才能保证地方政府最终目标的实现。

PPP在运行两年后，应积极调整、完善相应条款，针对落地难等实际问题，听取专业咨询机构的分析诊断。严格准入咨询机构，控制总体数量，使其能够提供真正的咨询指导服务。

（五）完善有关法律法规

鉴于PPP项目投资额度高、收益不确定性大、回报周期长等特点，倘若没有一套完善的法律制度保障其利益，项目对民间资本的吸引力就难以提高。出现问题或纠纷时，应主要依靠经济或法律手段而不是行政干预来解决。针对国企积极、民企不敢参与、政府继续强势主导等问题，应以法律完善流程管理环节，保证地方政府和权力机关的换届延续性，做好政府信用评级，请第三方权威机构为企业做出具有公信力的政府评级。

（六）善于调动企业积极性

采用PPP模式，应让政府、企业、公众三赢，而不应该是政府不愿意做的项目才给企业做，现在不少企业已有不少抱怨。尤其是纯经营性和准经营性项目，应合理调动企业参与的积极性，给企业留有一定的空间。企业为了在市场中立足，具有逐利性。PPP模式周期长，利润低，为了能中标项目，企业往往打包承揽项目。例如，在智慧交通领域，短周期产品的终端感知系统有一定盈利空间，而在长周期的软件系统，因为系统迭代周期长，其盈利空间很少，甚至赔钱。所以总的来看，PPP项目年收益率在8%左右，企业就会愿意承揽。但只有8%的年收益率的话，难以让企业做强做大，还应拓展企业收入来源，调动企业参与的积极性，尤其是像高速公路、停车场等项目，企业比较愿意参与。可以通过打广告，增加衍生品的溢出效应。

同时，尽量避免潜规则。目前来看，国有企业中标智慧城市项目的情况比较多，而民营企业，即便是民营企业的上市公司也只能接到国有企业不愿意做的“边角料项目”，或者是国有企业接到项目后，转包给民营企业来做，国有企业在其中挣中介费，造成市场无序。甚至在一些三、四线城市，政府违约的风险很大，国有企业因为有国家兜底，仍承揽项目，先占上坑，但并不实施项目，造成了市场的潜在风险。民营企业是保持市场经济活力的重要力量，招标智慧城市项目应以其能力为衡量条件，而不应该唯国有企业先，这无形中增加了社会的不公平。

还应该给企业一定的发展空间。一般来说如果只是凭政府指令或企业研发人员闭门造车，可能不会研发出理想的产品。供给侧应和需求侧结合，消费者的需求会刺激企业研发更好的产品，应用性更强，成功率更高。例如，根据北京雾霾的现实需求，企业研发的人脸识别技术就进步很大。

（本章作者：朱玥颖）

第五章 智慧城市建设水平测度

一 引言

（一）评价背景

智慧城市建设是当前我国城市建设工作的重点。2015 年 12 月中央召开了城市工作会议，特别提出“城市发展需要依靠改革、科技、文化三轮驱动”，“着力打造智慧城市”，作为城市科技重要组成的智慧城市受到高度关注。2016 年 2 月发布的《中共中央、国务院关于进一步加强城市规划建设管理工作的若干意见》则提出“到 2020 年，建成一批特色鲜明的智慧城市”的宏伟目标，并对加强智慧城市建设提出了更为细致的指导意见，要求“加强城市管理和服务体系智能化建设，促进大数据、物联网、云计算等现代信息技术与城市管理服务融合，提升城市治理和服务水平。加强市政设施运行管理、交通管理、环境管理、应急管理等城市管理数字化平台建设和功能整合，建设综合性城市管理数据库。推进城市宽带信息基础设施建设，强化网络安全保障。积极发展民生服务智慧应用”。《中华人民共和国国民经济和社会发展第十三个五年规划纲要》指出，要“加强现代信息基础设施建设，推进大数据和物联网发展，建设智慧城市”，加快新型城市建设。可见，中央和国家对智慧城市建设极为重视，智慧城市建设对于推进新型城镇化建设、全面建成小康社会具有重大意义。2018 年 4 月 20 日至 21 日，全国网络安全和信息化工作会议在北京召开，习近平总书记会上强调，网信事业代表着新的生产力和新的发展方向，应该在践行新发展理念上先行一步，围绕建设现代化经济体系、实现高质量发展，加快信息化发展，整体带动和提升新型工业化、城镇化、农业现代化发展。

我国高度重视网络信息技术与智慧城市建设，成立了国家网络信息工作最高领导机构及办事机构。自 2012 年以来，国家发改委、住建部、科技部、工信部等多个部委陆续出台相关文件指导网络信息技术发展与智慧城市建设，先后确立数百个智慧城市建设示范项目。同时，国家颁布了《国家新型城镇化规划（2014—2020 年）》，提出建设绿色、智慧、人文型的新型城镇。在具体实践方面，我国智慧城市建设起步早、见效快，在信息采集、网络传输、信息处理、信息开发应用、网络信息安全等网络信息技术领域取得了系列成果，涌现了一批竞争力较强的领军企业，极大地缩小了与世界先进水平的差距。在课题组历时两年调研的 30 多个城市中，经过几年来的智慧城市建设实践，大多已经完成了智慧城市建设第一、二阶段的任务，即数字化、网络化任务，部分城市已向智能化、智慧化阶段迈进。我国一些地区的智慧城市建设取得了较大进展，一些试点城市如南京、杭州、银川、贵阳等地已经走在前列。但整体来看，我国智慧城市建设尚处于初级阶段，而且进度参差不齐。

我国智慧城市建设也存在一些负面问题，尤其是理论体系不健全、项目缺乏顶层设计和统筹规划、盲目上马、技术标准缺失、项目盈利模式不清晰等。正如《关于促进智慧城市健康发展的指导意见》所指出的："近年来，我国智慧城市建设暴露出缺乏顶层设计和统筹规划、体制机制创新滞后、网络安全隐患和风险突出等问题，一些地方出现思路不清、盲目建设的苗头，亟待加强引导"。针对我国智慧城市建设暴露出的一系列问题，下一阶段智慧城市建设的对策研究，必须建立在深入掌握我国智慧城市建设的进展和问题的基础上。

本章所开展的智慧城市建设状况调查，旨在全面掌握全国范围内的智慧城市建设情况，深入了解政府、企业、居民、社会团体在智慧城市建设方面的认知，分析项目建设、应用水平、管理模式、资金使用的现状与问题。这样有利于识别我国智慧城市建设中存在的困难，通过调查数据和构建指标体系精确评价各地区智慧城市建设的效果与缺陷，为下一阶段智慧城市建设提供决策依据。

（二）预期目标

本研究的目标在于构建智慧城市建设评价的指标体系，丰富智慧城市建设评价的相关方法；通过对相关城市、智慧城市解决方案提供商和普通市民的调研，获得当前中国智慧城市建设进展的第一手资料和数据，识别智慧城市建设中存在的核心问题，识别各主体的需求，形成指导智慧城市建设的对策建议，为打造中国特色升级版智慧城市提供决策支持。

具体目标和任务如下。

第一，建立中国智慧城市建设状况评价指标体系。结合我国智慧城市建设的相关技术指标和实际情况，立足于既有评价指标体系，构建体系完善、结构合理、科学系统、可操作性强的智慧城市建设状况指标评价体系，基于多属性决策评价方法，对我国智慧城市建设状况进行综合评价。

第二，采集我国智慧城市发展状况的相关数据，建立数据库。结合建立的评价指标体系，重点针对缺乏顶层设计、智慧城市概念流于“标签化”、商业模式不清晰、资源整合困难、基础数据库缺失、建设与运营失调等问题展开深入调查和数据收集，全面了解不同等级城市在智慧城市建设中的需求、已有平台的建设与营运状况、资金需求与来源、社会经济效益等信息，全面了解智慧城市建设中存在的困难与限制因素。在掌握和梳理第一手资料的基础上，科学评估我国各地区智慧城市建设水平，诊断我国智慧城市建设存在的主要问题，并提出下一阶段智慧城市发展的目标、路径和政策保障，全面服务于我国智慧城市建设。

第三，实地调研过程中，同地方政府建立良好的合作关系，建立智慧城市建设进展长久跟踪机制。在全面了解地方政府需求的基础上，结合中国社会科学院城市信息集成与动态模拟实验室在城市发展战略制定、城市规划、绿色低碳、城市模拟领域的优势，与受访城市达成初步合作意向，为开展智慧城市顶层设计和大数据咨询服务，发挥智慧城市智库的作用。

第四，全面了解政府、企业、居民等各类主体的需求，并通过研究报告的形式将相关需求信息反馈给相关主体，推动各主体间的沟通，有效衔接智慧城市建设与运维中的供需匹配。

二 调查设计与调查结果

（一）调查设计

以地方政府智慧城市主管部门作为受调对象。调查问题涵盖智慧城市建设的7个主要领域，包括网络设施宽带化、基础设施智能化、信息平台建设、规划管理信息化、公共服务便捷化、产业发展现代化、社会治理精细化，详细问卷内容请见本章附录。

研究以全国地级行政区为基本单元（含直辖市），目标是获取地级行政区的智慧城市建设进展情况。项目组以中国社会科学院办公厅的名义向各省区市政府办公厅发函，请求协助开展智慧城市调查。项目组通过传真成功向全国22个省区市发送了函件，有14个省份确认收到函件并向下辖各地级市（州）下发问卷，只有6个省份通过省级智慧城市主管部门返回了问卷结果，其余各省份没有设立省级联系人，各地级城市分头报送，收集质量不高。对通过上述步骤获得的问卷进行清洗整理，最终收回有效问卷118份，涵盖14个省份，包括安徽省（16个）、四川省（14个）、甘肃省（13个）、湖北省（11个）、陕西省（10个）、江西省（9个）、山东省（9个）、西藏自治区（7个）、河北省（6个）、湖南省（6个）、青海省（6个）、内蒙古自治区（5个）、山西省（5个）、上海市（1个）。有效问卷城市涵盖了我国东部（3省份、16市）、中部（5省份、47市）和西部地区（6省份、55市），未获得东北地区的数据。

（二）数据入库与利用

调查问卷回收结果，经过初步筛选、录入、清洗后，建立中国智慧城市建设状况数据库，以Access和Geodatabase两种方式存储，后者建立在前者基础上，带有空间信息，可供地理信息可视化和空间统计分析。Access数据库含有两张二维表，分别是调查结果和元数据，前者是主要调查结果的数字化存储，后者是对数据库基本规范的解释。除元数据外，数据库包含字段131个，数据118行、10738个。

基于上述数据库，项目组对中国智慧城市建设开展了调查结果分析，全面分析了各项指标的进展情况，并采用多属性决策方法，对智慧城市建设水平开展了定量评价研究。

三　调查结果分析

（一）网络设施宽带化调查结果分析

宽带网络是新时期我国经济社会发展的战略性公共基础设施，发展宽带网络对拉动有效投资和促进信息消费、推进发展方式转变和小康社会建设具有重要支撑作用。从全球范围看，宽带网络正推动新一轮信息化发展浪潮，众多国家纷纷将发展宽带网络作为战略部署的优先行动领域，作为抢占新时期国际经济、科技和产业竞争制高点的重要举措。2013 年国务院印发《“宽带中国”战略及实施方案》（国发〔2013〕31 号），旨在加强战略引导和系统部署，推动我国宽带基础设施快速健康发展。

此次对网络设施宽带化调查的内容主要包括固定宽带、光纤、无线网络三个方面。调查结果显示，我国城市宽带网络发展总体良好，普及率和传输速度均呈现良好态势，但不同区域、城市间差异较大，城市间发展不平衡的矛盾突出。如表 5－1 所示，在参与调查的不同省份的城市中，固定宽带家庭普及率平均为 71.09%，上海市普及率最高，为 99%，安徽省调查城市平均普及率最低，为 55.24%；光纤到户接入覆盖率平均为 89.52%，上海市覆盖率最高，为 97%，西藏自治区调查城市平均覆盖率最低，为 80.15%；光纤到户接入速度平均为 91.57Mbps，山西省调查城市平均速度最高，为 183.33Mbps，陕西省调查城市平均速度最低，为 45.13Mbps；无线网络覆盖率平均为 92.59%，河北省调查城市平均覆盖率最高，为 99.67%，西藏自治区调查城市平均覆盖率最低，为 69.92%；无线网络速度平均为 66.37Mbps，山东省调查城市平均速度最高，为 101.67Mbps，西藏自治区调查城市平均速度最低，为 13.67Mbps；4G 网络平均覆盖率为 92.11%，上海市覆盖率最高，为 99%，西藏自治区调查城市平均覆盖率最低，为 72.39%。

表 5－1　各调查地区网络设施宽带化情况

单位：%，Mbps

调查地区	固定宽带家庭普及率	光纤到户接入覆盖率	光纤到户接入速度	无线网络覆盖率	无线网络速度	4G 网络覆盖率
安徽省	55.24	88.71	82.57	96.28	98.00	93.54
甘肃省	78.41	86.08	81.50	83.90	50.00	95.68
河北省	71.10	84.19	67.50	99.67	73.33	97.50
湖北省	65.75	90.35	75.80	88.00	61.20	92.45
湖南省	67.85	81.50	86.00	94.29	96.60	96.60
江西省	69.36	90.39	82.78	87.14	62.89	87.86
内蒙古自治区	73.15	96.50	132.50	97.58	49.75	95.50
青海省	87.13	83	123.20	90	89.00	96.20
山东省	79.92	84.11	87.00	98.09	101.67	96.36
山西省	57.60	94.03	183.33	94.53	63.33	87.53
陕西省	74.24	86.11	45.13	94.33	43.96	95.08
上海市	99	97	100	95	50	99
四川省	68.17	85.93	67.08	96.91	59.35	90.79
西藏自治区	76.29	80.15	76.00	69.92	13.67	72.39

（二）基础设施智能化调查结果分析

基础设施智能化是为智慧城市社会生产和居民生活提供智慧公共服务的物质工程设施，是用于保证智慧城市社会经济活动正常进行的不同于传统公共服务系统的智能系统，是智慧城市赖以发展的一般物质条件。对基础设施智能化调查的内容主要包括交通、电力、供水、污水排放、供暖、燃气、照明、管线等 8 个方面。调查结果显示，我国城市基础设施智能化发展尚处于普及阶段，应用先进技术的城市比例很高，但多处于试点阶段，技术普及率偏低，且不同区域城市间普及率差异较大，城市间发展不平衡的矛盾突出，相对于交通、电力等方面，调查城市在管线基础设施智能化方面的发展较为缓慢，是需要加强的短板。

1. 交通基础设施智能化

如表 5 - 2 和图 5 - 1 所示，在参与调查的不同省份的城市中，所有的城市均已应用视频监控技术实时监测城市路段，监控探头平均覆盖率为 71.90%，上海市覆盖率最高，为 90.00%，四川省调查城市平均覆盖率最低，为 44.17%；68.35% 的调查城市实现了交通诱导、指挥控制、调度管理和应急处理的智能化；60.84% 的城市实现了公共汽车来车实时预报，实现此技术的城市中，实现实时预报公交站点比例平均为 34.58%，其中上海市比例最高，为 90%，西藏自治区调查城市平均比例最低，为 5.17%。

表 5 - 2　各调查地区交通基础设施智能化情况

单位：%

调查地区	视频监控技术实时监测城市路段	监控探头覆盖率	交通诱导、指挥控制、调度管理和应急处理的智能化	实现公共汽车来车实时预报	实现实时预报公交站点比例
安徽省	100.00	70.64	71.43	78.57	34.04
甘肃省	100.00	64.75	41.67	41.67	26.37
河北省	100.00	65.00	83.33	83.33	27.33
湖北省	100.00	83.76	60.00	60.00	28.04
湖南省	100.00	78.33	100.00	50.00	40.00
江西省	100.00	70.43	77.78	100.00	43.64
内蒙古自治区	100.00	78.40	60.00	40.00	36.00
青海省	100.00	74.00	40.00	20.00	20.00
山东省	100.00	77.78	88.89	88.89	29.60
山西省	100.00	83.00	60.00	40.00	40.00
陕西省	100.00	58.90	50.00	60.00	39.64
上海市	100.00	90.00	100.00	100.00	90.00
四川省	100.00	44.17	66.67	75.00	23.74
西藏自治区	100.00	67.40	57.14	14.29	5.71

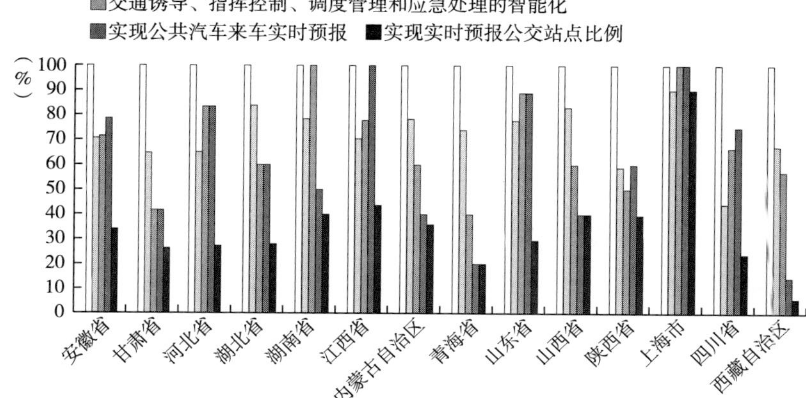

图 5-1　各调查地区交通基础设施智能化情况

2. 电力基础设施智能化

如表 5-3 和图 5-2 所示，在参与调查的不同省份的城市中，53.15% 的城市在全市范围内建成智能电网，西藏自治区调查城市比例最低，仅有 28.57% 的城市建成智能电网；60.28% 的城市支持分布式能源的接入、居民和企业用电的智能管理，西藏自治区调查城市比例最低，仅有 28.57% 的城市支持此技术；80.82% 的城市安装了智能电表进行节电管理，实现此技术的城市中，智能电表占比平均为 76.75%，其中上海市和湖南省调查城市所有电表均为智能电表，甘肃省调查城市智能电表占比最低，为 54.58%。

表 5-3　各调查地区电力基础设施智能化情况

单位：%

调查地区	在全市范围内建成智能电网	支持分布式能源的接入、居民和企业用电的智能管理	安装智能电表进行节电管理	智能电表占比
安徽省	57.14	64.29	92.86	91.29
甘肃省	33.33	41.67	58.33	54.58
河北省	33.33	50.00	66.67	59.88

续表

调查地区	在全市范围内建成智能电网	支持分布式能源的接入、居民和企业用电的智能管理	安装智能电表进行节电管理	智能电表占比
湖北省	60.00	90.00	90.00	99.93
湖南省	50.00	100.00	83.33	100.00
江西省	77.78	66.67	88.89	83.77
内蒙古自治区	20.00	20.00	60.00	55.40
青海省	40.00	40.00	80.00	60.20
山东省	88.89	77.78	100.00	72.78
山西省	40.00	40.00	60.00	80.00
陕西省	40.00	50.00	80.00	67.80
上海市	100.00	100.00	100.00	100.00
四川省	75.00	75.00	100.00	86.03
西藏自治区	28.57	28.57	71.43	62.86

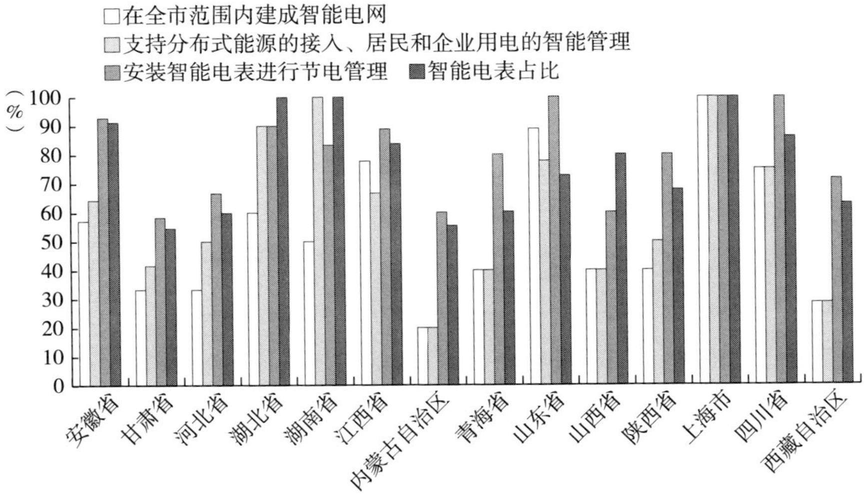

图 5-2 各调查地区电力基础设施智能化情况

3. 供水基础设施智能化

如表 5－4 和图 5－3 所示，在参与调查的不同省份的城市中，48.07%的城市实现了对整个供水过程实时监测管理，其中西藏自治区和湖南省调查城市实现比例较低，仅分别有 14.29% 和 16.67% 的城市实现了此技术；实现此技术的城市中，主要水源地监测管理覆盖率平均为 50.76%，上海市覆盖率最高，为 100%，湖南省调查城市覆盖率最低，为 8.33%。

表 5－4　各调查地区供水基础设施智能化情况

单位：%

调查地区	对整个供水过程实时监测管理	主要水源地监测管理覆盖率
安徽省	71.43	64.82
甘肃省	41.67	57.50
河北省	66.67	65.00
湖北省	60.00	54.00
湖南省	16.67	8.33
江西省	55.56	57.78
内蒙古自治区	40.00	40.00
青海省	40.00	36.00
山东省	33.33	63.78
山西省	40.00	60.00
陕西省	60.00	57.70
上海市	100.00	100.00
四川省	33.33	32.92
西藏自治区	14.29	12.86

4. 污水排放基础设施智能化

如表 5－5 和图 5－4 所示，在参与调查的不同省份的城市中，74.61%的城市实现了实时监控工业污水排放，西藏自治区调查城市实现比例较低，仅有 20% 的城市实现了此技术；实现此技术的城市中，监控工业污水排放覆盖率平均为 57.36%，西藏自治区调查城市覆盖率最低，为 4.29%。

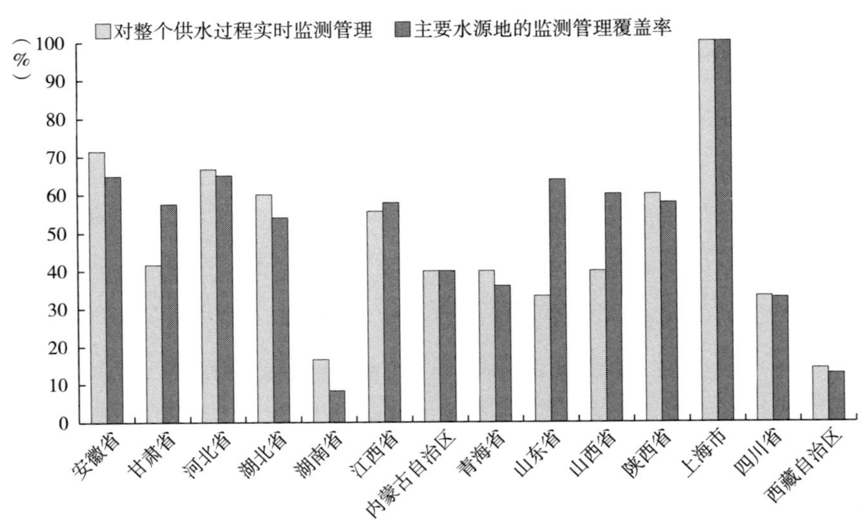

图 5－3 各调查地区供水基础设施智能化情况

表 5－5 各调查地区污水排放基础设施智能化情况

单位：%

调查地区	实时监控工业污水排放	监控工业污水排放覆盖率
安徽省	85.71	83.93
甘肃省	83.33	74.17
河北省	83.33	75.00
湖北省	90.00	67.00
湖南省	83.33	68.33
江西省	66.67	50.11
内蒙古自治区	80.00	46.00
青海省	20.00	18.20
山东省	88.89	73.70
山西省	80.00	68.00
陕西省	80.00	68.00
上海市	100.00	—
四川省	83.33	48.92
西藏自治区	20.00	4.29

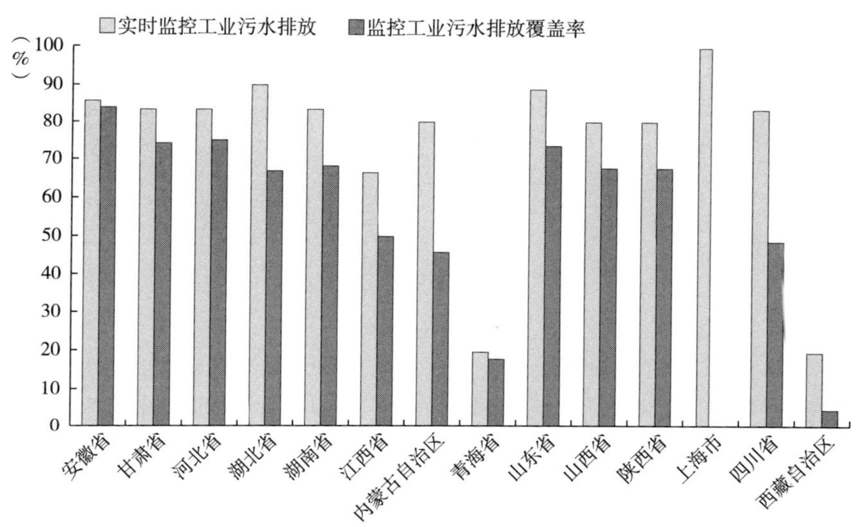

图 5－4　各调查地区污水排放基础设施智能化情况

5. 供暖基础设施智能化

如表 5－6 和图 5－5 所示，在参与调查的不同省份的城市中，46.38%的城市采用信息技术提升城市采暖供暖水平，安徽省调查城市实现比例较低，仅有 7.14% 的城市实现了此技术；32.81% 的城市采用分时分温分区控热（水）系统区分供热需求；实现此技术的城市中，使用分时分区控热系统供暖的覆盖率平均为 28.91%，山东省调查城市覆盖率最高，为 56.67%，江西省调查城市覆盖率最低，为 6.67%。

表 5－6　各调查地区供暖基础设施智能化情况

单位：%

调查地区	采用信息技术提升城市采暖供暖水平	采用分时分温分区控热（水）系统区分供热需求	使用分时分区控热系统供暖的覆盖率
安徽省	7.14	7.14	7.14
甘肃省	58.33	58.33	50.88
河北省	100.00	66.67	48.17
湖北省	10.00	—	—

续表

调查地区	采用信息技术提升城市采暖供暖水平	采用分时分温分区控热（水）系统区分供热需求	使用分时分区控热系统供暖的覆盖率
湖南省	16.67	16.67	—
江西省	11.11	11.11	6.67
内蒙古自治区	80.00	40.00	39.00
青海省	40.00	20.00	14.00
山东省	77.78	66.67	56.67
山西省	60.00	40.00	20.00
陕西省	60.00	20.00	29.50
上海市	100.00	—	—
四川省	8.33	—	—
西藏自治区	20.00	14.29	17.14

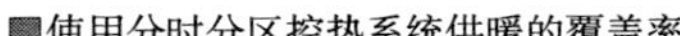

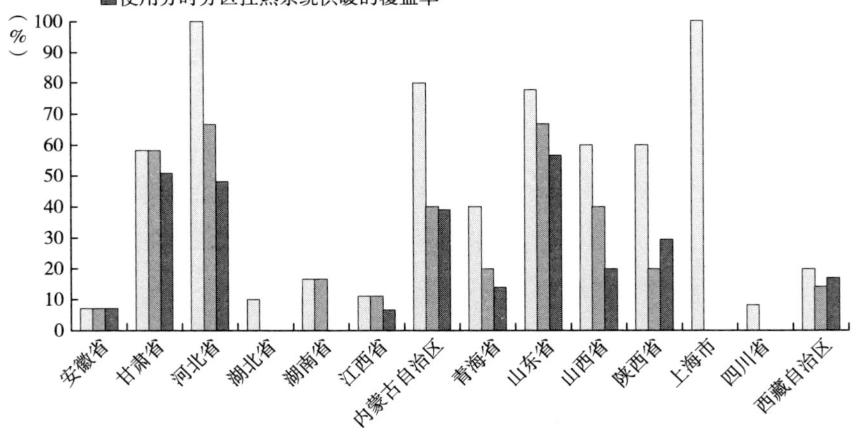

图 5－5　各调查地区供暖基础设施智能化情况

6. 燃气基础设施智能化

如表 5－7 和图 5－6 所示，在参与调查的不同省份的城市中，58.19%的城市建立了智能燃气管理系统对城市燃气管网进行监测管理，江西省、上海市所有调查城市均实现了此技术，西藏自治区所有调查城市均未实现此技术；实现此技术的城市中，智能燃气管网覆盖率平均为35.02%。

表5－7　各调查地区燃气基础设施智能化情况

单位：%

调查地区	建立智能燃气管理系统对城市燃气管网进行监测管理	智能燃气管网覆盖率
安徽省	78.57	61.07
甘肃省	33.33	31.25
河北省	83.33	48.33
湖北省	60.00	50.00
湖南省	33.33	33.33
江西省	100.00	65.00
内蒙古自治区	40.00	20.00
青海省	20.00	2.00
山东省	77.78	55.33
山西省	60.00	32.40
陕西省	70.00	54.00
上海市	100.00	—
四川省	58.33	37.62
西藏自治区	0.00	0.00

7. 照明基础设施智能化

如表5－8和图5－7所示，在参与调查的不同省份的城市中，63.19%的城市采用了信息技术提升城市照明设施的节能水平和利用效率，33.01%的城市安装有智慧路灯，实现此技术的城市中，智慧路灯覆盖率为13.48%，山西省调查城市覆盖率最高，为30%，西藏自治区和青海省调查城市覆盖率几乎为0。

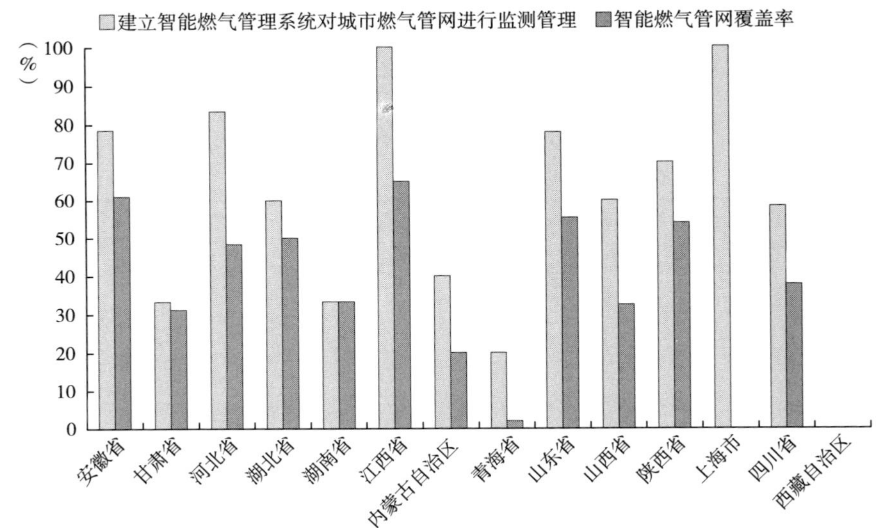

图 5-6　各调查地区燃气基础设施智能化情况

表 5-8　各调查地区照明基础设施智能化情况

单位：%

调查地区	采用信息技术提升城市照明设施的节能水平和利用效率	安装有智慧路灯	智慧路灯的覆盖率
安徽省	78.57	42.86	22.18
甘肃省	58.33	16.67	9.56
河北省	50.00	16.67	0.01
湖北省	70.00	30.00	20.30
湖南省	83.33	33.33	29.17
江西省	66.67	44.44	19.47
内蒙古自治区	40.00	40.00	10.00
青海省	40.00	0.00	0.00
山东省	55.56	22.22	12.00
山西省	40.00	40.00	30.00
陕西省	70.00	20.00	16.30
上海市	100.00	100.00	—
四川省	75.00	41.67	6.32
西藏自治区	57.14	14.29	0.00

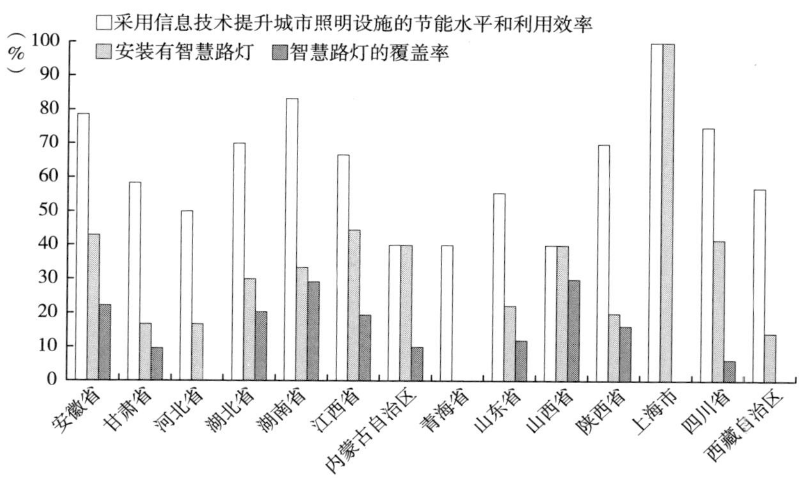

图 5－7　各调查地区照明基础设施智能化情况

8. 管线基础设施智能化

如表 5－9 和图 5－8 所示，在参与调查的不同省份的城市中，44.74%的城市实现了城市地下管网数字化综合管理、监控，实现此技术的城市中，数字化管理的地下管网占比平均为 21.57%，山东省调查城市占比最高，为 49.44%，甘肃省调查城市占比最低，为 3.33%；19.39%的城市安装了智慧井盖，实现此技术的城市中，智慧井盖覆盖率平均为 1.12%。

表 5－9　各调查地区管线基础设施智能化情况

调查地区	实现城市地下管网数字化综合管理、监控	实现数字化管理的地下管网占比	安装了智慧井盖	智慧井盖占总比
安徽省	50.00	19.29	21.43	0.07
甘肃省	8.33	3.33	8.33	0.04
河北省	33.33	33.33	0.00	0.00
湖北省	30.00	16.00	0.00	0.00
湖南省	50.00	20.83	16.67	0.17
江西省	33.33	15.89	44.44	4.87

续表

调查地区	实现城市地下管网数字化综合管理、监控	实现数字化管理的地下管网占比	安装了智慧井盖	智慧井盖占总比
内蒙古自治区	20.00	20.00	0.00	0.00
青海省	40.00	17.00	0.00	0.00
山东省	77.78	49.44	22.22	1.17
山西省	60.00	38.00	40.00	6.30
陕西省	70.00	12.60	10.00	—
上海市	100.00	—	100.00	—
四川省	25.00	20.42	8.33	0.83
西藏自治区	28.57	14.29	0.00	0.00

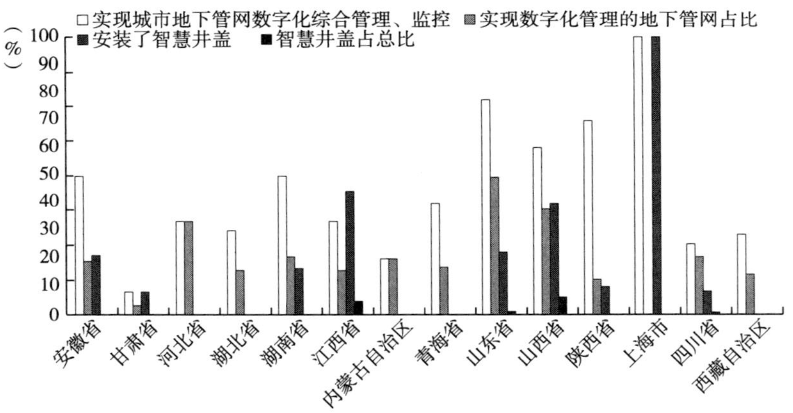

图 5－8　各调查地区管线基础设施智能化情况

（三）信息平台建设

此处的信息平台建设主要指支撑智慧城市建设的基础数据库和数据中心。数据中心可采用独立建设云平台模式和租用云平台模式两种。针对城市管理、运营的不同环节，信息平台主要包括城市基础空间数据库、人口基础数据库、法人基础数据库、宏观经济数据库、建筑物基础数据库、地下廊道基础数据库、国土资源基础数据库、生态环境基础数据库等 8 类。当前，信息平台和数据中心高效利用的关键在于加大公共信息资源向社会的开放程度，破除政府部门间的数据壁垒，实现数据跨部门、跨领域的真正共享联通和协同知识发现。

1. 城市大数据中心情况

在有调查数据的110个城市中，68个建有城市大数据中心，所占比重约为61.8%。从区域分布上看，中东部地区的建有大数据中心的城市比例显著高于中西部地区，例如，上海（100%）、山东（88.89%）、河北（80%）、安徽（73.33%）等省份。相较之下，西部地区城市大数据中心建设明显滞后，特别是西藏（14.29%）、青海（16.67%）和内蒙古（40%）等。可见，经济发展水平是决定信息平台建设的基础性因素，我国西部地区的信息平台建设受经济发展水平影响较大，资金不足是影响建设的重要原因，信息平台建设任重而道远。

表5-10　各省份信息平台建设情况

单位：%

省份	建有信息平台的地市数	调查样本数	占比
安徽省	11	15	73.33
甘肃省	8	12	66.67
河北省	4	5	80.00
湖北省	8	11	72.73
湖南省	4	6	66.67
江西省	5	9	55.56
内蒙古自治区	2	5	40.00
青海省	1	6	16.67
山东省	8	9	88.89
山西省	2	3	66.67
陕西省	5	9	55.56
上海市	1	1	100.00
四川省	8	12	66.67
西藏自治区	1	7	14.29

从信息平台建设的资金投入方面看，有统计数据的地市共 61 个，投入额从 500 万元至 20 亿元不等，差异性较大，平均投入为 12367 万元，其中四川南充由于计划打造川东北大数据中心，投入力度较大。

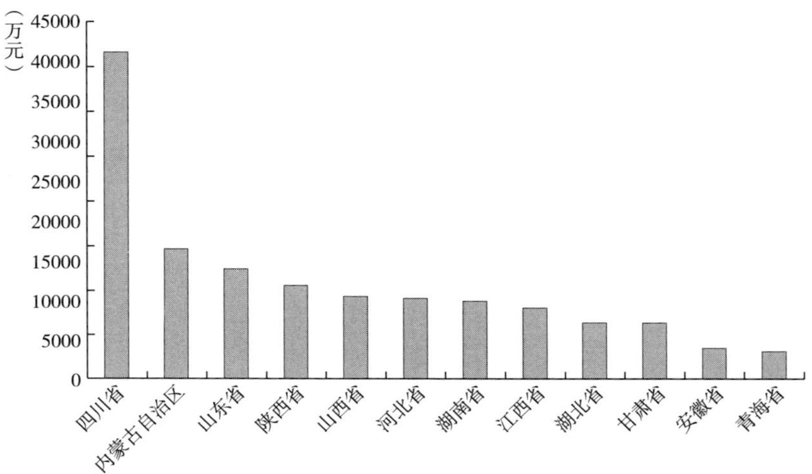

图 5－9　各省份信息平台建设平均投资额

从数据存储量来看，有统计数据的地市共 57 个，平均数据存储量为 182540TB，分布范围从 1.2TB 到 10000000TB 不等，差异性较大，因此平均数据存储量不具备统计意义。某些城市对信息平台建设十分重视，试图打造辐射全省甚至跨省的大数据中心，数据存储范围不限于本市数据，因此数据存储量较大，这类城市将承担起区域性数据中心的作用而非单一城市的数据中心。例如，四川省南充市计划打造川东北大数据中心，甘肃省兰州市计划打造中国西北部大数据中心，这些雄心勃勃的大数据中心发展策略，极大地推动了城市信息平台建设，使其成为区域性的数据存储与服务中心。

大数据中心建设可以采用独立建设云平台模式以及租用云平台模式，具体采用何种方式，需要城市根据自身数据量、建设成本等因素综合判定。在有数据统计的 69 个城市当中，采用租用云平台的城市有 20 个，采用独立建设云平台的城市有 46 个，另有 3 个采用“租用＋自建”的混合模式。从整体上看，采用自建的城市比重较大，这一方面反映出各城市在独立构建数据存储与服务能力方面的强烈愿望，但另一方面也为资源浪费埋下隐患。采用自建模式的城市中，主要由中国电信、中兴通讯、浪潮集团、华为软件、讯飞智元等提供技术支持；采用租用模式的城市中，租用平台主要为浪潮云、华为云、京东云、阿里云，占半数以上。

2. 基础数据库建设情况

（1）城市基础空间数据库。对于是否建立城市基础空间数据库，在106个给出明确反馈的城市中，已有65个城市建成，41个未建成，对于未来的建库计划，31个城市明确表示计划建立，5个城市没有计划。

（2）人口基础数据库。对于是否建立人口基础数据库，在108个给出明确反馈的城市中，已有78个城市建成，30个未建成，对于未来的建库计划，26个城市明确表示计划建立，3个城市没有计划。

（3）法人基础数据库。对于是否建立法人基础数据库，在104个给出明确反馈的城市中，已有61个城市建成，43个未建成，对于未来的建库计划，34个城市明确表示计划建立，5个城市没有计划。

（4）宏观经济数据库。对于是否建立宏观经济数据库，在107个给出明确反馈的城市中，已有32个城市建成，75个未建成；对于未来的建库计划，49个城市明确表示计划建立，17个城市没有计划。

（5）建筑物基础数据库。对于是否建立建筑物基础数据库，在107个给出明确反馈的城市中，已有31个城市建成，76个未建成，对于未来的建库计划，39个城市明确表示计划建立，27个城市没有计划。

（6）地下廊道基础数据库。对于是否建立地下廊道基础数据库，在107个给出明确反馈的城市中，已有33个城市建成，74个未建成，对于未来的建库计划，40个城市明确表示计划建立，26个城市没有计划。

（7）国土资源基础数据库。对于是否建立国土资源基础数据库，在108个给出明确反馈的城市中，已有67个城市建成，41个未建成，对于未来的建库计划，26个城市明确表示计划建立，9个城市没有计划。

（8）生态环境基础数据库。对于是否建立生态环境基础数据库，在106个给出明确反馈的城市中，已有21个城市建成，85个未建成，对于未来的建库计划，49个城市明确表示计划建立，23个城市没有计划。

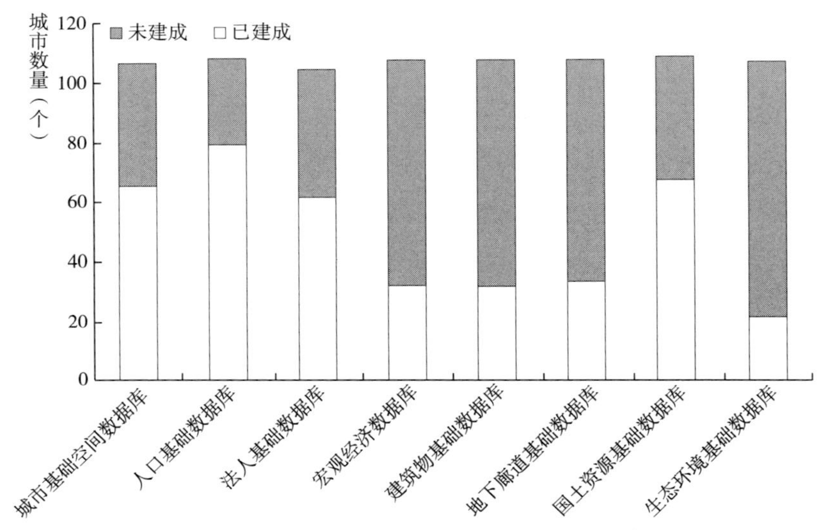

图 5-10　各类数据库的建设情况

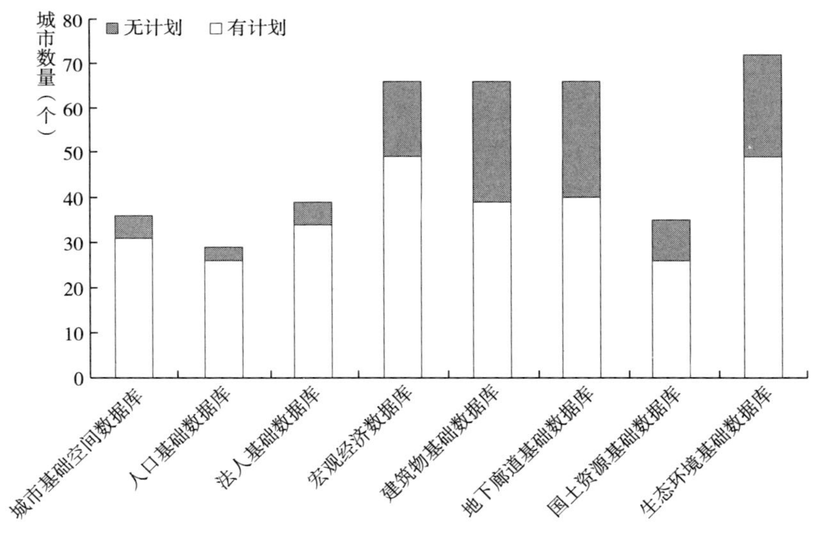

图 5-11　各城市对基础数据库的建设计划情况

综合而言，各城市对城市基础空间数据库、人口基础数据库、法人基础数据库和国土资源数据库的建设相对重视，而宏观经济数据库、地下廊道基础数据库、建筑物基础数据库和生态环境数据库的建设相对滞后，大多数城市均未建立相应的数据库。对于未来的建库计划，城市基础空间数据库、人口基础数据库、法人基础数据库和国土资源数据库仍是建设重点，未建立相应数据库的城市大多数有建库的计划。

3. 公共信息资源开放情况

实现公共信息资源向社会的有效开放，是提高数据利用效率，发挥数据作用的关键。在 107 个有明确反馈的城市中，除了涉密数据，有 64 个城市认为自身已经实现了公共信息资源向社会的开放。在已实现公共信息资源开放的城市中，平均开放率为 45.82%（如图 5－12 所示，以数据条数或数据存储量计，各地统计存在差异）。

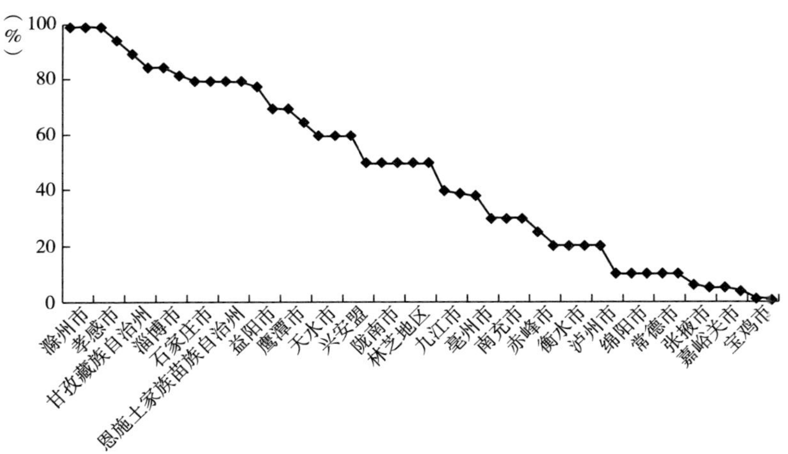

图 5－12　主要地市的数据开放率

4. 政府部门间的数据壁垒破除情况

政府部门拥有海量的高价值数据，如何破除部门间数据壁垒，是实现数据连通、提高电子政务服务能力的基础环节。在 106 个有明确反馈的城市中，有 50 个城市认为自身已经实现了部门间数据壁垒的有效破除，值得注意的是，这一比例低于公共信息资源向社会的开放程度。在已实现数据壁垒破除的城市中，数据共享率平均为 56.36%（图 5－13 所示，以数据条数或数据存储量计，各地统计存在差异）。

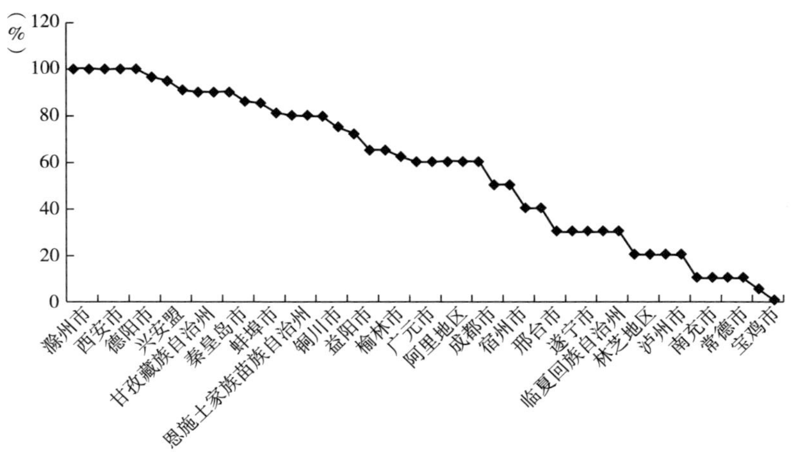

图 5-13　政府部门间的数据共享率

（四）规划管理信息化

规划管理信息化是智慧城市建设的重要方面，尤其是智慧城市发展规划，是智慧城市建设的先导。在受调查的地级及以上城市中，全国有2/3的城市均已制定了智慧城市发展规划，其中除直辖市上海外，陕西最高，达90%；青海最低，只有1/3的城市制定了智慧城市发展规划（见表5-11）。

表 5-11　智慧城市发展规划调查问卷统计

单位：个，%

省份	调查城市数量	已制定智慧城市发展规划的城市数量	制定智慧城市发展规划城市比重
安徽	16	9	56.3
甘肃	13	8	61.5
河北	6	5	83.3
青海	6	2	33.3
陕西	10	9	90.0
上海	1	1	100.0

续表

省份	调查城市数量	已制定智慧城市发展规划的城市数量	制定智慧城市发展规划城市比重
四川	14	9	64.3
西藏自治区	7	3	42.9
湖南	6	4	66.7
湖北	11	7	63.6
内蒙古自治区	5	4	80.0
山西	5	3	60.0
江西	9	8	88.9
山东	9	6	66.7
合　计	118	78	66.1

城市规划“多规合一”实施情况见表5－12。

表5－12　城市规划“多规合一”实施情况统计

省　份	调查城市数量（个）	实行“多规合一”城市		“多规合一”方法		
		数量（个）	比例（%）	会商决策	“多规图纸叠加”	“多规合一”协同信息平台
安徽	16	8	50.0		2	6
甘肃	13	2	15.4	1		1
河北	6	2	33.3		1	2
青海	6	2	33.3	1	2	1
陕西	10	4	40.0	2	2	2
上海	1	1	100.0			1
四川	14	4	28.6	3	2	
西藏自治区	7	3	42.9	1		1
湖南	6	1	16.7			1
湖北	11	6	54.5	4	4	2
内蒙古自治区	5	2	40.0	1		1
山西	5	2	40.0			2
江西	9	4	44.4	1	3	3
山东	9	5	55.6	3	3	2
合　计	118	46	39.0	17	19	25

注：实施城市规划“多规合一”的城市，其方法可以是一种，也可以是多种。

从表5－12可以看出，在受调查的地级及以上城市中，实行“多规合一”的城市数量，全国不足4成，其中除直辖市上海外，山东最高，为55.6%；甘肃最低，只有15.4%。在已实施“多规合一”的城市中，选择“多规合一”协同信息平台者居多，比例高达54.3%，而选择“多规图纸叠加”、会商决策的分别只有41.3%和37%。

（五）公共服务便捷化调查结果分析

为规范和推动智慧城市的健康发展，构筑创新2.0时代的城市新形态，引领创新2.0时代中国特色的新型城市化之路，经国务院同意，国家发改委、工信部、科技部、公安部、财政部、国土资源部、住建部、交通部八部委于2014年8月27日印发《关于促进智慧城市健康发展的指导意见》，提出到2020年，建成一批特色鲜明的智慧城市，建成的智慧城市将实现“五化”，即公共服务便捷化、城市管理精细化、生活环境宜居化、基础设施智能化、网络安全长效化。其中公共服务便捷化的目的是为公众提供更加方便、及时、高效的基本公共服务，其便捷化程度是智慧城市建设的重要切入点。因此，为了更好地反映我国智慧城市建设的情况，本研究将公共服务便捷化作为重要调查内容。对公共服务便捷化调查的内容主要包括8个方面，分别是智慧教育服务、智慧就业服务、智慧社会保险服务、智慧社会救助与社会福利服务、智慧养老服务、智慧公益性文化服务、智慧医疗卫生服务、智慧交通服务。

1. 公共服务便捷化信息平台建设情况

调查结果显示，除个别地区外，各地基本上均建立了品类齐全的公共服务便捷化信息化平台。这些公共服务信息化平台主要有就业信息平台、提升社会保险便捷度的信息服务终端、社保异地办理平台、社会救助和社会福利服务终端、智慧养老服务终端、促进公益文化服务信息平台、图书馆在线阅读平台、手机借阅图书信息平台、智慧医疗服务信息化管理系统和终端服务平台、统一的预约挂号信息平台、公共交通一卡通系统信息平台等（见表5－13）

表 5－13　各地建设公共服务便捷化信息平台的地市数

单位：个

省　份	就业信息服务平台地市数	提升社会保险便捷度的信息服务终端地市数	开通社保异地办理地市数	社会救助和福利信息服务终端地市数	智慧养老服务终端地市数	采用信息服务促进公益性文化服务地市数	主要图书馆建立在线阅读平台地市数	可在家通过网络或手机借阅图书地市数	构建智慧医疗服务信息化管理系统和终端服务地市数	建立全市统一的预约挂号平台地市数	建立公共交通一卡通系统地市数
安徽省	12	11	9	7	6	11	9	10	11	6	12
甘肃省	7	9	7	4	3	7	6	5	7	3	9
河北省	4	4	3	1	2	5	3	3	5	2	6
湖北省	11	11	10	4	4	10	11	8	11	4	10
湖南省	6	6	4	2	3	6	5	4	5	0	5
江西省	9	7	5	4	3	5	6	4	7	3	9
内蒙古自治区	3	4	3	1	2	4	3	1	5	1	3
青海省	3	3	3	3	2	4	3	3	1	1	2
山东省	8	9	8	6	7	9	9	7	8	3	9
山西省	2	3	2	0	1	3	1	1	4	2	2
陕西省	9	9	9	7	4	10	8	5	8	6	10
上海市	1	1	1	1	1	1	1	1	1	1	1
四川省	10	12	8	7	4	7	8	11	11	4	10
西藏自治区	5	1	2	3	0	5	2	1	2	0	2

山东省、陕西省、甘肃省、四川省、湖北省、安徽省建立的公共服务便捷化信息平台的城市比较多，西藏公共服务便捷化信息平台构建的地市最少，且目前还没有建设智慧养老服务终端和统一的预约挂号信息平台。另外，青海省和内蒙古自治区构建公共服务便捷化信息平台的地区也相对较少，且这两个省的智慧医疗、预约挂号信息平台的建设城市也较少。

2. 公共服务便捷化信息平台使用情况

各地公共服务便捷化信息平台使用情况的主要指标体现在就业信息平台的使用方面。调查结果显示，2017 年各地都通过建设就业信息服务平台发布就业信息，且发布的信息也均被就业需求用户点击。但是，需要指出的是，各地发布的就业信息量存在很大差异。首先在发布的就业信息量方面，江西省 2017 年发布的就业信息条数最多，达到 1263997 条，青海省发布的就业信息条数最少，为 82 条，安徽、上海、四川三地发布的就业信息量基本持平，在 40 万条左右（见图 5－14）。其次在平台点击量方面，上海市就业信息平台 2017 年以 360000000 次点击量远远超过其他省份的点击量，其他地区的点击量虽然低于上海，但是也存在参差不齐的现象，西北地区的点击量相对较低，东部和中部城市的点击量相对较高（见图 5－15）。

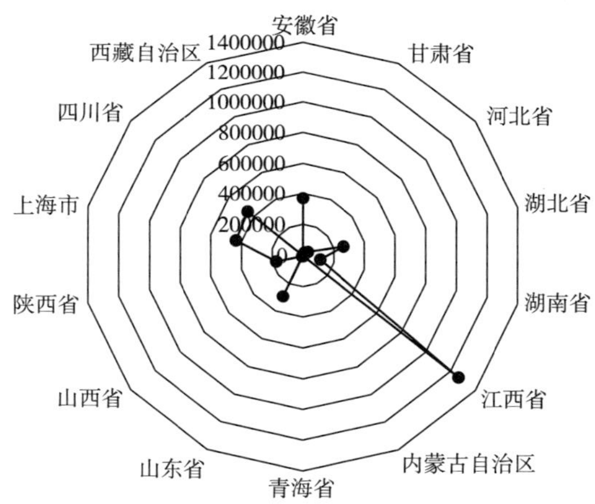

图 5－14　各地 2017 年发布的就业信息条数

3. 公共服务便捷化受益群体情况

公共服务便捷化信息平台建成后使很多目标群体受益，受益领域主要体现在用线上或自助方式办理社会保险、社会救助和福利、智慧养老服务三个方面。图 5－16 表明，各地利用公共服务便捷化信息平台后受益最多的领域

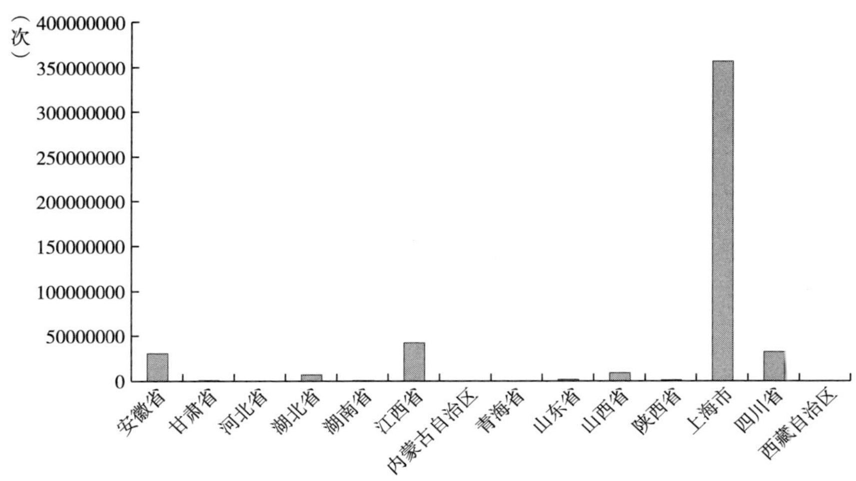

图5-15　各地的就业信息平台2017年的点击量

是用线上或自助方式办理社会保险和智慧养老服务。具体而言，山东省利用线上或自助方式办理社会保险的受益群体最多，受益人数达7247400人；甘肃省利用线上或自助方式办理智慧养老服务的受益群体最多，人数达11040500人。另外，各地在社会救助和福利方面虽然受益群体的分布相对比较均匀，但是各地受益群众的数量不多，人数最多的受益群体是山东省，受益人数为356540人，而河北省和山西省两地目前仍没有通过网上或自助方式办理社会救助和福利的受益群体。

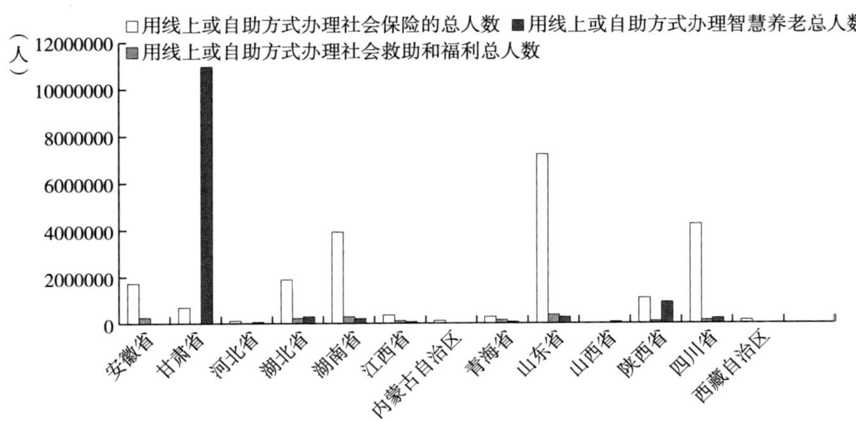

图5-16　各地公共服务便捷化受益群体情况分析

4. 公共服务便捷化程度提升情况

公共服务便捷化信息平台的建设和实施的确提升了各地的公共服务便捷化程度，主要体现在无线网络、多媒体普及率、困难用户电子档案平均入库率、医疗服务、交通服务等方面。

（1）学校的网络及多媒体教学条件大幅度提升

公共服务智慧教育信息化的建设使得学校的网络和多媒体教学条件得到大幅度提升，调查结果显示在无线网络平均覆盖率方面，除山西省以外，其他各地学校无线网络平均覆盖率均在40%以上（见图5-17）；学校多媒体教室的平均普及率方面除了山西省为66.75%外，其他各地均在80%以上。

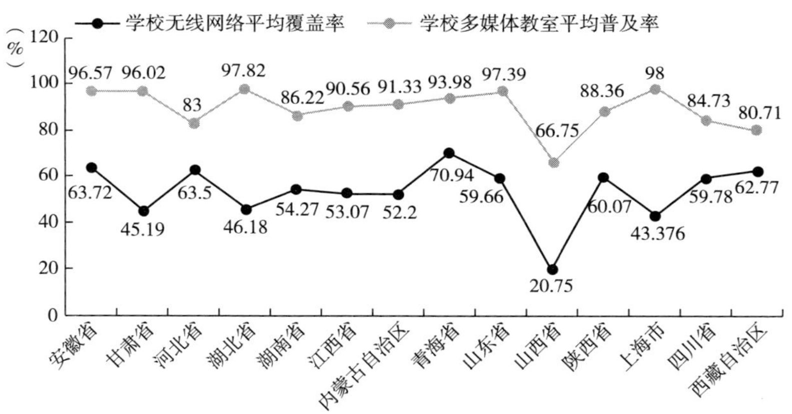

图5-17 学校无线网络覆盖率和多媒体教室普及率情况

（2）社会福利和救助信息精准性有效增强

社会救助、社会福利服务便捷化信息平台为困难群众信息的电子化提供了有利条件。图5-18显示除了山西省外，各地社会救助、社会福利困难户电子档案平均入库率均在65%以上。上海市、内蒙古自治区、西藏自治区三地社会救助、社会福利困难户电子档案平均入库率为100%。社会救助、社会福利困难户电子档案平均入库率的提高可以有效提升困难户救助信息的精准性，便于及时查找、更新困难户信息，进一步提升我国社会福利、社会救助的救助水平和救助效率。

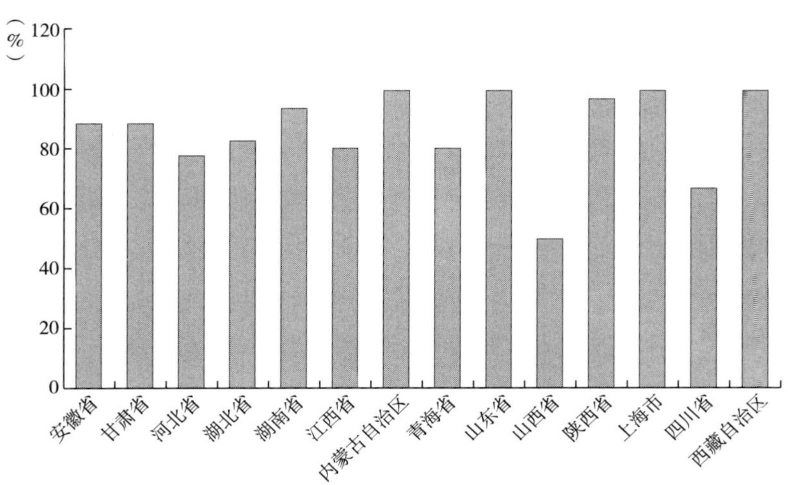

图 5－18　社会救助、社会福利困难户电子档案平均入库率

（3）医疗服务便捷化水平显著提高

智慧医疗服务便捷化平台的投入使用有效提升了全国各地的医疗服务便捷化水平，具体体现在医疗机构电子化病历普及率及网络挂号占比两个指标层面上。图 5－19 的数据表明目前除西藏自治区外，获得调查数据的大部分省市地区的二级以上医疗机构已经基本上普及了电子病历，平均普及率为 92.58%。另外全国各地也逐步开展网络医疗挂号实践，目前除了西藏自治区外，各地均已经开始实行网络挂号制度，但是数据显示当前我国各地实行网络挂号的普及率还不够高。作为网络挂号水平最高的城市，上海市当前网络挂号的平均占比仅为 31.08%。为进一步提升我国的医疗服务便捷化水平，网络挂号制度仍需继续大范围推行。

（4）公共交通便捷化支付使用率有效增加

公共交通是公共服务便捷化程度最直接体现的内容之一，其便捷化支付效率在逐步提高，调查数据显示，除山西外，当前各省份的公共交通便捷化支付平均使用率均在 30% 以上（见图 5－20）。其中上海的公共交通便捷化支付平均使用率达到了 80%，为当前的最高水平。即使在公共服务便捷化不发达的西藏地区，公共交通乘车电子支付平均使用率也达到了 34%，这些变化表明公共交通便捷化支付使用率正随着公共服务便捷化水平的提高而逐步增加。

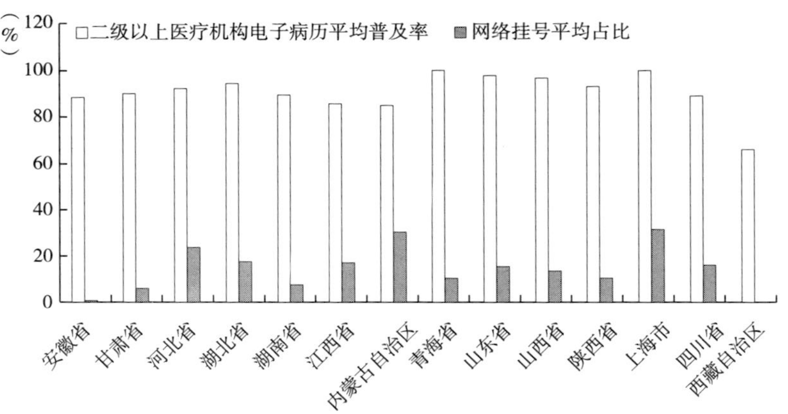

图 5-19　二级以上医疗机构电子病历平均普及率及网络挂号平均占比

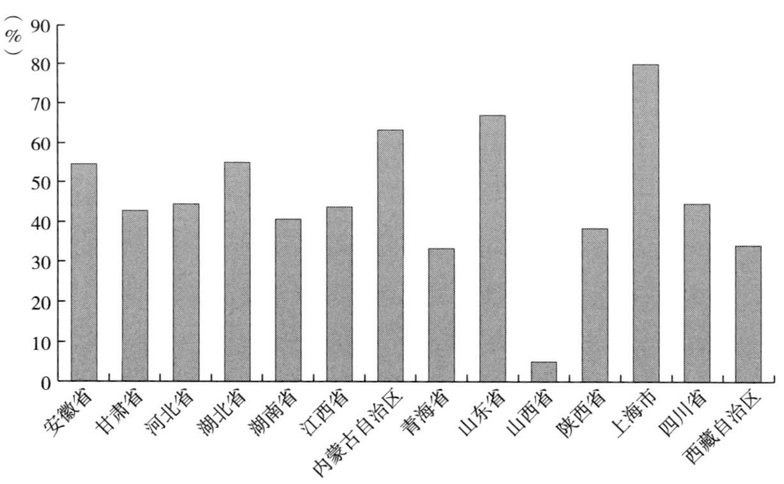

图 5-20　公共交通乘车电子支付平均使用率

（六）产业发展现代化调查结果分析

为了更好地反映我国智慧城市建设的情况，本次研究将产业发展现代化作为重要调查内容。产业发展现代化调查的内容主要包括以下几个方面，分别是现代服务业的增加值、信息产业的固定资产投资额与产值、工业互联网服务、智慧农业发展服务、智慧招商引资平台服务。

在智慧产业中，现代服务业的主要类型有很多种，包含基础服务（包括通信服务和信息服务）、生产和市场服务（包括金融、物流、批发、电子商务、农业支撑服务以及中介和咨询等专业服务）、个人消费服务（包括教育、医疗保健、文化娱乐、旅游、房地产等）、公共服务（包括政府的公共管理服务、基础教育、公共卫生、医疗以及公益性信息服务）等。各省份现代服务业增加值、信息产业固定资产投资额、产值如表 5－14 所示。

表 5－14 各省份现代服务业增加值、信息产业固定资产投资额与产值统计

单位：亿元

省份	增加值	固定资产投资额	产值	投资产值比
安徽	1070.49	175.49	434.75	2.48
甘肃	1819.20	31.42	81.50	2.59
河北	2257.00	141.73	300.30	2.12
湖北	627.66	225.60	535.76	2.37
湖南	625.68	146.54	637.20	4.35
江西	2382.48	235.56	696.50	2.96
内蒙古自治区	350	60	105	1.75
青海	0	59.56	88.01	1.48
山东	2600.93	134.20	5268.29	39.26
山西	0	0	0	—
陕西	370.36	210	2699.8	12.86
上海	0	0	0	—
四川	2262.61	116.72	6446.24	55.23
西藏自治区	62.46	2.6	0	0

由统计表可以看出，有 6 个省份的现代服务业增加值高于 1000 亿元，有 8 个省份的现代服务业增加值低于 1000 亿元。

所研究的 14 个省份中，有 8 个省份的信息产业固定资产投资额高于 100 亿元，而低于 100 亿元的有 6 个省份，较为特别的是，山西和上海两个省份的信息产业固定资产投资额为0元。从产值的角度来看，有9个省份的产值高于100亿元，有5个省份的产值低于100亿元，较为特别的是，山西、上海、西藏三个省份的产值为0元。通过计算投资产值比，即用信息产业的产值与信息产业固定资产投资额相比，除去山西和上海0投资0产值以及西藏的比值为0以外，其余的投资产值比均大于1，但大多数均在1到3之间，特别是，山东省的投资产值比为39.26，四川的投资产值比为55.23。

1. 工业互联网的建立情况

调查数据显示，大部分省份均建立起了工业互联网，青海和山西尚未建立。但从各个市来看，也只是在同一省内部分地市有所建立，安徽、甘肃、湖南有部分地市有所建立，河北、湖北、江西、内蒙古只有一两个地市有所建立，山东有较多地市有所建立。

2. 工业互联网发展规划制定情况

调查数据显示，大部分省份均制定了工业互联网发展规划，安徽、甘肃、山东有部分地市有所制定，湖北、江西、湖南、内蒙古、青海、山西只有一两个地市有所制定，河北有较多地市有所制定。

3. 智慧农业发展体系建立情况

调查数据显示，大部分省份均建立起了智慧农业发展体系，青海尚未建立。但从各个市来看，也只是在同一省内部分地市有所建立，湖北、山东有部分地市有所建立，安徽、甘肃、河北、山西、湖南、内蒙古、陕西只有一两个地市有所建立。

4. 智慧农业发展规划制定情况

调查数据显示，大部分省份均制定了智慧农业发展规划，安徽、甘肃、河北、湖北、山东、江西、陕西有部分地市有所制定，青海只有一两个地市有所制定，湖南、山东有大量地市有所制定。

5. 智慧招商引资平台建立情况

调查数据显示，大部分省份均建立起了智慧招商引资平台，内蒙古、青海尚未建立。但从各个市来看，在同一省份内也只有部分地市有所建立，甘肃、河北、江西、山东、山西、陕西只有一两个地市有所建立，湖南许多地市有所建立。

（七）社会治理精细化调查结果分析

党的十九大报告首次提出“智慧社会”的概念，强调要打造共建共治共享的社会治理格局，提高社会治理社会化、法治化、智能化、专业化水平。利用物联网、云计算、移动互联网等新一代信息技术对社会进行治理，实现智慧社会治理精细化。社会治理精细化是智慧城市建设的重要环节，为了更好地识别中国智慧城市社会治理精细化发展情况，问卷从智慧政务、智慧决策、城市运行监测和智慧社区四个方面进行调查。

1. 智慧政务发展情况

智慧政务，也称为“互联网 + 政务”，是一种随着技术发展带来的政府服务理念的转变。智慧政务同数字城市向智慧城市转变一样，也是以大数据、物联网、云计算为基础，面向公民和企业提供无缝对接的政府公共服务，特别是在涉及部门资源整合的横向上的系统集成深入推进，能够为民众提供更便捷的服务。

智慧政务的实现主要表现在四个方面：政府办公的信息化和无纸化、政府门户网站的网上办事功能、各类政务服务平台的建设、政府微信公众号和官方微博建立。

（1）政府办公的信息化和无纸化程度

调查结果显示，大部分省市已经建成支撑政府办公的信息化手段和制度，如安徽、上海、山东、陕西、甘肃和内蒙古均已超过90%的比重，基本全覆盖。从政务内外网分离实现来看，调查的省份中除山西、四川、河北三省，其他省份的城市基本实现，均超过90%的比重。数据显示，调查的省份中除了安徽、上海，其他地方政府无纸化办公程度还较低，平均只有33%的实现度（见表5-15）。

表5-15　各省份政府办公信息化和无纸化办公实现程度

单位：个，%

省份	建立信息化手段和制度的地级市数	占该省所调查地级市数比重	政务内外网分离地级市数	占该省所调查地级市比重	无纸化办公实现程度
安徽省	15	93.8	16	100	43
上海市	1	100	1	100	53
湖北省	9	81.8	10	90.9	27
湖南省	5	83.3	6	100	35
江西省	8	88.9	9	100	35
河北省	5	83.3	5	83.3	32
山东省	9	100	9	100	33
山西省	3	60	3	60	33
陕西省	9	90	10	100	34
内蒙古自治区	5	100	5	100	33
四川省	11	78.6	11	78.6	34
甘肃省	12	92.3	12	92.3	33
青海省	5	83.3	6	100	33
西藏自治区	4	57.1	7	100	33

（2）政府门户网站的网上办事功能

通过表5-16的数据不难发现，我国大多数省份实现了政府门户网站的网上办事功能。在所调查的省份中，除了内蒙古和西藏，其他省份都已经达到50%以上的覆盖率，特别是长三角城市群和长江中游城市群几个省份覆盖率超过90%。虽然大部分地区已经开通网上办事功能，但从问卷来看，2017年市民网上办事的渗透率仍然较低，大部分不超过30%，未来提升空间明显。

表 5-16　各省份政府门户网站网上办事功能和网上办事渗透率

单位：个，%

省份	实现网上办事功能的地级市数	占该省所调查地级市数比重	2017 年市民网上办事的渗透率
安徽省	15	93.8	24
上海市	1	100	31
湖北省	10	90.9	11
湖南省	6	100	22
江西省	9	100	22
河北省	6	100	19
山东省	9	100	21
山西省	3	60	19
陕西省	7	70	21
内蒙古自治区	2	40	19
四川省	11	78.6	20
甘肃省	12	92.3	19
青海省	3	50	50
西藏自治区	2	28.6	35

（3）各类政务服务平台的建设

各级各类政府服务平台和政府服务体系是智慧政务实现的基础，调查结果显示，安徽、上海、湖北、江西、河北、山东、内蒙古、甘肃和四川已经建立了相互连接和融合的各级各类政务服务平台。超过 80% 的地区已经建成上下联动、层级清晰、覆盖城乡的、相对完备的政府服务体系。山西、青海和西藏的政务服务平台构建和体系搭建工作还没有完全实现，分别只有 40%、33.3% 和 42.9% 的覆盖程度（见表 5-17）。

（4）政府微信公众号和官方微博建立

微信公众号和官方微博的运营是政府政务处理的新方式和新手段，通过调查发现我国大部分省份已经建立并运营微信公众号，使用率基本达到 70% 以上；官方微博的开通和使用率没有公众号使用率高，安徽、上海、江西、山东、陕西、内蒙古和四川达到70%以上，其他省份相对落后，尤其是山西省对新媒体的运用与全国水平差距较大，分别仅有40%和20%的使用率。

表5-17　各省份政府服务平台建设和公众号、官方微博建立情况

单位：个，%

省份	建立各类政务服务平台的地级市数	占该省所调查地级市数比重	建立微信公众号的地级市数	占该省所调查地级市比重	建立官方微博的地级市个数	占该省所调查地级市比重
安徽省	15	93.8	15	93.8	14	87.5
上海市	1	100	1	100	1	100
湖北省	9	81.8	8	72.7	7	63.6
湖南省	4	66.7	6	100	2	33.3
江西省	9	100	8	88.9	8	88.9
河北省	5	83.3	5	83.3	3	50
山东省	9	100	8	88.9	7	77.8
山西省	2	40	2	40	1	20
陕西省	7	70	10	100	7	70
内蒙古自治区	5	100	4	80	4	80
四川省	11	78.6	12	85.7	12	85.7
甘肃省	11	84.6	12	92.3	8	61.5
青海省	2	33.3	5	83.3	2	33.3
西藏自治区	3	42.9	5	71.4	4	57.1

2. 智慧决策发展情况

将大数据分析应用到政府决策中，改进政府管理和社会服务，是互联网时代各级政府面临的新课题。基于大数据分析的智慧决策新模式，是从业务运行和网民表达、绩效判识、需求识别、特征洞察、供需失衡、优化再造等六个业务层流程以及数据归集、大数据分析挖掘、辅助分析三个大数据层流程进行阐述，协同支持政府的智慧决策。这个新模式已经在地方政府重大事件应急信息服务中得到应用，并取得了较好的效果。各省市政府是否建立政府决策支持模拟平台是评价政府智慧治理的重要指标。

由表 5－18 可知，我国各省份中已经建成政府决策支持模拟平台的城市还较少，除了上海市，其他城市基本不超过 30%，内蒙古和西藏甚至没有使用模拟平台进行辅助分析、推演和决策的城市。而有建立模拟决策平台意愿的城市相较于已建成使用的城市，比重明显增加，大部分省份达到 50% 以上，如安徽、上海、湖南、江西、河北、山东、陕西、内蒙古、四川、甘肃。

表 5－18　各省份政府决策支持模拟平台建成和建设意愿

单位：个，%

省份	建成决策支持模拟平台的地级市数	占该省所调查地级市数比重	有建立模拟平台计划的地级市数	占该省所调查地级市比重
安徽省	5	31.3	9	56.3
上海市	1	100	1	100
湖北省	2	18.2	5	45.5
湖南省	1	16.7	5	83.3
江西省	2	22.2	6	66.7
河北省	1	16.7	4	65.7
山东省	2	22.2	7	77.8
山西省	1	20	2	40
陕西省	3	30	5	50
内蒙古自治区	0	0	4	80
四川省	1	7.1	9	64.3
甘肃省	4	30.8	7	53.8
青海省	1	16.7	2	33.3
西藏自治区	0	0	2	28.6

3. 城市运行监测发展情况

城市运行监测是智慧城市建设的重要领域，通过相关监测中心和平台，可实现社会管理、经济形势、民生民意、自然灾害的预警预测和问题分析，提升城市运行水平和突发事件处置效率，为管理者提供直观生动的监控和决策支持手段。城市运行监测主要包括四个方面：城市应急指挥中心、自然灾害预警发布和应急信息平台、食品药品安全体系和外来人口监控平台。前两个主要侧重于突发事件的应急响应，后两个用于日常的预防监测。

（1）城市应急指挥中心建设情况

城市应急指挥中心是城市应对突发事件时的中枢机构，主要包括应急救援物资存储、应急反应机制、应急响应体系、灾害预警能力、减灾防灾能力、应急指挥系统等方面。通过调查发现，除了山西、青海，我国大部分省份城市应急指挥中心的建成率均超过50%，上海、湖北、湖南、山东、陕西和西藏达到80%（见图5－21）。通过各省市对自身的中心建设情况评估，大部分省市都认为能有效提升应急指挥能力或对应急指挥能力有一定帮助，总体评价较高。

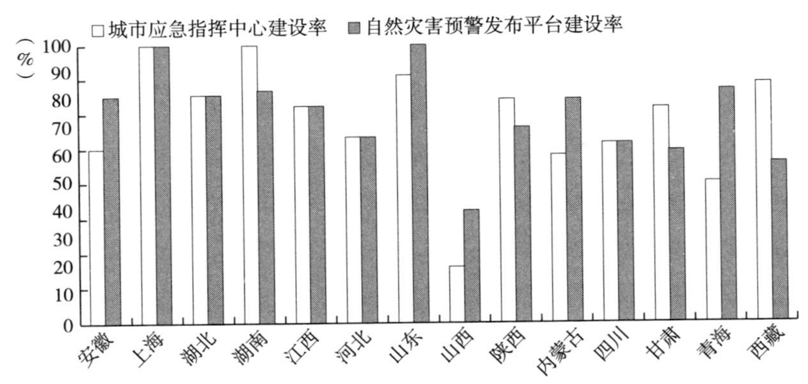

图5－21　各省份应急指挥中心和自然灾害预警平台建设率

（2）自然灾害预警发布和应急信息平台建设情况

自然灾害预警发布和应急信息平台是关系社会民生、减少自然灾害受损的必要手段，通过调查发现，我国绝大部分省市已经建设各种类型的灾害预警和信息发布平台，除了山西和西藏分别只有40%、57.1%的建设率（见图5－21），其他省份基本都超过60%，建设情况良好。从发布预警信息的途径看，各地都是采取多层次多类型的综合发布方式，主要包括：互联网、电视、手机微信、短信、微博、广播、政府信息公开网站、报刊、广告显示屏、声讯电话等。

（3）食品药品安全体系

食品安全、药品安全和平安城市建设都是社会重大民生问题，是智慧城市建设要重点解决的方面。从图5－22可以看出，上海、湖北、河北、山东和内蒙古的食品药品安全体系智慧化率超过60%，其余城市在30%上下波动。通过各省市的自我评估，目前我国食品药品监管体系已经基本形成并不断完善，不少城市已经成为国家示范城市。食品、药品信息入库，民众的满意度持续上升。

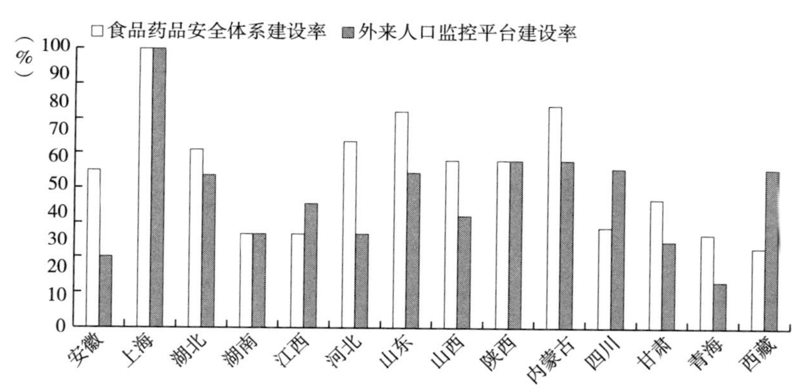

图5－22 各省份食品药品安全体系和外来人口监控平台建设率

（4）外来人口监控平台

加强外来人口信息统计和监管有利于提高社会治理精细化程度，通过大数据分析和监测，能够针对外来人口的特殊要求提供相应服务，进一步减少社会摩擦，提高幸福感。调查发现，各省市对外来人口的监控平台建设还较少，只有上海、湖北、山东、陕西、内蒙古、四川和西藏达到50%，其他省市还处在较低水平。随着区域一体化的发展，省际人口流动越发频繁，加强外来人口监测平台建设任重道远。

4. 智慧社区发展情况

智慧社区是指充分利用物联网、云计算、移动互联网等新一代信息技术的集成应用，为社区居民提供一个安全、舒适、便利的现代化、智慧化生活环境，从而形成基于信息化、智能化社会管理与服务的一种新的管理形态的社区。对智慧社区的调查内容主要有五个方面：智慧社区发展规划、社区管理和服务的智慧化、家居智能控制、社区网格化管理、社区便民服务。

（1）智慧社区发展规划情况

在调查的省份中，已经制定智慧社区发展规划的城市比重超过50%的只有上海、湖北、湖南、河北、山东、内蒙古和四川，大部分城市还未制定智慧社区发展规划。从图5－23可以看出，具有示范智慧社区的城市比重超过50%的是上海、湖南、山东、陕西、内蒙古，大部分省份已经存在示范智慧社区，但覆盖率还较低。

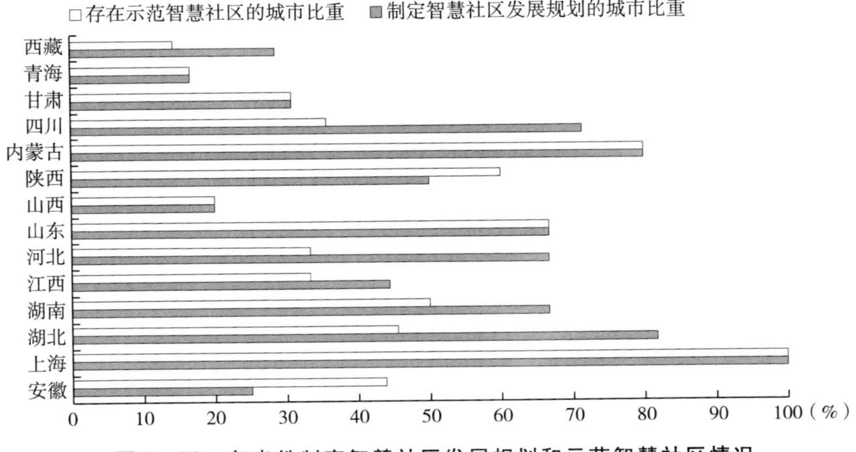

图5－23　各省份制定智慧社区发展规划和示范智慧社区情况

（2）社区管理和服务的智慧化情况

随着智慧社区建设的加快，社区管理和服务的数字化、便捷化和智慧化成为不可阻挡的趋势。通过调查发现，目前我国各省份社区管理和服务的智慧化率普遍不高，只有上海、湖北、河北、山东、陕西、内蒙古超过60%，其他大部分省份均处于50%以下（见图5－24）。对社区网络覆盖、社区服务信息推送、信息服务系统覆盖、社区传感器安装、社区运行保障等方面的建设情况进行评价时，主要有两个方面的认知：一方面，社区管理和服务数字化能有效提升管理效率和服务水平，绝大多数城市均支持建设；另一方面，就目前建设状况而言，大部分城市都处于起步发展阶段，想实现大规模社区管理和服务智慧化还需时日。

（3）社区家居智能控制情况

社区家居安全性、便利性、舒适性、艺术性和环保节能建设有利于全面提升智慧社区发展水平，目前我国大部分省份家居智能率较低，除了上海不构成统计意义外，其他省市均处于50%以下，大部分只有20%左右。对智能家居控制（如智能家电控制、灯光控制、防盗控制和门禁控制等）的建设进行评价时，有三个主要结论：第一，智能家居控制能有效提升家居安全性、舒适性；第二，我国大部分省市目前尚处于起步阶段，普及率还较低；第三，普及成本较高，但仍在试点和逐步推广。

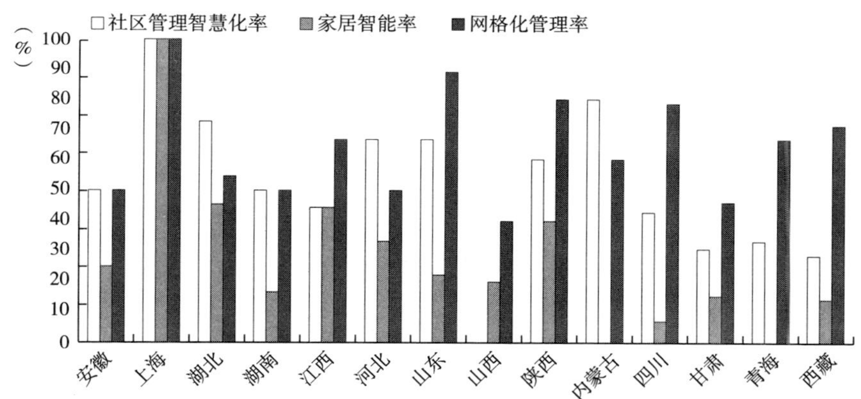

图5－24　各省份社区管理智慧化率、家居智能率、网格化管理率

（4）社区网格化管理实现情况

借助监控探头等能够实现社区网格化管理，提升社区管理效率，保障居民的安全性。目前我国各省份社区网格化管理率整体处于良好状态，除个别省份其他均已超过50%，如上海、山东、陕西、四川和湖北等（见图5－24）。通过各省份对网格化管理情况的评价分析，主要有两个结论：第一，利用监控探头实现网格化管理提升了社区治理水平，对打击犯罪和保障居民安全效果较好；第二，大部分省市均已建立相关硬件设施，并处于不断推广阶段。

(5) 采用社区公众号、服务号提供便民服务情况

智慧社区建设过程中，借助新媒体手段能有效提升社区服务水平，通过社区公众号和微信号能够将各种便民服务精准推送到每个居民手中，给居民带来极大便利。调查结果显示，安徽、湖北、湖南、山西、青海和西藏对社区公众号、服务号的使用率较低，处于50%以下（见图5－25），剩余大部分省份在提供社区便民服务时对新媒体的使用率较高，整体处于良好态势。

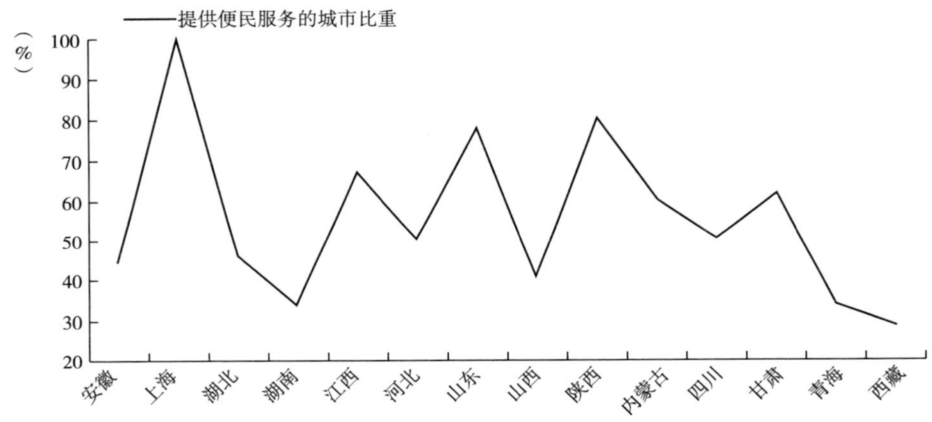

图5－25　各省份采用社区公众号、服务号提供便民服务比重

四　中国智慧城市建设水平评价

（一）智慧城市评价指标体系说明

1. 评价方法

本次评价采用政府问卷调查的方式，通过开展各城市政府问卷调研，获取当地智慧城市建设的真实情况与指标数据。

整体计算方法：本次智慧城市评价采用了层次分析法和权重分析法相结合的方式。评价指标包括一级指标、二级指标与三级指标。评价得分采用百分制，城市总得分为所有一级指标得分的加权平均数，而各级指标得分为下级指标得分的加权平均数。各级指标设置相应的权重，其中，各级指标权重

为其涵盖的下级指标权重之和，三级指标下的各分项权重之和为100%。

2. 评价指标体系介绍

本次评价指标的选取以《国家新型城镇化规划（2014—2020）》中提出的智慧城市建设目标为政策指导，充分借鉴国内外经验，秉承科学性、系统性与客观可量化的原则，选取一级指标6个（问卷中的“信息平台建设”归为“规划管理信息化”一级指标）、二级指标21个、三级指标63个，重点对城市发展现状、发展潜力进行评价。

各级指标及权重如表5-19所示。

表5-19　智慧城市评价指标体系总体框架

一级指标 6个	一级指标 权重（%）	二级指标 21个	二级指标 权重（%）	三级指标 63个	三级指标 权重（%）
信息网络宽带化	13.750	有线网络	5.550	家庭宽带接入率	2.555
				宽带平均速度	2.995
		无线网络	8.200	无线网络覆盖率	2.795
				无线网络平均速度	2.815
				4G用户覆盖率	2.590
规划管理信息化	20.050	信息平台建设	11.050	城市基础空间数据库	1.355
				人口基础数据库	1.355
				法人基础数据库	1.355
				宏观经济基础数据库	1.355
				建筑物基础数据库	0.905
				地下廊道基础数据库	0.960
				国土资源基础数据库	1.055
				生态环境基础数据库	0.960
				城市大数据中心	1.740
		信息开放共享	3.750	公共信息资源开放率	1.690
				政府部门间的数据共享率	2.060
		智慧城市规划	5.250	智慧城市发展规划	3.025
				城市规划多规合一	2.225

续表

一级指标 6个	一级指标 权重（%）	二级指标 21个	二级指标 权重（%）	三级指标 63个	三级指标 权重（%）
基础设施智能化	20.375	智能交通	5.200	公共汽车实时预报占比	0.820
				道路交通实时路况信息	1.181
				公共交通电子支付使用率	1.225
				监控探头覆盖率	0.694
				智能交通管理体系	1.280
		智能水务	3.650	智能供水信息系统覆盖率	1.950
				工业污水监测系统覆盖率	1.700
		智能电力	3.525	智能电网系统	2.140
				智能电表占总电表比重	1.385
		智能热能	2.450	智能供热（水）信息系统	1.225
				分时分温分区控热（水）系统	1.225
		智能管网	3.500	智慧管网占总管廊比例	2.240
				智慧井盖	1.260
		智能照明	2.050	智能照明监测管控系统	1.075
				智慧路灯占路灯数比例	0.975
公共服务便捷化	14.975	智慧医疗	3.740	二级以上医疗机构电子病历普及率	2.169
				网络挂号占预约挂号比例	1.571
		智慧帮扶	2.995	困难户信息服务系统	1.722
				困难户电子档案入库率	1.273
		智慧教育	3.540	智慧教育服务平台	1.365
				市民数字阅读网络访问平台	1.440
				学校多媒体教室普及率	0.735
		智慧就业	1.980	就业信息服务平台	1.100
				就业信息点击量与信息条数比例	0.880
		智慧社保	2.720	社保服务网络在线办理	1.640
				社保异地办理	1.080

续表

一级指标 6个	一级指标 权重（%）	二级指标 21个	二级指标 权重（%）	三级指标 63个	三级指标 权重（%）
产业发展现代化	15.850	信息产业	6.750	信息产业固定资产投资额	3.175
				信息产业产值	3.575
		新兴产业	9.2	智慧产业增加值	4.535
				工业互联网体系	1.500
				智慧农业发展体系	1.683
				智慧招商引资平台	1.482
社会治理精细化	15.000	智慧政务	6.100	智慧政务服务体系	1.392
				政务门户网站办事渗透率	1.008
				无纸化办公程度	1.600
				政府微信公众号	0.925
				政府决策支持模拟平台	1.175
		智慧社区	4.200	智慧社区试点	1.028
				社区信息服务系统	1.054
				物业管理网格化系统	1.068
				社区微信公众号	1.050
		公共安全	4.700	城市应急指挥中心	1.306
				自然灾害预警平台	1.156
				食品药品溯源平台	1.267
				外来人口监管平台	0.971

（二）智慧城市评价工作概况

1. 开展问卷调研

课题组基于评价指标体系，有针对性地制定了一整套智慧城市调查问卷（详见本章附录），并委托中国社会科学院办公厅通知并开展了各城市问卷调研填报工作。本次智慧城市评价工作以自愿参与为原则，问卷发放覆盖全国

338 个地级及以上城市，回收问卷 118 份，其中信息完整的调查问卷 97 份。

2. 数据挖掘分析

课题组对 118 份问卷共计 10738 个原始数据逐步进行数据清洗、分组、变换、计算等处理工作，产生并积累了大量工作过程数据。通过分析评价结果数据，总结之前各城市智慧城市工作成效，提出较为科学的智慧城市建设进展情况，并掌握全国智慧城市总体推进现状。

（三）智慧城市发展情况评价分析

对 97 个城市评价数据分析挖掘结果，从多个层面和角度反映了我国智慧城市的建设进展、基本特点、主要问题等，概括总结如下。

1. 智慧城市发展水平总体排序

课题组基于结果数据，对 97 个城市智慧城市发展水平进行打分并排序，排名情况如表 5－20 所示。

表 5－20　智慧城市发展水平排名

排名	省份	城市	得分
1	上海市	上海市	90.22506
2	山东省	潍坊市	81.40379
3	山东省	莱芜市	76.62265
4	湖北省	宜昌市	74.22868
5	陕西省	咸阳市	74.19638
6	山东省	淄博市	73.98407
7	湖北省	荆门市	73.26405
8	山东省	泰安市	72.21759
9	湖北省	武汉市	71.99796
10	安徽省	芜湖市	71.12904
11	山东省	青岛市	70.90542
12	山东省	枣庄市	68.34919

续表

排名	省份	城市	得分
13	江西省	抚州市	68.06006
14	甘肃省	白银市	67.97424
15	安徽省	淮南市	67.46066
16	湖南省	常德市	66.3805
17	山东省	日照市	65.83297
18	安徽省	亳州市	65.54215
19	四川省	成都市	65.39837
20	陕西省	西安市	64.33043
21	江西省	南昌市	63.89742
22	甘肃省	嘉峪关市	63.4846
23	山西省	长治市	62.67876
24	湖北省	鄂州市	62.27002
25	安徽省	淮北市	62.03855
26	安徽省	阜阳市	61.78938
27	江西省	九江市	61.74171
28	河北省	石家庄市	61.54496
29	陕西省	渭南市	60.66744
30	山东省	东营市	59.28105
31	甘肃省	兰州市	59.20801
32	山西省	运城市	58.1349
33	湖南省	娄底市	57.8565
34	内蒙古自治区	赤峰市	57.72653
35	河北省	邯郸市	57.29615
36	甘肃省	张掖市	56.81938
37	江西省	鹰潭市	55.73314
38	四川省	南充市	55.46749
39	河北省	衡水市	55.3921
40	青海省	西宁市	55.28493
41	江西省	赣州市	55.05131

续表

排名	省份	城市	得分
42	湖南省	益阳市	55.05102
43	四川省	遂宁市	54.8202
44	四川省	资阳市	54.03735
45	四川省	内江市	53.78484
46	陕西省	宝鸡市	53.55871
47	四川省	德阳市	53.54766
48	湖南省	衡阳市	53.01583
49	安徽省	滁州市	52.97618
50	安徽省	铜陵市	52.44177
51	湖北省	仙桃市	51.54316
52	甘肃省	金昌市	51.29147
53	安徽省	马鞍山市	50.0306
54	安徽省	六安市	49.59564
55	四川省	自贡市	49.37808
56	安徽省	合肥市	49.34883
57	陕西省	汉中市	49.2959
58	四川省	绵阳市	49.0771
59	湖北省	十堰市	49.05934
60	内蒙古自治区	阿拉善盟	48.51632
61	西藏自治区	拉萨市	48.504
62	湖南省	湘潭市	47.48242
63	湖北省	孝感市	47.32484
64	甘肃省	天水市	47.04675
65	陕西省	安康市	46.77924
66	陕西省	延安市	46.7734
67	河北省	邢台市	46.35023
68	甘肃省	武威市	46.18171
69	四川省	攀枝花市	46.08495
70	湖北省	恩施土家族苗族自治州	45.98493
71	江西省	萍乡市	45.27428

续表

排名	省份	城市	得分
72	西藏自治区	昌都市	44.54405
73	江西省	宜春市	44.06334
74	四川省	广元市	43.43081
75	内蒙古自治区	兴安盟	43.22047
76	江西省	吉安市	42.20798
77	内蒙古自治区	巴彦淖尔市	42.10841
78	青海省	海东市	41.9119
79	青海省	海北藏族自治州	41.56014
80	西藏自治区	日喀则市	41.31768
81	四川省	阿坝藏族羌族自治州	40.86998
82	山东省	济宁市	40.48993
83	甘肃省	平凉市	40.29059
84	湖北省	随州市	39.16073
85	青海省	黄南藏族自治州	38.75836
86	甘肃省	酒泉市	38.71516
87	西藏自治区	山南市	37.46136
88	四川省	甘孜藏族自治州	37.40662
89	江西省	景德镇市	37.17948
90	湖北省	天门市	32.87066
91	贵州省	安庆市	32.47785
92	陕西省	商洛市	32.20589
93	陕西省	铜川市	28.41825
94	青海省	玉树藏族自治州	27.5673
95	西藏自治区	那曲市	27.31487
96	甘肃省	甘南藏族自治州	24.56825
97	西藏自治区	林芝市	21.97597

2. 智慧城市评价基本结论

(1) 我国智慧城市发展整体处于起步阶段

本次智慧城市评价结果显示，97 个城市平均得分 52.88 分，中位数

52.98 分，最高分为上海市 90.23 分，最低分为西藏林芝市 21.98 分。

根据评价总分将智慧城市发展水平划分为四个阶段：准备期［0.40）；起步期［40，60）；成长期［60，80）；成熟期［80，100］。

准备期［0.40）：智慧城市规划建设准备期，信息化基础弱，重点工作是加强智慧城市顶层设计与信息化基础设施建设；

起步期［40，60）：智慧城市规划建设初期，智能基础设施和信息化应用已有一定基础，个别领域应用已经初见成效，重点工作是加强智慧应用与信息资源整合利用；

成长期［60，80）：全面建设智慧城市时期，平台化、智能化应用服务等已经取得了初步成效，重点工作是提升惠民服务实效与市民体验；

成熟期［80，100］：相对成熟的智慧城市运营服务阶段，城市治理与公共服务大幅提升，重点工作是进一步促进社会参与、提升市民体验，形成政府、企业、社会公众协同推进的可持续发展模式和良性生态。

评价结果显示：97 个城市中，14 个城市处于准备期；54 个城市处于起步期；27 个城市处于成长期；2 个城市处于成熟期。结果表明，我国超过半数城市处于智慧城市发展的起步期。具体结果如图 5－26 所示。

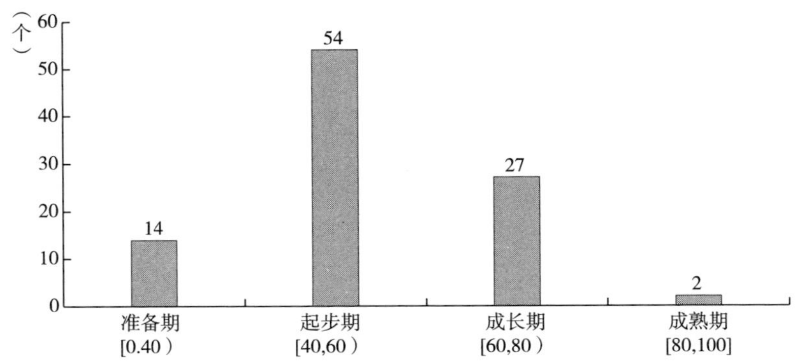

图 5－26　不同发展阶段城市数量分布

（2）我国智慧城市建设东部城市整体先行

评价结果显示，东部城市评价得分相对较高，评价总分排名前 30 名城市中，东部有 17 个城市，占 56.7%，中部有 7 个城市，占 23.3%，西部有

6 个城市，占 20%。结果表明，智慧城市发展水平东部城市整体领先。具体分布区域如图 5 - 27 所示。

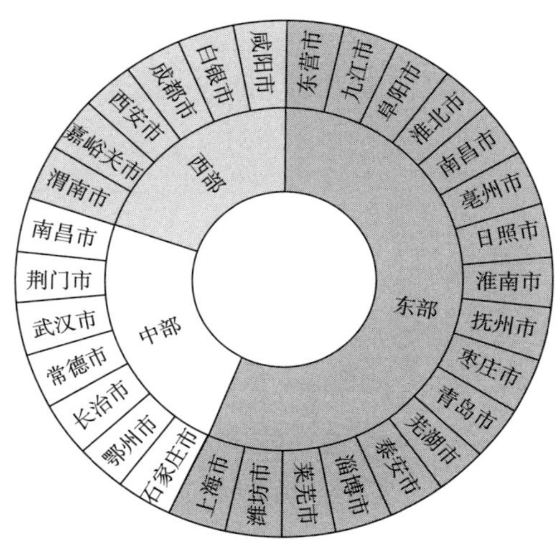

图 5 - 27　智慧城市总分前 30 榜单区域分布

（3）我国智慧城市发展总体不均衡

第一，三大区域发展不均衡。按照东部、中部、西部三大区域划分，评价表现差异明显，总体发展不均衡。东部地区城市平均得分最高为 60.51 分，中部为 54.42 分，均高于全国平均分，西部最低为 46.83 分，低于全国平均分。具体如图 5 - 28 所示。

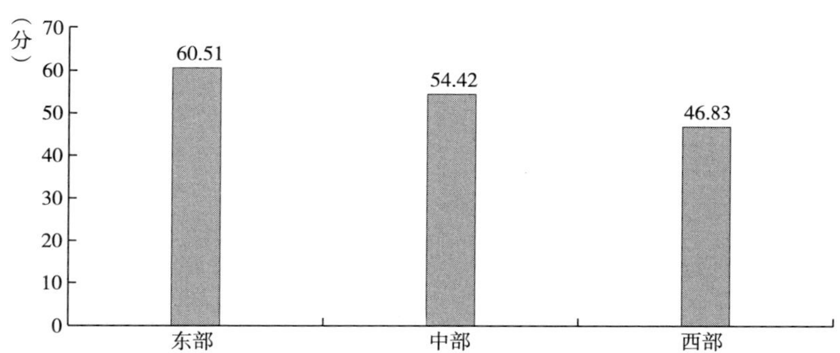

图 5 - 28　三大区域平均得分比较

第二，各省份发展不均衡。评价结果显示，各省份发展存在明显不均衡性。总体来看，东部地区省份得分较高，中部部分省份表现良好，贵州省得分最低。具体如图 5－29 所示。

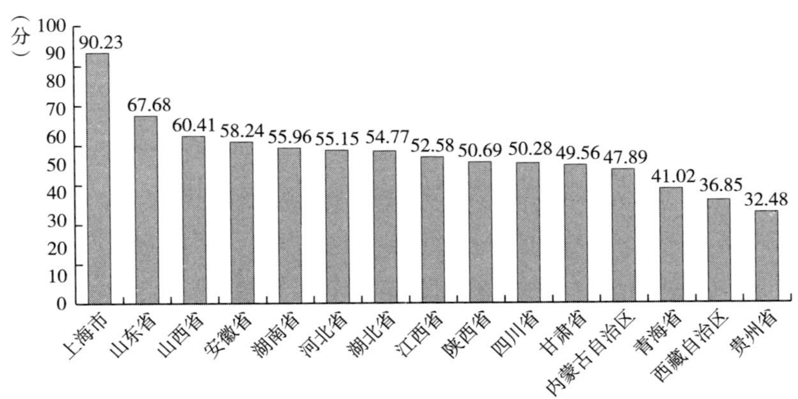

图 5－29　各省平均得分

第三，领域发展不均衡。评价结果显示，不同领域发展存在明显不均衡性。信息网络得分最高为 79.11 分，公共服务与社会治理也较高，均高于各领域平均得分。产业发展得分最低为 25.67 分，与规划管理、基础设施均低于各领域平均水平。各领域具体得分如图 5－30 所示。

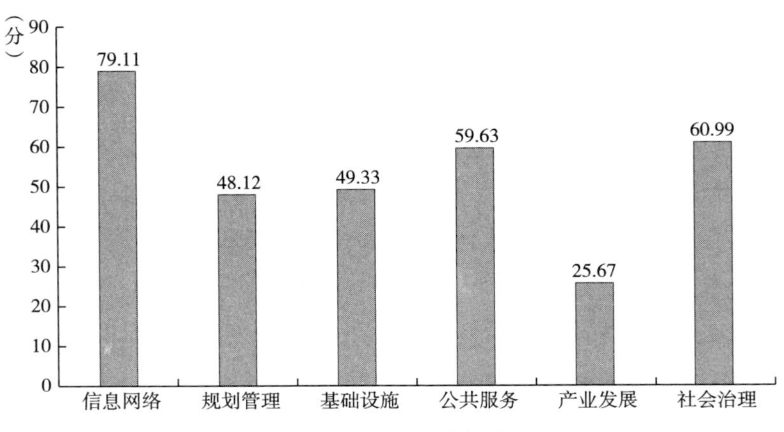

图 5－30　各领域得分

本章附录

中国智慧城市调查问卷

一　填写说明

您好！感谢您的支持与配合。该问卷为中国社会科学院开展的全国性智慧城市调查，拟对全国各地州市的智慧城市建设情况进行详细调查。问卷包括7类问题，分别为网络设施宽带化、基础设施智能化、信息平台建设、规划管理信息化、公共服务便捷化、产业发展现代化、社会治理精细化。

本问卷可填报纸质版，亦可填报电子版，电子版可从电子邮箱SmartCity-Cass@163.com中下载，邮箱密码为××××××（请勿修改密码）。填写完整后，纸质版请传真至010－59868199；电子版或扫描版可发送至邮箱ben－carrie@163.com。

技术联系人：丛先生，中国社会科学院副研究员；黄先生，中国社会科学院研究生。

再次感谢您的大力支持！

二　问卷填写

地州市：__________联系人：__________所属部门：__________

电话：__________邮箱：__________填报时间：__________

1. 网络设施宽带化

①固定宽带家庭普及率为______%

②光纤到户接入覆盖率为______%，接入速度平均可以达到______Mbps

③无线网络的覆盖率是______%，速度可达到______Mbps。其中，4G的网络覆盖率达到______%

2. 基础设施智能化

①是否采用视频监控技术，对城市路段实现实时监测管理（是/否），监控探头覆盖率达到______%；是否实现交通诱导、指挥控制、调度管理和应急处理的智能化（是/否），是否实现公共汽车来车的实时预报（是/否），实现此技术的公交站点占比为______%

②是否在全市范围内建成智能电网（是/否），如果是，是否支持分布式能源的接入、居民和企业用电的智能管理（是/否），是否安装智能电表进行节电管理（是/否），若是，智能电表占总电表的比重为______%

③是否采用信息技术，对从水源地到龙头水管理的整个供水过程实现实时监测管理（是/否），若是，对主要水源地的监测管理覆盖率达到______%

④是否采用传感器/互联网技术实时监控工业污水排放（是/否），若是，对主要污染源的监控覆盖率达到______%

⑤是否采用信息技术提升城市采暖供暖水平（是/否），是否采用分时分温分区控热（水）系统区分供热需求（是/否），若是，使用该技术的供暖系统的覆盖率为______%

⑥是否建立智能燃气管理系统对城市燃气管网进行监测管理（是/否），若是，使用该技术燃气管网覆盖率为______%

⑦是否采用信息技术提升城市照明设施的节能水平和利用效率（是/否），是否安装有智慧路灯（是/否），若是，智慧路灯的覆盖率为______%

⑧是否实现城市地下管网数字化综合管理、监控（是/否），若是，实现数字化管理的地下管网占比为______%；是否安装了智慧井盖（是/否），若是，智慧井盖占总井盖数的比重为______%

3. 信息平台建设

①是否建立城市大数据中心（是/否），总投入额______万元，数据量为______TB。大数据中心采用独立建设云平台模式还是租用云平台模式，若为自建，委托哪家企业建设，若为租用，选用的云平台是（例如阿里云、腾讯

云、浪潮云、京东云等）______

②本地是否建设了以下基础数据库（是/否）

√ 城市基础空间数据库，若无，是否有计划建立（是/否）

√ 人口基础数据库，若无，是否有计划建立（是/否）

√ 法人基础数据库，若无，是否有计划建立（是/否）

√ 宏观经济数据库，若无，是否有计划建立（是/否）

√ 建筑物基础数据库，若无，是否有计划建立（是/否）

√ 地下廊道基础数据库，若无，是否有计划建立（是/否）

√ 国土资源基础数据库，若无，是否有计划建立（是/否）

√ 生态环境基础数据库，若无，是否有计划建立（是/否）

③公共信息资源是否实现向社会开放（是/否），若是，开放率为______%

④政府部门间的数据壁垒是否有效破除（是/否），若是，数据共享率为______%

4. 规划管理信息化

①是否已制定智慧城市发展规划（是/否），若是，请对完成情况进行评价。

②城市规划是否实现“多规合一”（是/否），若是，采用的方法是（会商决策、“多规图纸叠加”、“多规合一”协同信息平台）。

5. 公共服务便捷化

①是否建立智慧教育服务平台（是/否），是否建立市民数字阅读网络访问平台（是/否）；学校无线网络覆盖率为______%；学校多媒体教室普及率为______%

②是否建设了就业信息服务平台（是/否），平台 2017 年发布就业信息条数______条，平台 2017 年点击量______次

③是否建设了信息服务终端，提高目标人群享受基本养老保险，基本医疗保险，失业、工伤和生育保险服务等社会保险的便捷程度（是/否），是否

开通社保异地办理业务（是/否）；目前采用线上或自助方式办理社会保险的人数为______人

④是否建设了信息服务终端，提高目标人群享受社会救助、社会福利等服务的便捷程度（是/否），困难户电子信息档案入库率为______%；采用线上或自助方式办理的人数为______人

⑤是否建设了信息服务终端用于智慧养老，提高目标人群享受基本养老服务和优抚安置等服务的便捷程度（是/否），采用线上或自助方式办理的人数为______人

⑥是否采用信息技术促进公益性文化服务（是/否）；主要图书馆是否建立在线阅读平台（是/否）；是否可在家通过网络或手机借阅图书（是/否）

⑦是否建设了信息化管理系统和终端服务，推进智慧医疗事业发展（是/否）；二级以上医疗机构电子病历普及率为______%；是否建立全市统一的预约挂号网络平台（是/否），网络挂号占比为______%

⑧是否建立了公共交通一卡通系统（是/否）；公共交通乘车电子支付使用率______%

6. 产业发展现代化

①在智慧产业中，现代服务业的主要类型有哪些，增加值为______亿元

②信息产业的固定资产投资额为______元，产值为______亿元。

③是否建立起工业互联网（是/否）；是否制定工业互联网发展规划（是/否）

④是否建立了智慧农业发展体系（是/否）；是否制定智慧农业发展规划（是/否）

⑤是否建立了智慧招商引资平台（是/否）

7. 社会治理精细化

（1）智慧政务

①是否建成支撑政府办公的信息化手段和制度（是/否），是否实现政务内网与外网的分离（是/否），无纸化办公的实现程度是______%（即无纸

化办公工作量占总工作量比重）

②是否实现政务门户网站的网上办事的功能（是/否），2017年市民网上办事的渗透率为______%

③是否建立各级各类政务服务平台的连接与融合，建立上下联动、层级清晰、覆盖城乡的政务服务体系（是/否）

④是否建立微信公众号（是/否），是否建立官方微博（是/否）

（2）智慧决策

①是否建成政府决策支持模拟平台，并用于辅助分析、推演和决策（是/否）；若否，是否有建立的计划（是/否）

（3）城市运行监测

①是否建设城市应急指挥中心（是/否），若是，请对应急救援物资建设、应急反应机制、应急响应体系、灾害预警能力、防灾减灾能力、应急指挥系统等方面建设情况评价______

A. 有效提升应急指挥能力　　B. 对提升应急指挥能力有一定帮助

C. 没有明显提高应急指挥能力　　D. 尚未经过实践检验

②是否建立自然灾害预警发布和应急信息平台（是/否），可以通过哪些途径发布预警信息

③是否开展了食品药品安全体系智慧化建设（是/否），若是，请对城市食品安全、药品安全、平安城市建设等建设情况评价

④是否建立外来人口监控平台，以了解其来源地、活动地和身份信息（是/否）

（4）智慧社区

①是否制定智慧社区发展规划（是/否），是否存在示范智慧社区（是/否）

②是否开展了社区管理和服务的数字化、便捷化、智慧化（是/否），若是，请对社区网络覆盖、社区服务信息推送、信息服务系统覆盖、社区传感器安装、社区运行保障等方面的建设情况评价

③是否开展了家居安全性、便利性、舒适性、艺术性和环保节能的建设（是/否），若是，请对家居智能控制，如智能家电控制、灯光控制、防盗控

制和门禁控制等，家居数字化服务内容，家居设施安装等方面的建设情况评价

④社区是否借助于监控探头等实现网格化管理（是/否），若是，请对网格化管理的情况进行评价

⑤是否采用社区公众号、服务号提供便民服务（是/否）

（本章作者：刘治彦、丛晓男、张中阳、梁尚鹏、陶杰、张艳芳、王宸、季俊宇、李承烨、黄涛）

第六章　案例分析

一　北京

在发展智慧城市建设方面，北京主要有四点优势：一是发展基础良好；二是信息化组织管理体系健全；三是重大活动保障任务为北京市提供了发展平台；四是信息技术优势明显。

（一）北京智慧城市建设发展现状

北京是国家智慧城市发展的首批试点城市之一。从“数字北京”到“智慧北京”，北京以城市管理为主，依托基于物联网和创新2.0的“智慧城管”建设，着力打造高水平的智慧城市。首先，全面建设数字北京和智慧政务，大力推广在线办理、并联审批、“一网通办”等服务形式，从而做到让数据多跑路、群众和企业少跑腿；二是，构建新一代智慧交通管理体系，大力发展大数据、云计算、人工智能等高科技；三是，取长补短，借鉴国内外有益经验，形成高水平的的智慧城市架构。

（二）北京智慧城市建设存在的问题

从制度层面来看，缺乏统一的顶层设计方案。由于缺乏科学有效的管理，各项政策还是停留在为市民提供一些便利，而没有形成有效的科学管理体系。比如，没有形成市民参政议政的渠道。

从人才角度来看，缺乏智慧城市领域人才储备。引进了技术，投资了设备，而对于人员的培训、市民的参与并没有充分纳入到规划体系之中。没有将整个城市建设的人、财、物进行联网。北京市作为经济、政治、文化中心，汇聚了世界各地的优秀人才。由于智慧城市的概念较新，目前还缺乏智慧城市方面的人才培养。智慧城市的人才还分散在各行各业中，没有形成长期的智慧城市发展人才储备观（屠凤娜，2020）。

（三）北京智慧化发展的对策建议

1. 全面开放数据

开放才能融合，跨界才能共通。在开放平台上分享数据，人们能够深度挖掘数据，更高效、便捷的数据应用将使社会更加高效、智慧。建立健全城市各部门信息资源共享设施和机制，深化数据信息资源的开放利用，有序推动重点领域信息资源开放，鼓励发展数据加工开发的新型服务，从而实现信息和知识向资产和效益转化。

2. 重视人才培养

应用 IT 技术与管理软件，对知识资本进行量化管理是重要的方法。目的就是要培养知识经济时代智慧城市建设的人才，创造良好的技术开发环境（陶雨萌，王佳莹，2014）。在知识经济时代，仅仅依靠智能技术、感知技术、自动化技术等硬件技术的提升，不利于城市的全面发展，因此，要建设知识库、人才库，储备知识与人才。城市需要提升知识资本的存量，实现有效的知识资本管理，才可以保持城市旺盛的、源源不断的、可持续发展的创新动力。

3. 保障信息安全

建立信息安全体系，考虑可能受到的意外干扰或有意攻击等因素，查找智慧城市系统可能存在的安全漏洞，实现对信息安全的全方位管理和应用。技术只能暂时解决表面问题，无法长远和全面地解决问题。法律法规是智慧城市建设的安全屏障，运用法律的强制性、普遍性保障在智慧城市的建设和运营过程中市民和企业的合法权益不受侵害。

（案例作者：朱玥颖）

二　深圳

作为改革开放的前沿阵地，深圳富于开拓和创新精神，不仅创造了我国城市建设和经济发展的奇迹，在智慧城市建设上也走在前列。这座中国最年轻的城市，在改革开放的新时代，正焕发出青春与智慧的魅力，积蓄着创新发展的新动能。

早在2010年，深圳就提出了建设智慧深圳的设想。在2011年发布的“十二五”规划中，进一步明确要加快建设智慧深圳，并制定了专项规划《智慧深圳规划纲要（2011—2020年）》。在2015年深圳第六次党代会上，提出要建设现代化国际化创新型城市，打造国家新型智慧城市的新标杆。2016年，发布了《深圳市新型智慧城市建设工作方案（2016—2020年）》，并付诸行动。同年，深圳作为国家首个电子商务示范城市和首个政务信息共享示范城市，主动落实网络强国战略、大数据战略和“互联网+”行动计划，向国家网信办提出申请，争创国家新型智慧城市标杆市（沈鹏飞，2016）。

（一）智慧城市建设模式

一是依托企业推进智慧城市建设。深圳充分利用自身IT产业优势，走市场化路线推进智慧城市建设。坚持企业的主体地位和发挥市场配置资源的决定性作用，同时在顶层设计、规范标准、统筹协调等方面积极发挥政府的引导作用。于是，以华为为代表的一批民企和以中国电子科技集团为代表的一批央企，成立了智慧城市建设联盟，在深圳开展了一系列探索与实践。政府通过购买服务、开放数据等方式，充分调动企业参与智慧城市建设的积极性。在智慧城市运营管理中心建设上，深圳加强同中国电子科技集团的合作，致力于提高城市管理和治理水平。在政务云建设方面，加强与华为、浪潮等企业的合作，着力推进集约化建设。在移动互联网建设方面，加强与腾讯公司等互联网企业的合作，支持政府各部门运用微信、App等移动互联网手段创新服务模式，向公众提供主动式、全程全时、均等便捷的公共服务。在通信基础设施建设上，积极与通信运营商合作，共同推进高速互联网基础设施建设。2016 年 7 月 13 日，深圳市政府与中国电信广东公司签署了《创建新型智慧城市标杆市——加快“十三五”信息化建设战略合作框架协议》，中国电信计划 5 年内在深圳投入 135 亿元建设新一代信息基础设施，集中力量打造全球首个规模商用“千兆全光网标杆城市”（Gigaband City），建成 4G + 和无线局域网（WLAN）相融合、安全高效泛在的无线宽带网络，并率先开展 5G 试点部署，推动智慧化产品和服务升级。2016 年 11 月 11 日，深圳阿里中心正式启用，阿里巴巴集团还与深圳市政府签署战略合作框架协议，共同推动“互联网 +”与产业融合发展，促进深圳制造转型为智慧制造。同时，深圳也大力支持本地企业积极参与国内外智慧城市建设。目前，包括腾讯、华为、中兴通讯、迪威视讯、达实智能、赛为智能在内的多家本土企业已经切入智慧城市领域，成为中国智慧城市建设的中坚力量。

二是发展产业支撑智慧城市建设。首先，着力打造全球电子信息产业集聚地。改革开放以来，深圳持续发展信息技术产业。2016 年，深圳通信产业设备研发能力及市场占有率位居全球第二，基站、交换机、路由器、手机等重点产品产量位居世界前列，电子信息制造业完成产值 16055 亿元人民币，约占全国电子信息制造业产值的 1/7。其次，积极培育智慧城市新兴产业。依托发达的信息技术和产业，深圳大力开展传感网、大数据分析、人工智能、移动互联等新技术研发和推广应用，重点培育物联网、云计算、大数据、移动互联网等新兴产业，不断提升信息产品及服务供给能力。再次，大力推动智慧城市业务走向国际基础设施建设市场。目前，深圳企业在全球 145 个国家提供工程服务。2016 年，深圳对外承包工程额居中国大陆城市首位，其中与智慧城市建设密切相关的通信工程新签合同额超过 180 亿美元，营业额超过 150 亿美元，占深圳对外承包工程总额的 95% 以上。最后，精心营造智慧产业生态。深圳作为国内最重要的 IT 产业基地，互联网创新创业活跃，很多新业态都是从深圳发起的。为支持企业创业，积极推进智慧园区建设，通过打造智慧基础设施、创新服务平台等措施，营造良好生态环境，提升服务水平，实现企业拎包入驻。在智慧产业园区，很多中小企业是非常受欢迎的。

三是整合资源构建一体化信息基础设施。加强顶层设计和沟通协调，积极推进智慧城市基础设施一体化建设，统一搭建包括网络平台、电子政务云平台、共享平台和基础信息资源库在内的信息化支撑体系。统筹推进云计算基础设施建设，支持各类企业利用公共云计算服务资源开展相关业务。推进地下市政基础设施数据集成，建设全市综合管网信息库和统一管线信息平台，为市政工程审批、地下管线管理提供基础信息服务。在政府信息化建设方面，坚持集约建设、共享共用的思路，认真落实四个“统一”：统一党政机关网络，统一党政机关 IDC 机房与灾备中心，统一政务云平台，统一应用支撑平台。这样，就将各个部门的信息化业务集中到全市统一的平台上，不仅促进了业务协同，还节约了投资。据估计，通过集约化建设，每年节约财政资金 2 亿元。

四是服务民生不断提升智慧城市公众体验。一方面，积极构建全市统一的电子公共服务体系。建设全覆盖、全流程办理的审批服务网上办事大厅，促进信息共享、业务协同和流程再造，推动公共服务向基层延伸，打造线上线下一体化的公共服务体系。另一方面，大力实施信息惠民工程。综合利用移动互联网、云计算、大数据等技术，整合民生领域服务内容，实行全程、全时、全方位服务，不断提升公众幸福感。在医疗、教育、社保、民政、交管、出入境等领域，运用移动互联网技术，创新服务模式，向市民提供便捷的公共信息服务。

五是强化信息安全保障，健全网络管理机制。着力搭建覆盖全市的网络安全态势感知和预警监测平台，建立战略预警和积极防御制度，深化网络安全应急管理。加强对重要网站和信息系统的安全管理，确保政务、金融、市政、交通、卫生、文化、教育等重点领域的网络和信息安全。

（二）智慧城市建设成效

第一，构建起高效集约的信息基础设施支撑体系。深圳已基本建成立体化、多层次、高带宽、全覆盖的宽带基础网络，实现了“百兆到户、千兆到企、百米光接入”。截至 2016 年底，全市互联网宽带接入用户 576 万户，家庭宽带普及率 92.7%，光纤入户率 83%，重要公共场所免费 WiFi 覆盖率达到 99%。另外，基于 NB－IOT 物联网，已开展了水务、燃气自动抄表应用。

第二，建成全市统一的信息资源共享体系。初步建立起覆盖各区、各部门的政务信息资源共享平台。全市政府数据开放超过1000个数据集，信息资源库灾备系统数据总量超过136亿条，每天数据交换量超过2000万条。为促进信息资源共享共用，深圳创新管理办法，把信息共享情况纳入政府绩效评估指标体系，不仅评估各部门信息提供情况，还评估共享信息使用情况。若本部门不使用其他部门提供的信息，在绩效评估里就要被扣分，从而推动各部门充分利用共享信息来提高便民服务水平。经过几年的实施，政府部门在办事过程中所需要的其他部门资料，90%以上都可以通过共享信息来获取。目前，深圳市政府各部门核心业务信息化覆盖率和政府公开信息网上发布率均达到100%，政府门户网站连续8年在全国政府网站评估中名列前两位，是全国唯一获得“国家政务信息共享示范市”称号的城市。

第三，建立起基于移动互联网的信息惠民服务体系。深圳年轻人比较多，互联网发达。为此，基于信息资源共享体系，积极建立基于互联网的信息惠民服务体系，尤其是基于移动互联网的信息服务体系，切实为老百姓提供便利，有效提升民生服务水平。在智慧政务方面，建立了“互联网+政务服务”体系，基本实现了一站式服务。同时，还建立了全市统一的移动惠民服务平台。基于互联网把政府部门很多事项进行整合，让市民可以一站式查询和一站式办理各种事项。在智慧医疗方面，基于移动互联网实现了预约挂号、结果查询、建档等全流程服务，有效缓解了医院排队难题。在社保养老金资格认证方面，深圳也利用互联网进行创新，过去市民需要带着身份证到社保窗口进行认证，现在通过刷脸就可以完成。即使在外地，市民也可以进行养老金资格认证并领取养老金。深圳是一个外来人口比较多的城市，很多人退休之后就回老家去了，领取养老金过去需要回深圳办理，但现在不需要了。同时，深圳农民工也比较多，医院推出了“移动互联网+新农合”服务，使参加新农合的农民工在深圳住院不用交押金，出院可以及时报销，这是深圳和腾讯合作开展的便民服务。深圳教育资源比较紧缺，过去中小学在对入学资格进行审核时需要市民跑一个星期去各个部门开证明，现在只需要在网上填报，信息后台共享，两天就可以完成入学资格核验。在民生警务方面，深圳基于移动互联网推出了多功能警务服务终端，并将该终端下放到各个街道和社区。在移动终端上，市民可以办理港澳通行证签证、车辆违章处理和身份证换证申请等。特别是办理港澳通行证签证，现在就像在ATM机上插银行卡取钱一样，把卡插进去，然后选择缴费，马上就可以得到签证。在智慧社区方面也有了很好的应用。深圳外来人口多，生活节奏快，居住小区的业主对于业委会成立、投票这类事情，很难集中到一起。于是，深圳就开通了微信公众号，在公众号上就可以完成投票决策等事项，业主也可以查询小区里的相关情况。

第四，提升了城市治理水平。2017年9月24日，国内首个新型智慧城市运营管理中心可视化集成平台在深圳正式上线运行，实现了对城市运行状态的全面感知、态势预测、事件预警和跨部门协同行动，打破了部门之间的界限，显著提升了城市治理体系和治理能力现代化水平。在智慧警务方面，深圳利用全市130多万个摄像头，通过视频联网共享平台，构建了全方位、多层次、立体化的信息感知“科技护城墙”，显著增强了安全防控能力，提升了办案效率。目前，深圳利用动态人脸识别技术侦破的刑事案件已超过60%。在交通管理上，通过各个卡口实时采集车辆信息，经过大数据分析，主动把嫌疑车辆信息推送到交警执法后台，提高了依法打击的精准度和效率。在居住人口最多的龙岗区，自实施智慧警务以来，全区刑事治安总警情下降了29%，“双抢”等严重犯罪行为得到全面遏制。2017年春节期间，龙岗区一个三岁的孩子走失，民警通过人脸识别、轨迹追踪等技术手段，快速锁定嫌疑人，全程只用了不到15个小时就将孩子救回。在智慧交通方面，利用“移动互联网+物联网”开展路边停车管理，成效显著。市民把车开到停车位后，执法人员就能立即感知到。若超时，可以通过手机缴费，不缴费则执法人员就会来收罚款，大大提高了路边停车位的使用效率，也缓解了拥堵。根据深圳道路交通中心提供的数据，在推行智慧路侧停车的区域，早晚高峰平均车速提升120%以上，治堵成效突出。另外根据交通运输部规划研究院等机构发布的《2017年第三季度中国主要城市交通分析报告》，深圳的拥堵排名下降到第28位，成为全国最不堵的一线城市。在食品安全监管方面，初步构建起全市统一的食品安全追溯和信用信息服务平台，应用移动App可以实现对所有预包装产品的来源追溯和查询，2018年底还可以实现对所有生鲜、菜类、肉类食品进行实时溯源。在环保方面，深圳已建立全市水环境一张图，在图上可以实时展示全市水环境情况。同时，对所有污染源已实现在线监控。只要排放超标，环保执法人员可以立即进行快速源头定位，精准执法。在社会治理模式上，智慧城市建设推动了创新，开始形成社会共治的新模式。借助于互联网和大数据，政府的负面清单、权力清单和责任清单实现了透明化管理，促进了简政放权、依法行政，并推动了政府管理由注重事前审批转向注重事中事后监管，增强了政府与公众互动交流，正在形成政府主导、社会参与、服务全局的新型社会治理体系。

第五，信息化水平全国领先。长期以来，深圳一直重视信息化建设，始终把信息化作为解决现实紧迫问题和发展难题的重要战略措施，信息化整体水平得到了快速提升。从 2012 年开始，深圳就被冠以“中国最互联网城市”称号。在国家信息中心发布的《中国信息社会发展报告 2016》中，深圳以 0.851 的信息社会指数位居第一，是全国唯一进入信息社会中期阶段的城市。2017 年 2 月初，中国智慧城市发展年会发布《中国智慧城市发展水平评估报告》，深圳在参评的全国 201 个地级以上城市中以 80.57 分的综合评分夺得第一名。深圳信息化及智慧城市建设在国内处于先进水平（祝桂峰，2018）。

第六，经济发展新动能显著增强。通过智慧城市建设，深圳不断厚植发展的新优势和新动能，使经济实现了平稳较快增长。过去五年，深圳地区生产总值年均增长 10.3%，由 1.3 万亿元增长到 1.95 万亿元，万元 GDP 能耗、万元 GDP 水耗、单位 GDP 建设用地面积持续下降，分别为全国平均水平的 1/3、1/8 和 1/10，逐步走出了一条质量效益型发展之路。同时，深圳成功培育出一批智慧城市龙头企业。其中，华为技术、中兴通讯、海能达等公司业务遍及全球，在不同国家和地区成功实施了一批智慧城市合作项目，涵盖信息基础设施、交通、应急、政务、平安城市、医疗等诸多领域。腾讯公司以移动互联网技术及产品为依托，积极拓展“智慧城市”服务，业务覆盖全国 28 个省（区、市），与 30 余个城市建立了战略合作关系。目前，深圳是国内最具有智慧城市产业链整合基础的城市，有力地支持了全国各地的智慧城市建设。

（三）未来展望

面向未来，深圳进一步明确了新型智慧城市建设的思路，通过建设十大工程，落实“六个一”发展目标，努力成为国家新型智慧城市建设的新标杆。

正在实施的十大智慧工程，包括：高速宽带网络工程、全面感知体系工程、城市大数据工程、智慧城市运行管理工程、智慧公共服务提升工程、智慧产业发展工程、智慧公共安全体系工程、智慧城市治理优化工程、网络安全保障工程和标准规范保障工程。

深圳要实现的“六个一”发展目标是：“一图全面感知”，构建全面感知体系，实现城市运行态势监测一张图；“一键可知全局”，构建基于大数据和人工智能的决策分析平台，实现经济、社会、安全等各领域运行态势一键通晓；“一体运行联动”，构建反应快速、预测预警、业务协同、处理联动的城市运行管理体系；“一号走遍深圳”，构建电子公共服务体系，市民个人通过身份证号＋生物识别，企业通过社会信用代码＋数字证书，即可办理各类公共服务事项；“一站创新创业”，通过构建数据开放和大数据交易平台，为企业提供数据开源创新生态和一站式创业服务，不断增强智慧产业发展活力；“一屏智享生活”，融合政府、企业和社会组织提供的与市民生活相关的各类服务，建设一体化市民服务平台，市民通过手机等移动终端可方便快捷获得高品质生活服务。

根据《深圳市新型智慧城市建设工作方案（2016—2020年）》，到2020年，深圳将构建起宽带、泛在、融合、安全的智慧城市基础设施，形成高效便捷、无处不在的信息服务，树立起一座大型城市的智慧新标杆（鲁乙己，2019）。这一目标即将成为现实！

（案例作者：黄顺江）

三　南京

（一）南京智慧城市发展现状

南京市早在2013年被列为国家首批智慧城市建设试点城市。最近，南京又出台了《数字经济发展三年行动计划（2020－2022年）》，提出以“数字产业化、产业数字化、数字化治理”为主线，以“数字南京”建设推进经济社会发展的“数字蝶变”，努力打造世界级数字经济名城（魏来，2020）。

建设智慧城市，南京也有自身优势，从扫码乘车到电子停车收费，从数字政务到网上办税，南京智慧城市已取得很大发展。南京还是全国首个“中国软件名城”，南京数字经济产业在全国具有较强的竞争力。南京市拥有灿烂的历史文化，南京建设“智慧城市”要活用自身的独特文化。在传统文化的基础上，还要结合现代需要，发展5G、云计算和人工智能等产业，加快打造平台经济、产业互联网、开源社区等生态体系，以打造千亿级特色数字产业集聚区（南京市人民政府，2020）。

（二）南京智慧城市发展存在的问题

南京智慧城市建设虽然取得很多成就，但还有很大的提高空间。一是开发应用信息资源方面。信息资源共享的规章制度和大数据开放的规范要求还要进一步完善。还要研究基于信息安全的大数据开发应用，加强数据平台支撑能力。二是驱动经济社会发展方面。智慧城市汇聚整合的信息资源价值还要进一步开发，还要研究南京智慧城市建设的产业发展。除了加大全局性、示范性工程建设投入，带动和鼓励社会资本的参与，同时与产业融合发展还要进一步增强，不断创新智慧城市的运营模式、管理模式。

（三）南京智慧城市发展对策建议

1. 完善网络信息基础设施建设

推进5G网络深度覆盖，形成多层次、高带宽、全覆盖的基础网络，加强5G甚至6G的建设，从而完善信息基础网络建设，实现城市数字化、网络化和智能化发展。智慧城市将由创新型基础设施支撑，实现城市数字化、智能化发展，推进城市运营和治理的精细化、现代化，实现从基础地理信息数据到时空信息数据的升级管理。

2. 打造南京智慧旅游品牌

南京历史悠久，旅游资源丰富，拥有中山陵、牛首山等重点景区，可考虑推进南京智慧旅游景区建设。用云计算、物联网等新技术，以移动终端为媒介，推送发布旅游信息。智慧旅游要以游客互动体验为中心，激励产业创新、促进产业结构升级。

3. **促进产业发展**

发展本地优势产业，做大龙头骨干企业，在智慧城市建设中发挥领头作用。根据不同的项目，采用适合的PPP模式，鼓励本地优势企业参与智慧城市建设中，通过外包、购买服务等方式，既发挥政府职能，取得很好的经济社会效益。加快推进本地企业创新成果的转化，加快产业转型升级。

（案例作者：朱玥颖）

四　银川

近年来，银川市委、市政府主动迎接“互联网+”、大数据新经济时代的到来，积极拥抱智慧城市并创新发展模式，智慧城市建设卓有成效。银川智慧城市不仅成为新时代的“中国名片”，而且正在成为全球智慧城市建设的标准和标杆。

（一）智慧城市建设背景

银川地处我国西部欠发达地区，经济社会发展相对滞后。尤其是在全国经济进入新常态的大形势下，资源型经济相对单一的发展模式给银川带来的制约作用越来越明显，致使其GDP增速不断下滑，财政收入增幅收窄，经济增长乏力。同时，随着城市化进程的持续推进，人口不断膨胀，“城市病”凸显。2015年末，全市总人口达到320万人，且仍以每年7万人左右的速度递增，并由此带来了越来越突出的资源、环境、交通、安全等问题。银川过去一直是“碧水蓝天”，但自2015年起开始出现雾霾。这就给传统的城市发展和治理模式提出了挑战。为了加强城市管理和改善服务，银川建设了数字公安和数字城管等，使全市管理和服务平台增加到55个，管理人员达到400

多人，每年投入直接运行费用 1700 万元，间接费用 3000 万元。就监控系统而言，治安、交通、城管等均有大量探头遍布城区主要街口，但条块分割，各管一摊，致使作用有限，还造成重复建设，管理和服务机构不断膨胀，管理成本逐年上升。这就迫切需要创新城市发展模式，对城市治理体系进行有效变革，以提升运行效率，增强发展动力。

正是在这样的困局中，智慧城市建设给银川带来了希望。特别是近年来大数据、云计算、物联网等新一代信息技术快速发展，为智慧城市建设提供了新思路、新方向和新方法。早在 2012 年，银川就进入了全国智慧城市建设第一批试点城市。2013 年，以打造智慧银川为目标，着手规划建设信息基础设施，开始实施智慧城管与社管、智慧安全与应急、智慧政务、智慧民生、智慧交通、智慧旅游、智慧生态与环境、智慧园区和综合保税区等 13 项重点工程项目。2014 年，全面启动智慧城市建设，并以此作为推动城市经济转型和产业升级、培育经济发展新动能的战略举措。自 2015 年以来，银川市政府与国际电信组织电信管理论坛（TMF）合作，连续举办了三届“TMF 全球智慧城市峰会”，“银川模式”也借助峰会得以在全球范围内传播。

（二）智慧城市建设模式

在智慧城市建设过程中，银川认真借鉴全国各地的经验成果并加以创新，形成了具有自己特色的建设模式（徐广国，2016）。

一是管理模式。智慧城市建设不单是技术问题，其成功的关键从根本上讲还需要突破体制和机制的束缚。如果不打破现有管理模式，仍会陷入智慧城市不智慧的境地。为此，银川市成立了由市委、市政府主要领导任组长的智慧城市建设领导小组，强力将市属所有委办局的数据统一归集到大数据中心，强行整合和统一管理各类城市信息资源，深入推进互联互通、数据融合、信息共享和业务协同。在信息系统设计上，全市统一出入口，从源头上杜绝了产生新的信息孤岛，并解决了共享难的问题。这样，银川就成为全国第一个全面整合政府部门数据、真正实现数据归集和资源共享的城市，时间上比国务院出台《促进大数据发展行动纲要》还提前了 2 个月。为确保智慧城市建设有序推进，银川还成立了大数据管理服务局，专门负责智慧城市规划建设，制定相关规范、标准和政策，统筹协调信息资源的互联互通、开放共享和开发利用。为有效破解数据采集、信息公开、安全使用、资源共享等难题，银川还率先出台了《银川智慧城市建设促进条例》，使得智慧城市建设和大数据开放共享有法可依。

二是技术架构。银川智慧城市建设实施以城市为单位的顶层设计，并基于一系列新技术和信息化基础设施，搭建起“一图一网一云”技术架构，创立了一个可扩展的智慧生态系统。一图，即利用全景真三维地图，通过部署各类物联网感知终端，对城市各类要素进行空间节点定位。一网，即建设一个容量达8000G的光纤干线专用网络，将城市空间各节点连接起来。一云，即将各节点城市要素所产生的数据，通过光网集中到大数据中心云平台，进行统一的存储、运算、分析和应用，让数据产生价值。为此，专门成立了中兴（银川）智慧城市研究院，负责智慧城市设计和大数据挖掘应用。“一图一网一云”技术体系的各类端口是开放的，可以对接将来的新技术和新应用，不仅满足了智慧城市一期建设的需要，而且能够实现未来持续建设和不断升级。

三是商业模式。为了确保智慧城市建设在财力上具有可持续性，银川摒弃了过去以BT方式为主的建设模式，而是采用“PPP+资本市场”模式，把智慧城市建设与资本市场对接起来。为此，银川市政府与中兴通讯公司共同出资成立了中兴（银川）智慧产业有限公司，通过政府购买信息服务形成项目公司稳定现金流，并通过收益法折现估值，将项目公司装入上市公司，嫁接到资本市场。这就一举解决了建设期巨额资金一步到位难的问题，并避免了分散投资容易造成的行政壁垒和信息孤岛等弊端。更重要的是，该模式还有效解决了以往在BT模式下更新换代难的问题，使银川智慧城市信息系统得以与时俱进，持续升级，确保了技术上的先进性。

银川是全国唯一一个以城市为单位进行顶层设计的智慧城市。“银川模式”打破了国内城市常见的部门垂直项目运作模式，建成了首个城市级大数据运营中心。通过商业模式创新，银川智慧城市建设不仅从根本上成功解决了建设资金和运营资金的来源问题，还实现了政府和企业互利共赢，提升了公共服务水平和效率。自2014年开始智慧城市2.0版建设以来，银川市已累计完成投资 7.1 亿元，建成的 8000G 全光网络、500 平方公里全景真三维地图和智慧银川大数据中心（一期投运 10 万组服务器）、智慧政务等 10 大重点领域共 13 个模块陆续上线运行，尤其是智慧城市运营指挥中心投入使用，表明以大数据应用、功能扩展、优化服务为特征的智慧城市 3.0 版正式启动（马杰，2017）。银川智慧城市建设卓有成效。

（三）智慧城市建设重点

建设智慧城市的根本目的，就是“以人为本”，为人民群众创造一个便捷、安心、舒心的生产—生活环境，推动城市经济社会更好更快发展。为此，银川智慧城市建设紧紧围绕实用、适用这一原则进行布局，重点打造了三大板块。

第一，智慧政务。依托大数据，不断深化行政审批体制改革，推进管理模式创新。2014 年底，银川市组建了国内第一家行政审批服务局，建成了市民大厅，将原来分散在 26 个行政部门的审批职能剥离出来，统一划归到行政审批服务局，同时将原来分散在全市 30 多处的办事大厅业务全部集中到市民大厅，让市民推开一扇门就可以办完一揽子事务。在市民大厅，车间流水线式审批，打破了过去多层级审批，使得简单事项立等审批，联办事项一口办理，关联事项一章多效，踏勘验收统一勘验。原来共有 59 个审批公章，现在变成了 1 个公章，审批效率提高了 78%。新登记注册一般性企业，可当日申请当日领证。企业投资从项目备案或核准到取得开工许可证，也由原来的 185 天缩减到 50 天以内。银川还率先实施“多证合一”，推出了具有地方特色的“云证通”，为企业提供了一张万能的“数字身份证”，并构建起“办证不出证，数据来验证”的电子验证体系，破解了纸质证件的诸多难题。在此基础上，进一步推行互联网 + 审批和备案制改革，实现了市、县（区）、乡（镇）、村（社区）审批服务的连通和一体化，启用了移动客户端 App 网上办事大厅，原有的 505 项审批（许可）已有 242 项实现了网上审批，103 项审批（许可）改为备案制。为此，建立了审管互动平台，对备案制的企业加大了抽检频次。同时，还建立了大数据跟踪制度，对新注册企业进行跟踪数据采集，分析企业违规的行业特点和法人群体特征，可为监管部门提供精准的信息。依托市民大厅，不断提升和优化服务，将审批放开后的中介服务、咨询服务、专项服务有机结合，实现了公共服务的专业化、精准化和市场化，并由此带动8万人就业。2016年2月2日，李克强总理到市民大厅考察时评价说，“银川行政体制改革切实做到了简政放权到位，放管结合到位，优化服务到位”。

第二，智慧城管。依托智慧城市建设，银川积极创新城市治理模式。2017年7月6日，银川智慧城市管理指挥中心（12345便民服务中心）正式揭牌。该中心是全国首创的集“统一调度的应急指挥、联动调处的社会综合治理、集中高效的便民服务”三大职能于一体的智慧城市管理指挥综合服务平台，归集了全市3大类55部公共服务热线电话的受理业务，并连接起市、县（市）区、乡镇、村（社区）四级网络服务和家庭服务平台体系，可为市民提供生产—生活全方位、24小时全天候、上下联动一体的贴心服务。指挥中心还可以通过12345电话、手机App、微信、网站等多种渠道将市民诉求下达到各相关办理单位，按照“集中受理、分类交办、限时回复、统一回访、跟踪评价、考核问责”的运行机制，限时完成任务，确保群众呼声件件有回音。中心还对群众诉求内容、督办进度、办理结果、群众满意度等进行多维度综合分析，并将分析结果作为各级各部门行政决策的重要依据。为创建平安城市，银川积极推进物联感知多样化，包括无人机、应急指挥车、单兵设备等，不断增加信息采集渠道，建立起天地空一体化的监控体系。目前，市区内安装有2678个监控点位摄像机，关键点位还安装有人脸识别系统。同时，无人机管理系统也上线运行，在市区绕城高速范围内部署有80架多旋翼无人机，在郊区部署了3架固定翼无人机，实现了重点区域全覆盖，达到了快速反应、大面积感测、事前预防及实时调查救援的效果。一旦发生突发事件，无人机将升空采集数据并发送到云平台。云平台通过大数据分析，将电子版应急预案分发给相关职能部门，立即采取行动。这样，城市管理就由被动式、救火式、善后式管理向主动式、前瞻式、预防式管理转变，收到了防患于未然、解决问题于萌芽状态的效果。例如，对于非法集资问题，过去都是人跑了、钱没了、接到受害者举报后才去处理，但绝大多数损失已难以挽回，现在利用大数据分析，发现非法集资账户有双向频繁资金流动特征，就早期入手，调查立案，采取措施，从而避免了大规模非法集资事件的发生。再比如，遇到重大活动，通过大数据系统，及时掌握手机、公交、交通等预警信息并进行分析，就可以精准启动应急预案，有效防范群体性公共安全事件的发生。银川立体化动态城市管理模式走在了全国前列。

第三，智慧社区。社区是市民生活的家园，也是智慧城市建设的重点。银川以智慧社区为平台，利用新一代信息技术建立了一整套民生服务体系，统一部署了智慧医疗（天天体检小屋）、智能快递柜、冷链生鲜柜、智能垃圾桶、免费 WiFi、人脸识别门禁、大气与噪声监测系统、直饮水入户、LED 便民显示屏等 11 项智能化设备，将居民的日常生活和智能物联网结合起来，通过信息化高度集成应用，让居民生活更加智慧化、便利化。例如，智慧医疗构建的五级诊疗体系，让居民在家中利用健康体检仪就可以实时监测 27 项生命体征指数，这些指数每天都上传至社区卫生服务站和银川市网络医院平台形成健康档案，家庭签约医生将对数据进行分析并提供诊疗服务，必要时可借助网络医院的辅助诊疗功能对接本地三甲医院，遇到疑难杂症还可以对接北上广深等外地医院专家，真正做到依照疾病的轻重缓急及治疗的难易程度和区域内医疗资源配置进行分级诊疗，从而实现个性化服务，有效缓解群众看病难的问题。目前，全市已建成 20 个智慧社区，未来将扩展到 500 个。此外，为实现“碧水蓝天，明媚银川”，环境监测的触角也延伸到居住小区，目前已有 63 套环境监测设备安装到位，在未来城等小区开始启用，可对水、气、声等要素进行实时监测，监测数据全部进入银川市大数据中心，同时传输至环保部门，成为环境管理的基础信息。

（四）智慧城市促进经济转型发展

近年来，银川还紧紧抓住“一带一路”节点城市这一重大机遇，主动融入国家开放大格局，利用智慧城市建设所产生的内生动力，鼓励企业积极参与国际国内市场竞争，加快了城市经济转型发展步伐（沈国琴，2015）。

为促使智慧城市建设所形成的对各种智慧技术、智能设备、资金和人才的巨大需求及由此带来的生产要素聚集转化为推动城市经济转型发展的积极力量，银川创建了国内第一家智慧城市产业园。产业园位于滨河新区，占地

1000余亩，聚焦于轻资产、高附加值的新兴产业，重点在三个方面集中发力。一是加速促进与智慧城市基础设施建设相关的智能装备制造业落地，如智能垃圾桶、远程抄表系统、智能直饮水系统、智能立体泊车系统等。二是依托大数据中心的数据资源衍生出来“互联网+新业态”，如“互联网+医疗”：“好大夫在线”互联网医院已投入运营，在册的13万名资深医疗专家可开展远程诊疗服务；“互联网+物流”：“返空汇”30万辆注册车辆开展无车承运业务，以及拥有150万辆货车、占无车承运市场份额72%的无车承运平台“运满满”也落户园区。三是利用大数据、云计算、物联网与人工智能等新技术对传统产业进行改造升级。如在滨河新区建成的如意服装项目，全部采用智能化生产，通过前端激光扫描、3D试衣系统进行量体，30秒生成120个数据，这些包含个人身型和着装偏好的数据上传到“云”上，后台的设计师可以根据这些数据快速设计出春夏秋冬四季正装和休闲装，供消费者选择，选定后3小时内即可拿到成衣，从而实现了服装设计加工的私人定制、柔性制造的工业4.0。截至2017年5月，智慧产业园已落地近50家企业，其中包括好大夫在线、春雨医生在内的16家互联网医院，以及盛大游戏在内的15家游戏类企业。到2020年，智慧产业园计划引进100家科技类创新型企业，产值将达到100亿元。事实上，智慧城市产业园尚处于起步阶段，而银川iBi育成中心已成为新产业、新经济、新技术的主要聚集区。近年来，该中心积极开发云计算、大数据、物联网、卫星应用、互联网金融、生物科技、文化创意、知识产权成果转化等新兴业态，到2017年底入园企业总数已达到750家，取得自有知识产权1000项，实现网络交易额7000亿元，从业人员总数9000人，培育上市企业25家。另外，还建设了银川中兴大数据中心（一期），赛博乐物联网集聚区，西部工业云谷和立达电子“云立方”，以及国家级工业云创新示范平台等项目，将云计算、物流网和大数据这些智慧符号融入银川2.5产业体系之中，以推动产业转型升级。

（五）为全球智慧城市建设提供参照标准

智慧城市建设只有进行时，没有完成时。今天银川的智慧城市建设，与全国其他智慧城市相比，虽然还不能说已经达到非常高的程度，但确实是走得非常快，在很多方面的成功经验值得学习和推广。尤其是智慧城市的顶层设计和技术架构，组织管理和建设发展模式，数据资源的深度融合、共享和开发利用水平，都非常成功。这在我国西部欠发达地区是很难得的。

近年来，银川不断强化与国际电信组织 TMF 和中兴通讯公司的合作，联合成立了“TMF 智慧城市创新中心”。借助于 TMF 在信息安全和大数据行业标准制定方面的优势和影响力，将银川实践和 TMF 全球先进经验相融合，已初步形成一套智慧城市建设标准体系，在印度、埃塞俄比亚、白俄罗斯等国得到应用。以银川为蓝本的智慧城市成熟度模型，也成为 TMF 智慧城市评估基准，并被美国白宫所采纳，开始在美国 5 个城市中推广应用。2017 年 6 月，银川顺利通过了国际标准化组织（ISO）智慧城市国际标准试点申报初审。这就意味着，“银川模式”将为全球智慧城市建设提供标准化参考。

（案例作者：黄顺江）

五　昆明

（一）昆明智慧城市发展现状

近年来，昆明大力发展智慧城市，逐步形成城镇用户千兆宽带网络接入能力，光纤宽带由行政村向自然村加快延伸。政府鼓励企业对传统生产线进行智能化改造，比如在生产制造流程中注重推广物联网、人工智能等信息技术，建设智能化程度较高的生产线提高生产能力。工业企业与电信企业深度合作，工业互联网及物联网基础设施建设也取得很大进展，打造高质量园区网络。另外，昆明市推动交通、能源、城市治理等领域重大基础设施智慧化改造工程（昆明市人民政府，2020）。

（二）昆明智慧城市发展存在的问题

昆明市智慧城市也存在一些困难和问题。首先，认识上存在误区。智慧城市需要各行业各学科广泛交叉与深度融合，但目前昆明市尚未实现信息技术与城市各功能模块的深度融合。其次，信息资源整合难度较大。信息资源的开放、共享、利用仍是难啃的“硬骨头”，信息资源分散在各部门、各行业中，“信息孤岛”现象普遍存在，亟待多部门协同整合（王晨光，2018）。三是，智能基础设施建设滞后。特别是农村和偏远地区信息基础设施普及率低，同时，道路、交通、环卫等大部分市政基础设施并未进行智能化升级改造。另外，建设模式单一、资金不足。目前昆明市政府对相关项目的资金投入还比较有限，智能化公共基础设施建设还需要创新融资模式，尤其是亟待推进政府与社会资本合作模式（王程、王茜、秦月，2016）。

（三）昆明智慧城市发展建议

1. 提高智慧城市基础设施水平

提高基础承载、网络服务和枢纽汇聚能力，推进辐射南亚、东南亚的区域信息中心建设；提高“网络接入”、“服务提供”和“信息传输”水平，从而促进城市信息基础设施服务水平的整体迈进。

2. 营造创业创新的发展环境

构建“创意－孵化－加速”全链条的孵化服务体系，以优势产业带动产业链万众创新的集聚；引导企业进行增值开发利用对具有经济社会价值、允许加工利用的政府信息资源；重点建设覆盖全市的企业服务云平台以满足中小企业的服务需求；形成以社会实践为舞台的城区全面创新形态。

3. 提升区域信息融合应用能力

充分发挥政府资源整合利用价值，以服务昆明市民和企业为中心，构建居民与政府的沟通桥梁，搭建全媒体、多渠道的市民服务平台。形成集运行感知、决策指挥、信息资源统筹协调于一体的新型城市综合运营中心，形成一站式的市民公共服务体验（昆明市人民政府，2016）。

（案例作者：朱玥颖）

六　贵阳

在党中央和国家有关部门的大力支持下，贵州省及贵阳市紧紧把握时代脉搏，抢抓发展机遇，积极培育大数据产业，有力地支撑了贵阳的智慧城市建设和发展。短短几年间，借助于大数据，贵阳很快成为全国智慧治理领军城市之一。

（一）大数据产业茁壮成长

贵阳地处云贵高原腹部，平均海拔 1000 米上下。崎岖多山的地形，较高的地势，加上地处江南亚热带的地理位置，造就了这里优美的自然环境及温凉的气候条件。贵阳气候凉爽，年平均气温 15.1℃，冬无严寒，夏无酷暑，夏季平均气温 23～24℃。森林覆盖率 46%，紫外线辐射低，空气清新，全年空气质量优良天数超过 95%。同时，贵州能源资源丰富，煤电、水电都很充足。而且，贵阳地壳结构稳定，地质安全，灾害罕见，没有发生过地震、台风等自然现象，是建设数据中心开展云计算业务的理想场所。虽然贵阳的交通有点不便，也较为偏远，但在高速公路和高速铁路基本成网的时代，交通已不再成为一个难题。于是，自 2013 年起，贵州省及贵阳市抓住信息技术突飞猛进并对经济社会发展产生的推动作用越来越大的良好机遇，着手发展大数据产业。

在贵州省政府的积极努力下，2013 年 10～12 月，中国电信、中国移动、中国联通三大通信运营商南方数据中心落户贵安新区，富士康（贵州）第四代绿色产业园也在贵安新区开工建设，由此拉开了贵州大数据产业发展的序幕。2014 年 10 月 15 日，“云上贵州”系统平台开通上线。这是全国第一个省级政府数据统一管理、交换和共享的云服务平台，省市县三级政府数据可在此共享交换，并在脱敏之后向社会开放。该平台还是贵州省政府电子政务和网上服务“大超市”，全省各级政府及部门信息（包括乡镇、村组信息）、政策和公共服务均可“一网打尽”。11 月 21 日，贵州省政府印发了《贵州省信息基础设施建设三年会战实施方案》，狠抓信息基础设施建设，致力于打造全国宽带网络枢纽和“讯通天下”的网络平台。2015 年 2 月 12 日，工信部批准贵州省创建贵阳·贵安大数据产业发展集聚区。随后，全国首家大数据交易所在贵阳成立。5 月 1 日，贵阳全域免费 WiFi 项目一期投入运行，市民在筑城广场、会展中心等地搜索“d－guiyang”信号并连接后，即可免费上网。8 月 31 日，国务院印发《促进大数据发展行动纲要》，将大数据产业提升到国家战略，并明确表示“支持贵州等建设大数据综合试验区”。2016 年 2 月 25 日，国家发改委、工信部、中央网信办发函，同意贵州省建设国家大数据（贵州）综合试验区，由此推动了贵州省大数据产业快速成长。2017 年 6 月，腾讯核心数据中心在贵安新区动工。7 月，苹果公司宣布，今后中国的所有苹果用户数据都存储在贵州。8 月，华为七星湖数据存储中心开工建设。自 2015 年以来，由国家发改委、工信部、商务部、中央网信办和贵州省人民政府联合举办的中国大数据产业峰会暨中国电子商务创新发展峰会在贵阳已连续举办三届，李克强总理还出席了 2016 年峰会开幕式，轰动全国，影响世界。

作为第一个国家大数据综合试验区，贵州大数据产业发展迅猛。近年来，货车帮、朗玛、东方世纪等一批以大数据为引领的关联企业迅速发展壮大。尤其是诞生在贵阳的货车帮公司，通过互联网搭建起全国公路货运大数据平台，并基于平台海量数据及人工智能技术，全网调度和精准匹配车货资源，一举改变了国内货运车辆大量“空驶乱跑”“趴窝等待”等货运信息沟通不畅、交易效率低下的状况，显著提升了公路物流效率。据分析，2016 年货车帮提高货车运力 20% 以上，为社会节省燃油费用 615 亿元，减少二氧化碳排放 3300 万吨。短短几年间，借助于互联网和大数据，货车帮由创业初期 10 多人的小微企业，迅速成长为全国公路物流领域的“独角兽”，构建起货运互联网“大动脉”和“毛细血管网”，市场占有率达到 70%。2016 年，货车帮电子商务交易额达到 1615 亿元（比上年增长 66.4%），呼叫中心座席突破 15 万席。货车帮与阿里云携手发布的“全国公路物流指数”，可以准确地反映出各地公路车辆与货物分布及流向的动态信息，从而为相关车企及管理部门提供实时的市场“真相”。

据统计，2016 年贵州全省共有大数据产业企业 2398 户，营业收入

1286.09 亿元（同比增长 21.6%），实现税收 105.32 亿元（同比增长 39.5%）。其中，电子信息制造业实现增加值 638.17 亿元，软件业务收入 201.10 亿元（同比增长 29.3%），电子商务交易额 1400 亿元（同比增长 30%）。贵州智能终端制造业产品产量已进入全国前 10 名，其中手机产量居全国第 4 位。全省大数据产业从业人员 11.15 万人，同比增长 11.9%。大数据已成为贵州省仅次于烟酒和电力的第三大经济增长点。

贵阳是贵州省大数据产业发展的核心和引擎。2016 年，贵阳市共有大数据企业 965 户（占全省大数据企业的 40.2%），营业收入 729.25 亿元（占全省 56.7%），实现税收 90.98 亿元（占全省 86.4%）。全市大数据产业从业人员 6.02 万人（占全省 54.0%），其中专业技术人员 7887 人（占全省 64.0%）。全市各级行政事业单位和企业共有大数据研发、实验研究机构 42 个（占全省 29.4%），数据中心 122 个（占全省 53.7%），呼叫中心 36 个（占全省 87.8%），呼叫中心共建设座席 72275 个（占全省 97.9%），投入运营座席数 32818 个（占全省 96.3%）。贵阳一跃成为我国第五大服务外包与呼叫中心产业聚集地。在英国“经济学人”智库发布的《后起之秀：2015 年中国新兴城市排名》报告中，贵阳从 2010 年的第 65 名跃升到第 1 名。贵阳俨然成为中国的“数谷”。

大数据促进了贵阳市经济转型升级和提质增效，发展动力显著增强，经济运行质量不断提升（张炼，2019）。2016 年，全市实现地区生产总值 3157.7 亿元，同比增长 11.7%，增速连续四年在全国省会城市中保持第一。贵阳市三次产业结构产值比例也从 2011 年的 5.1∶40.7∶54.2 调整优化为 2016 年的 4.3∶38.6∶57.1。

（二）基于大数据的智慧城市建设进展

早在 2013 年，贵阳就被住建部列入第一批国家智慧城市试点。蓬勃发展的大数据产业，为智慧城市建设提供了强有力的支撑。近年来，贵阳利用先进的信息基础设施及丰富的大数据资源，对包括民生、安防、环保、交通、公共服务、工商业活动在内的各种需求做出积极的智慧响应，不断创新城市管理手段，提升民生服务水平。

“数据铁笼”规范公共权力。自 2015 年以来，贵阳市大力建设“数据铁笼”，探索“用数据说话、用数据决策、用数据管理、用数据创新”的政府治理新机制，用数据编织规范权力的笼子。目前，“数据铁笼”已在全市 40 多个政府部门全面推进。例如，贵阳市公安局为了解决执法工作中不公平、不公正、不公开，慢作为、不作为、乱作为和队伍管理中“干多干少一个样，干和不干一个样”等痛点、难点问题，以“人、事、权”为核心，以移动 App 端、PC 端、大屏展示端为介质，积极构建“数据铁笼”，通过数据融合实现信息汇聚一体化、风险评估多维化、监督执纪自流程化，变人工监督为数据监督，变事后监督为过程监督，变个体监督为系统监督，最终把权力关进数据“笼子”。随着大数据技术的深度应用，一方面使警力充分释放，战斗力提升；另一方面又反过来倒逼传统警务模式升级，从而实现以更智慧的手段打击犯罪分子，以更完善的方式服务人民群众。又如，贵阳市法院系统将大数据引进司法体制改革过程，利用省司法大数据工作平台及其智能决策分析系统、智能审判辅助系统和智能公众咨询系统等，可实现智能文书分析、文书生成、自动匹配精准相似案例等功能。机器人助手能够自动推送类似典型案例，提供判决的参考意见，提出量刑建议，帮助法官厘清法律关系，自动生成裁判文书，并对法官做出的裁判进行偏离度分析，从而使办案质量和效率得以显著提升。司法机器人从 2016 年 10 月开始“上岗”，目前已选择故意伤害、抢劫、盗窃、抢夺以及减刑假释五类案件为切入点实施办案。

“块数据”增强城市管理能力。贵阳创新性地提出了“块数据”理论，致力于打破信息孤岛，整合加工并开放共享数据资源，以便更有效地服务于大众，真正释放出大数据的价值。例如，贵阳市公安局全面融合政府部门、社会、互联网等数据资源，建成“块数据”指挥中心，实时对全市的人、事、物进行三维立体画像，以全新方式实现立体化管控，显著提升了“平安贵阳”建设力度。该中心启用以来，2016 年刑事发案率同比下降 5.99%，“两抢”案件破案率同比上升 20.62%，“八类案件”破案率同比上升 12.99%。从基础数据收集到综合数据的挖掘与利用，大数据已成为公安部门打击和预防各类违法犯罪事件的有效手段，使得贵阳市的治安环境显著改善。在交通方面，于2015年9月28日正式开通了贵阳交通大数据孵化器，该孵化器整合车驾管、车辆实时卡口、道路状况、道路拥堵情况等共7大项70小项交通数据，成为国内首个城市交通数据开放与应用平台，对外开放数据2000GB。现在，全市已拥有超过1万路高清视频监控点位、205个路口行为监测、100个交通流量检测点、154个拥堵检测点及146块信息发布屏，每天增加过车记录近1600万条，视频图像记录495TB，车辆流量记录2500万条，视频数据突破50PB，图片存储数据超过10PB，结构化流量数据突破150TB，其他非结构化数据增加近600TB，从而具备了真正意义上的图像资源及交通信息共享资源库。随着贵阳市交管局与交通局、公交公司实现数据共享，贵阳交通大数据孵化器又增加了公交和交通大数据。这不仅助力于贵阳智慧交通发展，又带来更多的服务与便利。市民用手机登录贵阳公交App，可查看实时公交车辆运行及客流情况，从而改善了乘车体验。通过分析应用大数据，贵阳城市道路的车辆通行速度提高了11%，对一小时路口车辆预测准确率提高到91%。

大数据确保食品安全。贵阳把大数据作为推进质量强市的重要手段，积极创建“全国质量强市示范城市”，让老百姓共享大数据发展带来的便利生活。市民可通过“食品安全云”平台，查看食品安全状况。“食品安全云”平台把原来分散在政府部门、检测机构、企业等环节的孤立数据汇聚成为大数据，形成政府监管、企业自律、市民参与、检验检测机构提供保障的“社会共治”监管模式，以确保食品安全。截至2016年12月，食品安全云共积累食品企业及产品信息、检测信息、标准信息、舆情信息等数据7083.7万条，基本实现了食品质量可追溯、可追究、可召回，为提升食品质量水平提供了有力支撑。2016年，全市食品监督抽查合格率达到96.44%，无公害农产品认证产地主要农产品抽检合格率保持在99.2%的高位。

在旅游服务方面，贵阳积极搭建旅游信息服务平台、智慧旅游运行监管及应急指挥平台，整合旅游产业“吃、住、行、游、购、娱”各要素资源，并通过门户网站、微信等平台予以公开，推动了旅游业发展和旅游服务质量提升。2016年，全市旅游接待突破1亿人次，总收入达到1384亿元。

贵阳还利用大数据大力推进政务服务标准化。通过搭建并利用政务服务大数据平台，平均审批环节由4.6个精简至2.2个。目前，全市6个政务服务中心全面推行政务服务标准化试点，有力提升了政务服务质量，增强了市民的幸福感。2016年，贵阳市社会治理和群众工作满意度综合评价得到88.52分，较上年提高了1.95分。

可以看出，贵阳已初步走出了一条符合本市实际需求的智慧城市建设道路，大数据有效提升了社会治理和公共服务执行力。正如李克强总理所言："人在干、云在算、天在看。"

（三）典型应用：大数据铸就社区管理"利器"

贵阳市公安系统针对社区流动人口管理这一社会治理的"痛点"和难点，充分运用大数据技术手段，并与云岩区、观山湖区和南明区政府联动，"对症下药"，大力实施"智慧门牌""智慧门禁"和人脸识别系统，产生了精准的治理"疗效"。

观山湖区的世纪城社区，共有居民15万多人，流动人口占比接近40%。多年来，该社区流动人口的违法犯罪率居高不下，传销活动屡禁不止。2017年3月，在该社区的龙福苑小区试点安装了基于大数据技术的"智慧门禁"系统，居民出入大楼既可以使用身份证刷卡开门，也可以用手机拨号开门。"智慧门禁"将碎片化的人口信息数据汇总到统一的社区平台，系统对这些基础信息数据进行分类，可针对重点关注人群和指标自动发出预警。例如，在一套三居室的住房里，如果进入的人员过多，明显超出正常居住的人口规模，系统就会自动发出预警，9人以上是红色预警，8人是橙色预警。对于重点关注的人群，他们每天进出居民楼的状况，都会在民警那里有预警，从而使得涉嫌从事非法传销活动的人员处于严密监视之下。自从安装"智慧门禁"后，龙福苑小区里的盗窃案件大幅减少，居民生活比以前安全了许多。"智慧门禁"还可以服务于居民生活。比如孤寡老人，如果超过3天没有下楼，系统也会发出预警，提醒工作人员去关注一下。

在云岩区黔灵镇改茶村推行的"智慧门牌"系统，用以探索城郊接合部城中村人口管理新模式。改茶村共有自建房屋2135栋，其中出租房屋1985栋，常住人口只有4131人，而流动人口却多达4万余人。长期以来，由于警力不足，一度盗窃案件高发，月均发案22起，治安混乱。为从根本上解决这一难题，贵阳市公安局将改茶村作为试点，与云岩区有关部门上下联动，强力推进安装“智慧门牌”。“智慧门牌”是一种二维码门牌，具有数据采集功能。居住人员须使用手机扫描二维码门牌进出院门或楼门，但每次扫描都会留下手机轨迹，从而为刑侦破案提供了线索。通过安装“智慧门牌”，实现了辖区内房屋底数清、出租房间数明、三防（人防、物防、技防）情况真实、群众生活方便的目标。在任何时间、地段和楼房，都可通过“智慧门牌”掌握房屋及相应人员信息。民警可通过手机客户端在基层实现数据采集和变更功能。这样，“智慧门牌”就打通了信息壁垒，确保数据鲜活真实，对犯罪嫌疑人实施打击更精确有效。“智慧门牌”运行近一年来，改茶村“两抢一盗”发案率同比下降了15.8%。同时，“智慧门牌”还实现了便民利民，助力相关部门履行职能，让居民享受到了有线电视、邮政、快递等社区配套服务。

在南明区河滨社区金地小区试点的人脸识别系统，堪称大数据前沿“黑科技”之一。金地小区是典型的老旧小区，人口流动性大，治安较差，2015年小区内发生盗窃案件16起。2016年7月，小区内安装了人脸识别门禁系统，并在小区出入口安装高清人脸抓拍机，以精确掌握所有出入人员和车辆信息，同时将这些信息上传至贵阳市公安局块数据指挥中心。块数据指挥中心建立起“动态人像比对系统”，可对各类环境下目标人员的面目信息进行实时准确的捕捉、采集、识别和管控。一旦有可疑人员通过系统，就会自动比对、预警并生成报警单。指挥中心接到报警后，就可以第一时间将报警信息传给社区执勤民警，并启动风控预案，实施布控、拦截和盘查。这样，人脸识别系统就能从海量数据中准确、快速地锁定目标。该系统自2016年9月启动以来，到目前为止已成功比中200多人次，误报率为0，并通过该系统成功抓获各类在逃人员8人。这样，金地小区的社会治安状况就置于贵阳市公安系统的严密监控之下，从而有效提升了社区治理水平。一年多来，金地小区入室盗窃案件“零发案”，群众安全感从2015年的81.5%上升至98.2%。

（案例作者：黄顺江）

七　贵阳花果园社区

（一）花果园社区简介

花果园社区是贵阳市乃至全国最大的棚户区改造项目，位于贵阳市南明区。项目总规划面积 10 平方公里，总拆迁户数 2 万余户，拆迁人口 10 多万人，拆迁面积 400 余万平方米。项目总投资 1000 亿元，总建筑面积 2230 万平方米（其中住宅 1230 万平方米，商业和商务办公各 200 万平方米，公寓和公建 200 万平方米，还有 400 万平方米的地下建筑），是一座集住宅、商业、商务办公、文化艺术、娱乐和生活服务为一体的超大规模城市综合体。

作为一个大型社区，花果园采用“公共交通 + 道路快速通行”模式规划交通方式。建设了社区道路、地下道路和立体人行道慢行系统，建成了“六横六纵”12 条一级主干道（总长 31.7 公里），建有隧道 8 座、桥梁 17 座、公铁立交桥梁 1 座、棚洞 14 座。社区内构建起涵盖轻轨、公交、快速公交 BRT 等的综合交通运输体系，有轻轨 3 号、4 号线通过，还有 40 多条公交线路，大型公交枢纽 2 个，公交始发站 3 个，BRT 车站 3 个。这样，在公交优先的基础上，为社区居民出行提供了多种选择。花果园是开放社区，每天出入客流量达到 30 万 ~40 万人次。由于人口众多，建筑密集，路面较窄，所以只能通过人车分流来提升道路通行能力。

社区内已入驻南明区检察院检察室、巡回法庭、派出所、责任区刑警队、出入境办证大厅、交警中队、城管中队、经济发展局、地税分局、企业服务工作站、公共人力资源服务大厅、社区服务中心、居委会等机构，在开展社区管理的同时可为居民提供多种公共服务。

花果园社区已建成并投入使用 240 余栋楼宇，入住居民 20 多万人，入驻企业 3000 余家。目前，已有上百万平方米的商业设施建成并交付使用。其中，已开业经营的 12 万平方米花果园购物中心，是贵阳市规模最大的时尚潮流消费场所之一；2 万平方米的花果园家电广场，是贵州省最大的品牌家电集合店；330 米高的贵阳市地标建筑双子塔，已于 2018 年下半年投入使用，是两座甲级写字楼，即将进驻四家五星级国际酒店。花果园商务办公、商业购物及星级酒店集群，将成为贵阳市新的商务中心区。

花果园项目由贵州宏立城集团开发建设和运营管理。目前，花果园社区基本上走过了房地产开发建设阶段，现已步入经营管理和综合服务阶段。由于民宅和商用设施入住渐趋饱和，相关配套设施已陆续投入运营，并逐步完善。随着入住人口和企业的继续增加，业主在衣、食、住、行、游、购、娱等方面的需求日益增长，也对集团的服务和管理提出了更多、更高、更广泛的要求，建设智慧社区势在必行。

（二）智慧社区建设进展

智慧社区是宏立城集团的战略突破点。以花果园社区为立足点，携手华为、腾讯、IBM 等国内外顶尖高科技企业共同建设花果园智慧社区。着眼未来，集团秉承以人为本的建设理念，从智慧交通、智慧消防、智慧安防、智慧医疗、智慧教育、智慧信息、智慧商业七大板块入手，运用“互联网+”2.0（互联网+物联网+大数据）技术对花果园进行功能升级，建设基于新型智慧城市体系的和谐社区，全面提升居民生活品质，开启智慧生活新篇章。

花果园社区综合管理指挥调度中心，是一个集可视化、数据整合、块数据管理及各子系统联动为一体的智慧管理综合平台，在满足政府职能部门对治安管理、人口管理、交通管理、公安应急指挥、能耗控制等各方面管理需求的同时，建立起统一指挥、科学监控、协调有序、可持续发展的绿色社区运营管理机制。指挥调度中心的各职能管理人员，可通过基于大数据分析的洞察，结合高效的日常管理运作机制，成就社区的安全、便利和繁荣。例如，具备深度分析能力的云计算系统将通过交通数据的采集，对实时道路交通态势的准确把控与短期态势的精准预测，结合精准位置信息，实现社区交通精细化管理，提高交通资源（如智慧停车场、自适应信号灯、智能路边停车位等）的有效利用率，缓解动态变化的交通拥堵，并减少因交通拥堵产生大量尾气排放所带来的大气污染。通过物联传感技术，能够提高车辆通行效率。社区内的智慧消防体系已投入运营。各楼宇无处不在的物联传感设备与遍布社区的22个微型消防站相结合，智慧消防系统可实现火灾防控“自动化”、灭火救援指挥“智能化”、日常执法工作“系统化”、队伍管理“精细化”，并无缝对接市、区消防系统，建立起高效、实时、准确的智慧消防联动体系（贵消，2021）。社区内建设了109个消防控制室，现已有68个投入使用，未来还将不断完善。已建成的22个微型消防站，每个消防站分管9～12栋大楼。为了达到“快出、快处、打早、打小”的要求，在选拔消防队员时就要求必须是退役消防兵或复原官兵。每个消防站每周都要开展一次消防设施及器材使用训练，每月开展一次灭火或疏散逃生训练和一次熟悉消防区域内道路、水源的工作，每季度开展一次灭火疏散预案实战演练。通过军事化管理、实战化训练，使消防人员做到处理火情时得心应手、准确到位，人人会灭火、人人能灭火。不断完善的软硬件设施，为花果园消防安全提供了保障。

大数据还可以为社区居民的健康医疗提供监控及定期体检等实用方案。通过智能手环或定期健康体检等多种数据采集方式，收集目标对象的生命体征数据，可对突发情况进行报警，还可将历史生命体征数据共享给医院，与医院的HIS、化验、诊断、门诊等系统进行数据对接，实现智慧医疗。社区内规划有卫生站、门诊所20余处，还有一所2000张床位的三甲医院及一座1000张床位的高级私人医院，预计2018年底建成并投入使用。现有的花果园社区第一卫生服务中心的各项服务也在不断升级完善。

花果园社区的智慧生活还体现在，出门不用带钥匙，站在单元门外的摄像头前，通过人脸识别系统就可自动完成“刷脸开门”；车主不用担心没有车位，在手机上提前预约到达时间，就能自动锁定车位，并提供路径导航；家中出现火情时不用心急如焚地翘首以盼救火车，就算没来得及报警也能被消防中心感应到，并自动启动消防应急系统；去医院不用早起去排长长的队伍，只要用手机预约好时间就可以踩点出门……这些场景并不只是出现在电影中，在花果园社区内也已成为现实。

（三）未来发展方向

花果园社区作为贵阳市最大的居住区，尽管在建设发展过程中存在许多问题，如楼盘密集、楼层过高、交通拥堵等，但作为贵州省首个“智慧社区”的探索者，通过对新一代信息技术的整合、挖掘和共享，会进一步减少资源消耗，降低环境污染，消除安全隐患，实现绿色、节能、高效的可持续发展。值得一提的是，花果园的智慧社区建设，不是一个闭环，而是要打造成一个数据共享平台，政府、企业、研究机构等都能够通过该平台发掘数据价值，提供智慧社区管理和优质生活服务，真正把数据变成对居民有用的资源。智慧社区建设的根本目的，就是通过公共服务便捷化、城市管理精细化、生活环境宜居化、基础设施智能化、网络安全长效化来改善居民的生活环境，提升生活质量，提高工作效率，促进城市科学发展，进一步增强核心竞争力。

今后，花果园社区将继续加大信息化建设力度，积极引领贵阳市智慧社区发展方向。同时，通过智慧社区建设，聚集城市高端要素，优化商业生态，形成“互联网+新经济”模式，开启大众创业和创新驱动发展新格局，推动花果园社区及贵阳市城市经济转型发展。为此，宏立城集团将与合作伙伴联手，把花果园社区建设成为一个全方位、高水平的智慧社区，成为贵阳市及全国智慧社区的典范，以便让花果园社区的居民们住得更安心，出行更顺心，生活更舒心。

（案例作者：黄晓娟、张海阳、孙逊，贵阳未来时空科技有限公司）

八　乌镇

（一）发展背景

因世界互联网大会而闻名全球的浙江乌镇，地处长江三角洲腹地，京杭大运河西侧，隶属于嘉兴桐乡市。乌镇原镇域面积67.22平方公里，常住人口5.7万人，2017年8月调整行政区划后，镇域面积扩大到110.93平方公里，常住人口达8万人。

有着1300年发展历史的乌镇，为江南四大名镇之一，有“鱼米之乡、丝绸之府”之称。然而，这个大运河上的商贸重镇，在经历了近代社会的沧桑巨变之后，也随着大运河的衰落而渐渐失去了昔日的辉煌。新中国成立后，乌镇翻开了新的历史篇章。在先后经历了农业镇、工业镇和旅游镇三个发展阶段之后，乌镇开始寻找新的坐标。

早在20世纪90年代，乌镇就着手向旅游转型发展。然而，由于地处两省三市（浙江省和江苏省，嘉兴市、湖州市和苏州市）交界处，交通比较闭塞，旅游开发进展缓慢。1999年春节期间，乌镇发生了一场火灾，烧掉了西栅沿河13间老房子，让人惋惜。于是，乌镇下决心实施大规模的古镇保护工程，并加快旅游开发进程。最先开发的是东栅景区，于2001年正式对外开放。东栅景区原汁原味的水乡风貌和深厚的文化底蕴，使乌镇声名鹊起。2003年，接着开发西栅景区，历时4年。西栅景区让乌镇的历史风貌得到了更充分的展现，吸引力更大，开放后游客量激增，乌镇的名气开始享誉海内外。

对乌镇发展意义更重大的事项，是2014年的世界互联网大会。在中央和浙江省政府的大力支持下，乌镇已连续4届成功举办世界互联网大会，并成为大会永久会址。乌镇“触网”生变，全方位拥抱互联网，一跃成为向世人展示未来与梦想的智慧小镇，令全球瞩目。

（二）“互联网+”

1. 智能网络

智慧乌镇离不开强大的“神经网络”。经历过前三届世界互联网大会的洗礼，乌镇已经成为世界上网络信号最密集的城镇。在第四届世界互联网大会前夕，为了高效优质地服务大会，有关部门对乌镇互联网网络再次提档升级。中国电信进一步强化了乌镇的光网、天翼4G和爱WiFi，同时增设了NB-IoT（新一代物联网）。这样，在第四届世界互联网大会期间，乌镇有线网络实现了十万兆进场馆、万兆到会场、千兆上桌面；4G网络实现乌镇区域内100%无缝覆盖，在重要场馆部署的载波聚合（4G+）网速在200Mbps以上；WiFi网络新增890个AP（无线接入点），总量达到4275个，确保乌镇景区内WiFi信号无处不在；NB-IoT也在乌镇实现精品覆盖。这样，四网协同，人与人、人与物、物与物互联互通，构成一幅万物互联、全景感知的

“智联网”世界。同时，中国联通也加强了在乌镇的网络建设，新建基站 26 个，使大会保障区域内的无线网规模得到进一步扩展，景区内 2/3/4G 站点总计达到 107 个，周边区域及交通干线 2/3/4G 站点总数达到 1112 个，实现周边区域网络 100% 无盲区覆盖。中国联通还引入 4T4R、3CC 和 256QAM 等多种创新技术，在互联网之光（联通展区）等重点场景内可提供理论速率 1Gbps 的网络能力，在西栅景区路面和酒店下载速率可达 225Mbps，用户体验显著提升。

2. 智慧会展

第四届世界互联网大会的一大亮点，就是有机器人为大会提供多种服务。在接送嘉宾的车上，科大讯飞的“晓译”翻译机器人，就成为司机与外宾沟通的好助手。当嘉宾迷失在小桥流水间时，智能应答机器人能够主动带路。在国际会展中心，浙江远传信息技术公司研发的垃圾拾捡机器人“小渡”，更是吸引了人们的目光。“小渡”白白胖胖的，会走路，很听话，随叫随到。只要喊一声“小渡”，它就能够闻声识人，向你走过来，并温柔地说，“小渡在这里”。只需将手放在机器人头顶上方，它就会得到感应，自动打开盖子，并说“请您投放垃圾”。机器人的出现，着实给互联网大会带来了惊喜与温馨。

3. 智慧旅游

在乌镇旅游现已成为一件轻松愉快的事情，一部手机就可以搞定一切。只要将手机连上“i - zhejiang - aWiFi”无线网络，附近的店铺、景物就全部显示在手机上。游客可以通过“乌镇旅游官方预订”微信公众号、乌镇官方预订网站、乌镇手机网及 OTA 等渠道进行景区电子门票、客房、套餐、语音讲解、美食、特产等方面的自助购买和支付。在景区，游客可以选择“刷脸”入园。景区内还可以“智慧叫车”，用手机扫描游览车二维码，输入起点和终点等基本信息，就可以调动附近车辆接送游览。在景区外，游客可以用手机扫码免费租用自行车。如果手机没电了或者下雨没有带伞，你可以到就近的游客服务中心，打开支付宝扫一下工作人员提供的二维码，无须任何押金，只要芝麻信用积分在 600 分以上，就可以免费借用三天充电宝或雨伞，用过后可随时在任意一个游客服务中心归还。

4. 智慧安保

世界互联网大会期间，乌镇的安保工作也融入了智慧元素。为确保第四届世界互联网大会顺利召开，环乌镇所有治安检查站全部启用，所有进镇车辆均须接受检查。例如，位于乌镇子夜路东段的新木桥检查站，在检查站前方 1.4 公里处，就安装有电子侦查哨，智能摄像头不仅“看得见”而且“看得懂”，车辆品牌、型号、颜色、乘客等信息一目了然，即刻显示在检查站电子屏上，并自动识别出重点车辆，实现智能预警。当车辆到达检查站时，电子屏上就显示出本车信息，并提示司机进入相应车道进行检查。新木桥检查站共设有 5 个检查通道，其中 1 个是持证通道，3 个小车通道，1 个大车通道。每条通道安装有两套人脸识别自助终端，可同时检查 10 辆车。已办理“入乌通行证”的车辆“秒”过，类似于 ETC 车辆过收费站。普通车辆进入检查站时，车底检查镜系统首先对车底进行全景扫描，检查是否有异物，然后进行人车核验。车上人员需要拿出身份证并放置在人脸识别自助终端上，核录一体机很快就显示出核查结果。与此同时，检查人员也完成了车内查验，整个过程仅需要 20 秒。如有问题车辆强行冲卡，系统会自动报警。当车辆撞断道闸后，前面有两个自动升降桩，能够在 1 秒钟内自动升起，实现智能拦截。大巴车上人员较多，会造成检查通道拥堵，所以车上人员需要下车，进入安检大厅接受检查。安检大厅里使用了太赫兹人体安检系统，无辐射、无感知、无停留、无触摸，只要人走过安检门，任何蛛丝马迹都能够被查出来，快捷高效。

5. 智慧停车

乌镇的很多停车场也增加了智慧因子。例如，西栅景区停车场，为两层地下建筑，有 825 个停车位。在停车场入口处的电子屏幕上，显示着实时的剩余车位数。车辆进入停车场后，司机可以看到顶端安装着不同颜色指示灯的墙柱，显示着车位空余情况：红色代表有车，绿色代表无车，非常醒目。

当车辆行进时，停车场内的灯光还会自动感应，点亮行车路径。这样，即使是晚上，也不用开车灯，更不用开远光灯，提高了行车安全性。停车场内还规划了专供电动汽车使用的停车位，建有充电桩，停车过程中即可充电。停车场面积多达3万平方米，取车时很容易出现找不到车的情况。为此，停车场电梯间内设有反向寻车系统自助服务终端，车主可根据车牌、车位等信息进行查询，能够很快确定自己车辆的停放位置。停车场出口处安装了智能图像识别系统，只要事先将车牌和支付宝绑在一起，当车辆开出停车场的瞬间，摄像头就会准确识别车牌，并自动从车主的支付宝里扣除停车费，无感支付，抬杆就走。这样，每辆车离场时间就从10秒降至不足2秒，效率提升数倍。

6. 智慧城管

万物互联提升了城市管理水平。为了做好第四届世界互联网大会相关服务保障工作，乌镇几乎一景一物都凝聚着互联网的智慧。尤其是NB－IoT，将乌镇的停车场、景观灯、垃圾桶、消防栓、窨井盖、空气质量检测、水体监测等设备均接入了互联网，并在“智慧乌镇”物联网平台的指挥下高效运转。消防栓遇到故障可以自动报警，窨井盖能检测自身倾斜度，检测仪可实时报告空气质量和水质情况，无人机会实时回传监控内容和运行轨迹等，大会期间，乌镇处处洋溢着“智慧”。

智能景观灯可节能20%。当夜幕降临乌镇时，子夜路和虹桥路上的两百多棵行道树会次第亮起。发亮的是缠绕在树干上的LED灯带，呈现出一道火树银花的美景。这些LED灯带的集控器上，加装了物联网芯片，通过手机App远程就能实现包括开关灯、调控明暗、变换颜色、电流监控及故障报警在内的便捷管理。这些景观灯还能够根据乌镇的经纬度推算出全年的日出日落时间，配合光照定制自动开关灯策略，在点亮夜景的同时也节约了能耗，节能率达到20%左右。

智能垃圾箱一个顶五个。第四届世界互联网大会的到来，让乌镇的垃圾箱也有着丰富的互联网内涵。为服务好互联网大会，乌镇投放了6个智能垃圾箱。在西栅景区门口的一个智能垃圾箱，就引起很多游客围着好奇地观望。当游客手持废纸巾向垃圾箱投掷门伸去时，它就会立即感应到并自动张开“嘴”，还发出“请分类投放，谢谢使用”的语音提示。投放完毕，它又会自动合上“嘴”。智能垃圾箱依靠太阳能供电，可通过手势感应开启使用，还具有烟感报警、自动灭火功能。当投放的垃圾量超过90%时，它会自动地对箱内垃圾压缩到占用20%左右的空间。这就意味着，智能垃圾箱最多可以一个顶五个用。当垃圾箱装满后，它会自动发出清运信号。垃圾箱体内安装有物联网传感设备，并通过中国电信的NB－IoT网络连接到“智慧乌镇”物联网平台，可实时反馈各个部件的运行状态、定位信息。传感设备对垃圾箱投掷门开关频率、时段和容量的监测，可形成大数据，从而为环卫清运和维护管理提供依据。

7. 智慧医疗

2015年12月7日，全国首家互联网医院——乌镇互联网医院正式上线运营。乌镇互联网医院与全国1900家医院实现信息系统连接，7200组专家团队以多点执业方式在乌镇互联网医院开通在线诊室。在乌镇人民医院本部和各社区卫生服务站，均通过乌镇互联网医院设立了“云诊室”。“云诊室”一头连着乌镇本地患者，另一头连着浙江大学医学院附属邵逸夫医院的6个专家团队和浙江省中医院的8个诊疗团队。在周一至周五的固定时间段，专家会开展在线门诊。乌镇居民提前15天预约，就能享受到杭州医疗专家的诊疗服务。截至目前，乌镇互联网医院已连接到全国超过1.8万家基层医疗机构，广泛深入贫困山区和农村，将全国的优质医疗资源通过互联网延伸到有需求的百姓家中，使患者在自己家里就能够看到好医生，还可以支付医保，共享电子病历。2017年8月，在九寨沟地震救援过程中，乌镇互联网医院就发挥了重要作用。当余震来袭，医疗救援队无法抵达地震灾区时，很多紧急救治和转诊正是通过互联网平台实施的。到第四届世界互联网大会开幕时，乌镇互联网医院已在全国30个省（区、市）落地，连接到2400多家重点医院，单日最高接诊量突破7.2万人次。

2017年11月25日，第四届世界互联网大会召开之前，全国首家互联网中医馆——乌镇互联网国医馆揭牌开馆。国医馆是一个面向全国的智能医疗平台，连接着30个省份的2400多家重点医院、100家互联网医联体及1.8万家社区卫生服务中心和药店网点。全国任何一地的用户，均可以通过智能健康终端一键问诊，还能够提供预约挂号、名医推荐、在线诊疗、健康档案、健康管理、体征监测等服务，不出家门就能与名医面对面，从而获得主动、即时、便捷的健康服务。国医馆管理的在线平台——“悬壶台中医辅助诊疗系统”，具有深度学习功能，能够不断提升诊疗水平。目前，该系统已经学习了1441条证型、1528条药物禁忌、2463条处方、上万条中医知识条目，并在全国310多家中医馆使用，累计辅助开方超过170多万张，服务超过47万名基层患者，成为全国应用最广的中医“智能医生”。国医馆内附设的嘉兴市中医院互联网乌镇分院，有名老中医坐诊，可为乌镇居民及周边群众现场提供中医诊疗、中药汤剂、膏方与中医养生等服务。事实上，乌镇自古名医辈出，盛产道地药材“浙八味”之一的杭白菊。乌镇互联网国医馆及其应用平台，以乌镇医派为基点，聚集全国中医药资源，以简、便、验、廉为准则，致力于为乌镇居民及全国人民提供优质的中医药服务。乌镇互联网国医馆正在成为全国中医医联体互联网枢纽和国家名医名方传承基地，同时成为向世界展示中医药文化的重要窗口。

8. 智慧养老

2015年，乌镇智慧养老综合服务平台启动运行。该平台由线上、线下两部分组成，可以为老人提供预警、应急救助、健康管理等服务。平台给每个老人配送一只红色手环。一旦老人跌倒或出现紧急情况，只要按下手环上的按钮，后台管理人员即可收到警报，迅速联系其家人和社区工作人员，第一时间上门救助。如今，乌镇智慧养老综合服务平台进一步升级，开启智慧养老2+2新模式（乌镇智慧养老综合服务平台、远程医疗服务平台线上云平台+居家养老服务照料中心、社区卫生服务站线下服务资源），实现了居家和社区养老及医疗服务全覆盖。线上云平台可以为老年人提供健康评估、慢病管理、健康数据动态监测等服务，乌镇互联网医院提供网络医院预约挂号、网上会诊、专家讲座等服务，而线下居家养老服务照料中心则提供健康档案建立、康复理疗、上门照护等服务，卫生服务站提供预防保健、全科医疗、开方拿药等服务。这样，乌镇基本实现了医保对接和线上+线下全覆盖、全过程的医养结合，在全国开创了医养深度融合的“乌镇模式”（钱昕，2019）。“乌镇模式”集预防保健、全科医疗、康复治疗、健康教育、计划免疫指导于一体，是广覆盖、低成本、高效率、社会化、易推广的新模式，一定会随着互联网之光推广到全国。

（三）乌镇未来

历史上的乌镇，因大运河而辉煌。今天及今后的乌镇，因互联网而兴盛。无论大运河还是互联网，作用都是共同的，那就是联通世界。不同的是，大运河主要传递货物和人员，互联网主要传递信息，因而前者繁荣于商业社会，而后者则活跃于信息社会。可以说，谁拥有互联网，谁就拥有世界和未来。

自首届世界互联网大会以来，乌镇在互联网、大数据及人工智能等方面进行了大胆而深入的探索和广泛的应用试验，其自身在这一过程中也正在经历着深刻的变化——智慧化。然而，这一过程只是刚刚起步，未来还有很长的路要走。借助于互联网和世界互联网大会，乌镇已初步成为中国和世界网络科技最新成果的集中展示场所，今后有望成为中国网络科技创新中心及世界互联网信息中心。

世界互联网大会让乌镇站在了全球的聚光灯之下。过去很多人是从互联网上认识乌镇的，而现在更多的人却是从乌镇认识互联网。乌镇虽小，但胸怀博大。走进乌镇就走进了互联网世界，走进乌镇就走向了世界的中心！

乌镇因互联网而智慧，互联网也因乌镇而精彩！

（案例作者：黄顺江）

参考文献

白坤、王轶骏、薛质：《WPA/WPA2 协议安全性研究》，《信息安全与保密通信》2011 年第 1 期。

毕忠利：《城市基础设施 PPP 模式融资风险控制研究》，东北财经大学硕士学位论文，2016。

蔡翠：《我国智慧交通发展的现状分析与建议》，《公路交通科技》（应用技术版）2013 年第 6 期，第 230～233 页。

蔡萌、汪宇明：《基于低碳视角的旅游城市转型研究》，《人文地理》2010 年第 5 期，第 32～35 页。

柴淑娟、赵建平：《基于 ZigBee 技术的无线传输系统》，《通信技术》2010 年第 8 期，第 30～34 页。

陈纯：《“流立方”流式大数据实时智能处理技术、平台及应用》，《中国计算机学会通讯》2016 年第 12 期，第 8～11 页。

陈静云：《车间物联网数据采集关键技术研究》，南京航空航天大学硕士学位论文，2014。

陈琳、陈耀华、张虹等：《教育信息化走向智慧教育论》，《现代教育技术》2015 年第 12 期，第 12～18 页。

陈琳、孙梦梦、刘雪飞：《智慧教育渊源论》，《电化教育研究》2017 年第 2 期，第 13～18 页。

陈特：《可见光通信的研究》，《中兴通讯技术》2013 年第 1 期，第 49～52 页。

程娟：《数字城市建设的新型运营和管理模式——基于经济学的分析》，《情报杂志》2008 年第 3 期。

崔杰、李陶深、兰红星：《基于 Hadoop 的海量数据存储平台设计与开发》，《计算机研究与发展》2012 年第 S1 期，第 12～18 页。

崔勇、任奎、唐俊：《云计算中数据安全挑战与研究进展》，《中国计算机学会通讯》2016 年第 5 期，第 20～24 页。

邓见光、潘晓衡、袁华强《云存储及其分布式文件系统研究》，《东莞理工学院学报》2012 年第 5 期，第 41～46 页。

丁树义：《无线光通信技术浅析》，《通信技术》2011 年第 10 期，第 36～43 页。

丁维龙、赵卓峰、韩燕波：《Storm：大数据流式计算及应用实践》，电子工业出版社，2015。

丁治明、刘奎恩：《物联网感知大数据的存储与处理》，《中国计算机学会通讯》2014 年第 1 期，第 60～64 页。

杜鹏、陶洪铸、高保成、张勇、郭凌旭、晏亮、温昭琦、陈清山：《面向多应用的通用数据采集技术方案》，《电力系统自动化》2015 年第 1 期，第 26～30 页。

范征、黄为一、卢文娜：《工程融资模式探讨：以德黑兰地铁三号线为例》，《国际经济合作》2007 年第 8 期，第 78～82 页。

冯暖、周振超：《物联网通信技术》，清华大学出版社，2016。

付业勤、郑向敏：《我国智慧旅游的发展现状及对策研究》，《开发研究》2013 年第 4 期，第 62～65 页。

工业和信息化部电信研究院：《大数据白皮书》，2014。

辜胜阻、杨建武、刘江日：《当前我国智慧城市建设中的问题与对策》，《中国软科学》2013 年第 1 期，第 6～12 页。

顾朝光：《对新城基础设施建设投融资方式的探索与思考》，《中国科技博览》2011 年第 3 期，第 476～476 页。

贵消：《贵阳花果园社区："智慧消防" 练就防火 "金钟罩"》，《智慧消防》2021 年第 6 期，第 30～31 页。

郭凤琴：《政府在城市建设中面临的资金制约及对策——苏北某区新城开发资金运作的启示》，《中国经贸》2011 年第 1 期，第 101～101 页。

郭燕、陈国华、陈之昶：《“互联网+”背景下传统零售业转型的思考》，《经济问题》2016年第11期，第71~74页。

郭志涛、顾军华、袁金丽、宋洁：《公交调度系统中RFID技术应用研究》，《河北工业大学学报》2011年第3期，第66~69页。

韩如冰：《我国智慧城市建设现状分析》，《数字技术与应用》2013年第6期，第255页。

何东：《智慧城市创新发展模式和策略探讨》，《信息通信》2012年第1期，第265~266页。

何明星、林昊：《AES算法原理及其实现》，《计算机应用研究》2002年第12期，第61~63页。

胡雅鹏、徐刚、丁维龙等：《一种面向异构大数据计算框架的监控和调度服务》，《计算机科学》2018年第6期，第67~70页。

黄松、李燕林、戴平娟：《智慧旅游城市旅游竞争力评价》，《地理学报》2017年第2期，第242~255页。

黄志华等：《智慧城市投融资平台建设探讨》《中国管理信息化》2015年第15期，第154~155页。

江克勤、曾云峰：《走经营城市之路　拓宽城建投融资渠道》，《中国投资》2012年第2期，第110~113页。

金岩：《对小企业贷款八个问题的再认识》，《银行家》2009年第8期，第80~82页。

昆明市人民政府：《关于印发昆明市新型基础设施建设投资计划实施方案的通知》，[EB/OL].http://www.km.gov.cn/c/2020-05-18/3523818.shtml。

冷雪：《智慧交通体系发展现状研究》，《中小企业管理与科技》2016年第18期，第107~109页。

李昌：《PPP项目财务管理与会计核算分析》，《中国管理信息化》2017年第11期，第12~13页。

李德仁、姚远、邵振峰：《智慧城市的概念、支撑技术及应用》，《工程研究》2012年第4期，第313~323页。

李光亚、张敬谊、童庆:《大数据在智慧城市中的应用》,《微型电脑应用》2014 年第 12 期,第 1~4 页。

李广乾:《“十三五”时期加强信息化促进经济转型升级的政策建议》,《重庆理工大学学报》(社会科学版)2016 年第 7 期,第 1~5 页。

李广乾:《大数据,热闹背后看问题》,《人民邮电》2013 年 4 月 8 日。

李广乾:《电子政务前-后台服务体系中的行政服务中心》,《数码世界》2007 年第 8 期,第 4~5 页。

李广乾:《尽早启动工业互联网平台项目 抢占国际有利地位》,《人民政协报》2016 年 11 月 29 日。

李广乾:《论电子政务下的政府职能》,《电子政务》2012 年第 5 期,第 2~10 页。

李广乾:《融合:掌控“第四次工业革命”的核心》,《互联网经济》2016 年第 3 期,第 36~39 页。

李广乾:《如何认识与完善政府门户网站?》,《电子政务》2004 年第 1 期,第 95~101 页。

李广乾:《以信息化推动经济转型》,《经济日报》2016 年 11 月 17 日。

李广乾:《云计算,开启信息化新时代》,《信息化建设》2012 年第 1 期。

李广乾:《中国物联网发展战略的误区与困境》,《中国经济时报》2010 年 8 月 9 日。

李广乾、谢丽娜:《全球化背景的网络安全新思维:他国镜鉴及其下一步》,《改革》2014 年第 8 期,第 19~28 页。

李杰、李新艳:《数据加密中的 DES 加密算法详解》,《商场现代化》2009 年第 9 期,第 6~8 页。

李艳平:《近五年国内智慧交通研究综述》,《中国高新技术企业》2016 年第 7 期,第 9~10 页。

李扬、潘家华、魏后凯、刘治彦:《智慧城市论坛 NO.1》,社会科学文献出版社,2014。

李扬、潘家华、魏后凯、刘治彦:《智慧城市论坛 NO.2》,社会科学文献出版社,2015。

李颖：《关于拓展城建资金投融资渠道的思考》，《中国经贸》2013 年第 1 期，第 136～137 页。

李宇兰、武夷山：《私营部门参与城市环境基础设施建设和运营模式研究》，《中国科技论坛》2004 年第 2 期。

李喆、王平莎、张春辉等：《国内智慧交通总体架构建设模式分析》，《交通节能与环保》2014 年第 2 期，第 85～88 页。

李振华、李健：《云存储价格战背后的科研缺失》，《中国计算机学会通讯》2014 年第 8 期，第 36～41 页。

梁均军、程宇翔：《“智慧两江”综合管网信息系统设计与建设》，《地理空间信息》2016 年第 4 期，第 19～23 页。

廖建国、夏靖波：《基于宽带 CDMA 的数据传输技术》，《无线电工程》2008 年第 11 期，第 41～44 页。

刘文生：《乌镇打开中医药信息化窗口》，《中国医院院长》，2018 年第 2 期，第 32～35 页。

刘欣：《Cassandra 数据库安全性分析与改进》，《电脑知识与技术》2010 年第 35 期，第 9929～9931 页。

刘占山、马巍巍、倪鹏：《中国智慧交通发展框架的认识与思考》，《大连海事大学学报》（社科版）2017 年第 4 期，第 56～60 页。

刘治彦：《大城市交通拥堵的缓解策略》，《城市问题》2014 年第 12 期，第 89～92 页。

刘治彦：《新型城镇建设是经济转型升级的重要引擎》，《城市》2017 年第 9 期，第 47～50 页。

刘治彦：《信息技术撑起城市“生活场”》，《人民日报》2016 年 5 月 11 日，国际版。

刘治彦：《以智慧管网建设提升城市韧性》，《区域经济评论》，2020 年第 6 期，第 7～9 页。

刘治彦：《智慧城市的特征与“痛点”》，《经济日报》（理论·智库）2017 年 7 月 7 日，第 14 版。

刘治彦：《智慧城市建设进展与策略》，《企业经济》2017 年第 10 期，第 5 ~ 8 页。

龙桂鲁、王川、李岩松、邓富国：《量子安全直接通信》，《中国科学》2011 年第 4 期，第 332 ~ 342 页。

鲁乙己：《深圳有望引领世界智慧城市》，《环球时报》2019 年 5 月 16 日，第 015 版。

吕宏：《基于 ZigBee 技术低功耗无线温度数据采集及传输》，《国外电子测量技术》2012 年第 2 期，第 58 ~ 60 页。

吕莉、赵嘉：《DES 加密算法的分析及其实现的改进》，《南昌工程学院学报》2006 年第 5 期，第 28 ~ 31 页。

马杰：《银川：构建智慧城市 形成“银川模式”》，《中国电子报》2017 年 1 月 6 日，第 003 版。

毛熠、陈娜：《MD5 算法的研究与改进》，《计算机工程》2012 年第 24 期，第 111 ~ 118 页。

孟小峰、慈祥：《大数据管理：概念、技术与挑战》，《计算机研究与发展》2013 年第 1 期，第 146 ~ 169。

莫纪宏：《中央首提“国家治理体系”》，《法制晚报》2013 年 11 月 19 日。

莫琨：《智慧旅游的安全威胁与对策探讨》，《旅游纵览》（下半月）2013 年第 2 期，第 302 ~ 303 页。

南京市人民政府：《市政府关于印发南京市数字经济发展三年行动计划（2020—2022 年）的通知》，[EB/OL]. http://www.nanjing.gov.cn/zdgk/201810/t20181022_573428.html

钱昕：《互联网 + 养老服务—乌镇智慧养老模式浅谈》，《劳动保障世界》2019 年第 20 期，第 18 ~ 19 + 22 页。

钱志鸿、刘丹：《蓝牙技术数据传输综述》《通信学报》2012 年第 4 期，第 143 ~ 151 页。

钱志鸿、王义君：《面向物联网的无线传感器网络综述》，《电子与信息学报》2013 年第 1 期，第 215 ~ 227 页。

单志广：《我国智慧城市的发展思路与推进策略》，《办公自动化》，2013 年第 18 期，第 9 ~ 12 页。

邵四华、吴斌：《构建天津水环境保护治理投融资长效机制研究》，《华北金融》2017年第11期，第76~80页。

申德荣、于戈、王习特、聂铁铮、寇月：《支持大数据管理的NoSQL系统研究综述》，《软件学报》2013年第8期，第1786~1803页。

沈国琴：《建设智慧城市 推进银川经济转型》，《银川日报》2015年1月26日，第003版。

沈鹏飞：《深圳：打造新型智慧城市标杆》，《中国建设信息化》2016年第17期，第62~65页。

石井、吴哲、谭璐等：《RSA数据加密算法的分析与改进》，《济南大学学报》2013年第3期，第283~286页。

史云姬：《体验经济时代下新一代通信技术在智慧旅游中的应用》，《科技视界》2013年第9期，第180~193页。

舒继武、李思阳、张广艳：《存储虚拟化研究综述》，《中国计算机学会通讯》2017年第6期，第17~22页。

宋广怡：《超宽带高速数据传输技术研究》，《无线电工程》2014年第5期。

孙大为、张广艳、舒继武、郑纬民：《大数据存储与处理关键技术》，《中国计算机学会通讯》2014年第11期，第18~25页。

孙大为、张广艳、郑纬民：《大数据流式计算：关键技术及系统实例》，《软件学报》2014年第4期，第839~862页。

唐洪广：《“智慧旅游”与信息化》，《中国旅游报》2012年4月20日。

陶希东：《国家治理体系应包括五大基本内容》，《学习时报》2013年12月30日。

陶希东：《平台经济呼唤平台型政府治理模式》，《浦东开发》2013年第12期，第36~39页。

屠凤娜：《新时代城市智慧产业发展的制约因素与实现路径》，《理论界期刊》，2020年第1期，第49~55页。

王桂玲、王强、赵卓峰、韩燕波：《物联网大数据处理技术与实践》，电子工业出版社，2017。

王红霞：《北京智慧城市发展现状与建设对策研究》，《电子政务》，2015

年第 12 期，第 97 ~ 103 页。

王济军：《智慧教育引领教育的创新与变革——技术与教育深度融合的视角》，《现代教育技术》2015 年第 5 期，第 53 ~ 58 页。

王军、潘梁、陈光、李明、温修春：《城市地下综合管廊建设的困境与对策分析》，《建筑经济》2016 年第 7 期，第 15 ~ 18 页。

王伟、陈超中：《LiFi 的光源要求》，《中国照明》2015 年第 11 斯，第 6 ~ 11 页。

王怡、鄂旭：《基于物联网无线传感的智能家居研究》，《计算机技术与发展》2015 年第 2 期，第 234 ~ 237 页。

王颖、王萱萱：《物理层安全技术及其在保密通信中的应用》，《保密科学技术》2014 年第 6 期。

王玉龙、蒋家傅：《智慧教育：概念特征、理论研究与应用实践》，《中国教育信息化》2014 年第 1 期，第 10 ~ 13 页。

吴明礼、张宏安：《数据存储技术综述》，《北方工业大学学报》2015 年第 1 期，第 30 ~ 35 + 55 页。

伍月：《我国智慧城市建设现状与思考》，《城市住宅》2017 年第 5 期，第 60 ~ 61 页。

熊雯莹：《我国商业银行参与政府与社会资本合作（PPP）项目的风险研究》，《对外经济贸易大学硕士论文》2016 年 11 月，第 1 ~ 47 页。

徐波：《基于物联网的智慧交通系统建设思考》，《浙江交通职业技术学院学报》2012 年第 3 期，第 27 ~ 31 页。

徐广国：《银川“智慧城市”建设的实践与思考》，《银川日报》2016 年 11 月 28 日，第 001 版。

徐广国 ：《银川“智慧城市”建设的实践与思考》，《中共银川市委党校学报》，2017 年第 2 期，第 3 ~ 8 + 13 页。

徐魁：《国内城市智慧交通发展探讨》，《西部交通科技》2017 年第 1 期，第 71 ~ 73 页。

许华醒：《量子通信网络发展概述》，《中国电子科学研究院学报》2014 年第 3 期，第 259 ~ 271 页。

杨卫、张文栋：《基于蓝牙技术的语音通信传输系统设计》，《计算机测量与控制》2013 年第 2 期，第 499～511 页。

杨现民、刘雍潜、钟晓流等：《我国智慧教育发展战略与路径选择》，《现代教育技术》2014 年第 1 期，第 12～19 页。

杨玉良：《浅析无线通信无线光通信技术》，《科技资讯》2010 年第 5 期，第 5～6 页。

杨正洪：《大数据技术入门》，清华大学出版社，2016。

姚国章：《“智慧旅游”的建设框架探析》，《南京邮电大学学报》（社会科学版）2012 年第 2 期，第 13～16 + 73 页。

姚艺惠、叶小燕：《公共选择理论视域下的 PPP 模式政府政策研究》，《江苏科技信息》2018 年第 22 期，第 5～7 页。

苑宇坤、张宇、魏坦勇等：《智慧交通关键技术及应用综述》，《电子技术应用》2015 年第 8 期，第 9～12 页。

张炼：《大数据助推贵阳高质量发展》，《贵阳市委党校学报》2019 年第 4 期，第 22～25 页。

张凌云、黎巎、刘敏：《智慧旅游的基本概念与理论体系》，《旅游学刊》2012 年第 5 期，第 66～73 页。

张毅：《我国智慧城市建设的社会风险因素分析》，《行政论坛》2015 年第 4 期，第 50～53 页。

赵树梅、徐晓红：《“新零售”的含义、模式及发展路径》，《中国流通经济》2017 年第 5 期，第 12～20 页。

赵雪梅：《AES 加密算法的实现及应用》，《常熟理工学院学报》2010 年第 2 期，第 105～110 页。

赵卓峰、丁维龙、韩燕波：《基于云架构的交通感知数据集成处理平台》，《计算机研究与发展》2016 年第 6 期，第 1332～1341 页。

郑播：《小议我国建筑企业中的 BT 项目》，《当代经济》2011 年第 24 期，第 12～13 页。

郑贵华、李呵莉：《实体零售业转型“新零售”过程中的问题及对策研究》，《经济论坛》2017 年第 5 期，第 72～75 页。

郑纬民:《从系统角度审视大数据计算》,《大数据》2015 年第 1 期,第 17 ~26 页。

郑永梅:《县域智慧邮管建设的实践与思考》,《公安学刊(浙江警察学院学报)》2017 年第 6 期,第 45 ~48 页。

郑宇:《城市计算概述》,《武汉大学学报》(信息科学版)2015 年第 1 期,第 1 ~13 页。

周怡颋、凌志浩、吴勤勤:《ZigBee 无线通信技术及其应用探讨》,《自动化仪表》2005 年第 6 期。

朱建生、汪健雄、张军锋:《基于 NoSQL 数据库的大数据查询技术的研究与应用》,《中国铁道科学》2014 年第 1 期,第 135 ~141 页。

祝桂峰:《智慧城市让深圳魅力无限》,《中国测绘》2018 年第 4 期,第 8 ~12 页。

祝智庭、贺斌:《智慧教育:教育信息化的新境界》,《电化教育研究》2012 年第 12 期,第 7 ~15 页。

Marz N. , Warren J. *Big Data: Principles and best practices of scalable realtime data systems*. Manning Publications Co. , 2015.

Stefan Hagedorn, Philipp Götze, Omran Saleh, Kai – Uwe Sattler. Stream processing platforms for analyzing big dynamic data. it – Information Technology, 2016, 58 (4) .

Weilong Ding, Jie Zou and Zhuofeng Zhao: "A Multidimensional Service Template for Data Analysis in Highway Domain", International Journal of Internet Manufacturing and Services, 2020, 7 (4): 290 – 306.

Weilong Ding, Shuai Zhang, Zhuofeng Zhao. "A Collaborative Calculation on Real – time Stream in Smart Cities" . Simulation Modelling Practice and Theory, 2017, 73 (4): 72 – 82.

Yanqing Xia, Xuefei Wang, Weilong Ding. "A Data Cleaning Service on Massive Spatio – Temporal Data in Highway Domain," in 16th International Conference on Service – Oriented Computing (ICSOC 2018) Workshops, Hangzhou, China, 2019, pp. 229 – 240.

图书在版编目（CIP）数据

中国智慧城市建设研究 / 刘治彦等著. -- 北京：社会科学文献出版社，2021.10
ISBN 978-7-5201-7946-1

Ⅰ.①中… Ⅱ.①刘… Ⅲ.①现代化城市-城市建设-研究-中国 Ⅳ.①F299.2

中国版本图书馆 CIP 数据核字（2021）第 029924 号

中国智慧城市建设研究

著　　者 / 刘治彦　丛晓男　丁维龙 等

出 版 人 / 王利民
组稿编辑 / 周　丽
责任编辑 / 王玉山　张丽丽
责任印制 / 王京美

出　　版 / 社会科学文献出版社 · 城市和绿色发展分社（010）59367143
地址：北京市北三环中路甲 29 号院华龙大厦　邮编：100029
网址：www.ssap.com.cn
发　　行 / 市场营销中心（010）59367081　59367083
印　　装 / 三河市东方印刷有限公司

规　　格 / 开 本：787mm × 1092mm　1/16
印 张：14.75　字 数：232 千字
版　　次 / 2021 年 10 月第 1 版　2021 年 10 月第 1 次印刷
书　　号 / ISBN 978-7-5201-7946-1
定　　价 / 158.00 元